Edition
LOGISTIK

Herausgegeben von Prof. Peter Klaus

Band 9

Sebastian Herr

Zeitwettbewerb am Beispiel nationaler Stückgutdienstleister

Zeitdefinierte Stückgutleistungen als Wachstumssegment der Zukunft?

Deutscher Verkehrs-Verlag

Bibliographische Information der Deutschen Bibliothek:
Die Deutsche Bibliothek verzeichnet diese Publikation in der Deutschen Nationalbibliographie; detaillierte bibliographische Daten sind im Internet unter http://dnb.ddb.de abrufbar.

n 2

ISBN-10: 3-87154-337-3
ISBN-13: 978-3-87154-337-1

Deutscher Verkehrs-Verlag GmbH
Nordkanalstraße 36
20097 Hamburg
Telefon: 040/237 14-01
Telefax: 040/23 25 50
www.dvz.de
e-mail: leserservice@dvz.de

Printed in Germany
Druck:
Kessler Verlagsdruckerei
86399 Bobingen

Zeitwettbewerb am Beispiel nationaler Stückgutdienstleister – Zeitdefinierte Stückgutleistungen als Wachstumssegment der Zukunft?

Inaugural-Dissertation
zur
Erlangung des akademischen Grades eines Doktors
der Wirtschafts- und Sozialwissenschaften (Dr. rer. pol.)
der
Friedrich-Alexander-Universität Erlangen-Nürnberg

vorgelegt von
Diplom Verkehrswirtschaftler
Sebastian Herr
aus Ingelheim am Rhein
Nürnberg, den 20. September 2005

Referent: Prof. Peter Klaus, D.B.A./ Boston University

Korreferent: Prof. Dr. Kai-Ingo Voigt

Promotionstermin: 22. November 2005

Meinen Eltern

Roland und Gudrun Herr

VORWORT DES HERAUSGEBERS

Im Jahr 1988 lösten die amerikanischen Berater Stalk und Hout in Artikeln des amerikanischen HARVARD BUSINESS REVIEW eine breite Debatte in der Praxis des Managements und der akademischen Betriebswirtschaftslehre aus: Sie argumentierten für das bewusste Management von „Zeit“ als einer mächtigen, bisher unterschätzten Waffe im Wettbewerb der Unternehmen. Sie zeigten, wie besonders erfolgreiche Unternehmen in ihren Märkten eine führende Position nicht primär durch Kostenführerschaft oder Produktdifferenzierung, sondern durch überlegene Schnelligkeit in ihren Aktionen erreicht haben.

Seitdem hat die Diskussion um die Chancen des „Time Based Competition“, beständig zugenommen. In der Logistik wird heute der Wert von Schnelligkeit und „Agilität“ so hoch geschätzt, dass manche Experten das Feld geradezu als die „Wissenschaft von Just-in-Time Prozessen“ definieren möchten. Die Zahl von Diskussionsbeiträgen und Untersuchungen dagegen, die kritisch hinterfragen, welche Bedeutung im Wettbewerb „beschleunigte“ und anderweitig zeitdefinierte Leistungen in der Wirtschaft heute tatsächlich haben, oder ob die These von den Erfolgswirkungen der Wettbewerbswaffe „Zeit“ so pauschal gültig ist, wie es Stalk und Hout und viele weitere Experten nahe legen, ist bisher gering.

Vor diesem Hintergrund hat sich Sebastian Herr in der vorliegenden Studie die Aufgabe gestellt, eine neutrale, auf empirischen Erhebungen basierende Studie zum „Zeitwettbewerb“ in der Logistik durchzuführen. Die Arbeit ist als Dissertationsschrift am Logistiklehrstuhl der Friedrich-Alexander-Universität Erlangen-Nürnberg entstanden. Sie analysiert die Chancen und Grenzen des Zeitwettbewerbs am Beispiel des „nationalen Stückgutmarktes“ in Deutschland.

Die Ergebnisse der Analyse erweisen eine noch sehr zurückhaltende, wenig professionelle Nutzung systematischen Zeitwettbewerbs in der Logistik-Dienstleistungswirtschaft. Mit den von Herr ermittelten Daten zu Größe, Aufteilung und Strukturierung des deutschen Stückgutmarktes und des Sub-Segmentes „zeitdefinierter“ Leistungsangebote wird dieses komplexe Marktfeld erstmals wirklich transparent gemacht. Die Arbeit ist ein beachtlicher Beitrag zur Erforschung logistischer Dienstleistungsangebote. Sie kann dazu beitragen, dass überzogene Erwartungen von Anbietern in diesem Feld relativiert und strategische Fehlentscheidungen in den umkämpften Logistikmärkten vermieden werden.

Prof. Peter Klaus, D.B.A./Boston Univ.

Herausgeber der Edition Logistik
im Januar 2006

VORWORT DES VERFASSERS

Der "Wert der Zeit" scheint in einer schnelllebigen Welt zu der entscheidenden Determinante im globalen Wettbewerb geworden zu sein. Neben der philosophischen Auseinandersetzung mit den Phänomen Zeit und neben dem weltweiten „Hype" um Geschwindigkeit vieler Wirtschaftsaktivitäten stellt sich die Frage, wie die Auswirkung des Zeitwettbewerbs greifbar gemacht werden kann. Der Logistikdienstleistungssektor spielt in der weltweiten Verknüpfung von Informations- und Warenströmen eine immer wichtigere Rolle. Zeitwettbewerb und der Drang nach Beschleunigung und Zuverlässigkeit stellen für den Logistikdienstleistungssektor eine große Herausforderung und Aufgabe dar. Dabei herrscht weitestgehend Unklarheit über das konkrete Aufkommen zeitsensibler Transportsendungen, zu realisierende Preisaufschläge für die beschleunigte Abwicklung und über die tatsächliche Bedeutung des Faktors Zeit im Wettbewerb. Nationale Stückgutdienstleister, die eine wichtige Mittlerfunktion bei der Durchführung nationaler Transporte einnehmen und vermehrt mit auf Zeitsensibilität der Kunden gerichteten Produkten agieren, eignen sich als guter Untersuchungsgegenstand, um den „Wert der Zeit" genauer zu beleuchten. Vor dem Hintergrund dieser Faszination „Zeit" auf der einen Seite und der bestehenden Unklarheit über die erlebbaren Auswirkungen in einem logistischen Basisgeschäft auf der anderen Seite sowie der engen Verbindung der Fraunhofer ATL zum Logistikdienstleistungssektor, an der der Verfasser seit Oktober 2000 als wissenschaftlicher Mitarbeiter tätig ist, ist es nahe liegend einen genaueren Blick auf den Faktor Zeit in einem dynamischen Wettbewerbsumfeld zu werfen.

Die Arbeit beantwortet die Frage nach der Bedeutung des Konzeptes des Zeitwettbewerbs am Beispiel nationaler Stückgutdienstleister und nimmt erstmals eine empirisch untermauerte Vermessung zeitdefinierter Stückgutleistungen vor. Realisierbare Preisaufschläge werden danach ebenso fassbar wie das Marktvolumen eines aufstrebenden Teilmarktsegments. Es werden Handlungsempfehlungen formuliert, die nationale Stückgutdienstleister unterstützen, die eigene Wettbewerbsfähigkeit in diesem zukunftsträchtigen Teilmarktsegment zu verbessern.

Die vorliegende Arbeit richtet sich vordergründig an Logistikdienstleister, die tagtäglich den Anforderungen nach einer schnellen und zuverlässigen Abwicklung ihrer Logistikaktivitäten ausgesetzt sind. Zeitlichen Ansprüchen der Kunden gilt es dabei ebenso Rechung zu tragen wie dem eigenen Anspruch nach Stabilität und Reaktionsfähigkeit bei der Auftragsabwicklung. Daneben sind auch strategische Aspekte bei der Nutzung des Faktors Zeit im Wettbewerb von Bedeutung. Auch für Verlader und Beratungsunternehmen, die in der Vergangenheit Zeit als „Waffe“ im Wettbewerb aktiv forciert haben, dürften die Ausführungen von Interesse sein.

Den Weg der erfolgreichen Promotion habe ich oft mit einer Bergwanderung verglichen. Es gibt Täler zu durchqueren und Berge zu erklimmen. Den richtigen Weg zu finden verdanke ich der Unterstützung vieler Menschen, die mich auf diesem Weg begleitet haben. Ihre Unterstützung und ihr Vertrauen war ein stetiger Ansporn. An erster Stelle möchte ich meinem Doktorvater und akademischen Lehrer Prof. Peter Klaus danken. Er war stets zum Gespräch bereit und immer wieder aufs Neue ein wichtiger Impulsgeber. Auch Prof. Kai-Ingo Voigt danke ich herzlich für die bereitwillige Übernahme des Korreferats. Ein großes Dankeschön möchte ich auch an die beiden Lektorinnen der Arbeit, Frau Dipl.-Oec. Nicole Lubecki und Dr. Angela Roth, richten. Ohne ihre wertvollen Hinweise wäre mancher Gedankenfaden verloren gegangen. Insbesondere Frau Dr. Roth hat mich über die Jahre hinweg begleitet und hatte immer eine offene Tür bzw. ein offenes Ohr für meine akademischen Nöte. Mein ausdrücklicher Dank gebührt den Teilnehmern der empirischen Erhebung, die zum Teil für ein persönliches Gespräch zur Verfügung standen bzw. wertvolles Zahlenmaterial lieferten, um den Markt nationaler Stückgutleistungen besser zu verstehen. Frau Lucie Balkova danke ich für die wichtigen Beiträge bei der Auswertung der empirischen Erhebung, Frau Anneke Richter für das gelungene Layout der Grafiken und Frau Fabiola Maisel für die letzten redaktionellen Änderungen. Daneben waren Mitarbeiter der Fraunhofer ATL beteiligt, die mir für Diskussionen und Anregungen freundschaftlich zur Seite standen. Stellvertretend möchte ich Dr. Stefan Distel und Dr. Christoph Tripp an dieser Stelle nennen. Florian Waibel, Steffen Leck und Dr. Norbert Schmidt danke ich für das „Rückenfreihalten“ während der heißen Endphase.

Nicht nur im beruflichen Umfeld hat eine Vielzahl an Menschen zum Gelingen dieser Arbeit beigetragen. Gerade die persönlichen Bindungen waren von unschätzbarem Wert, um das Projekt „Dissertation“ durchzustehen. Zunächst sind an dieser Stelle die Dresdner „Billies“ zu nennen, die immer an mich geglaubt und mich bestärkt haben. Mit der unerschöpflichen Rückendeckung und Liebe meiner Familie, insbesondere meiner Eltern, konnte ich auf das nötige Rüstzeug für die akademische Wanderung vertrauen. Ohne einen Menschen wäre diese Arbeit wohl nicht fertig geworden. Sie hat mich angetrieben und aufgefangen, wann immer es nötig war. Ich danke aus tiefstem Herzen Eileen Züfle.

Sebastian Herr

Nürnberg, im September 2005

INHALTSVERZEICHNIS

ABBILDUNGSVERZEICHNIS

ABKÜRZUNGSVERZEICHNIS

ADSp	Allgemeine Deutsche Spediteurbedingungen
ATL	Arbeitsgruppe der Fraunhofer Gesellschaft für Technologien der Logistik-Dienstleistungswirtschaft
BMW	Bayrische Motoren Werke
CTL	Cargo Trans Logistik (Stückgutkooperation)
DHL	Konzerntochter der Deutschen Post World Net mit Sparten Express, Freight und Solutions (DHL - nach den Namen der drei Gründer Dalsey, Hillblom, Lynn benannt)
DPD	Deutscher Paket Dienst
DVZ	Deutsche Verkehrszeitung
EAN	Abk. für europäische Artikelnummer
ECR	Electronic Consumer Response
EDI	Electronic Data Interchange
EU	Europäische Union
F&E	Forschung und Entwicklung
GPS	Global Positioning System, ein digitales Satellitennavigationssystem
h	Stunden
i.e.S.	im engeren Sinne
i.w.S.	im weiteren Sinne
IDS	Interessensverbund Deutscher Spediteure (Stückgutkooperation)
IHG	Interspe Hamann Group, Partner bei System Alliance
JIS	Just in Sequence
JIT	Just in Time
KEP	Kurier, Express, Paket
kg	Kilogramm
LKW	Lastkraftwagen
min	Minuten
Mio.	Millionen
Mrd.	Milliarden
NVE	Abk. für Nummer der Versandeinheit
PIMS	Profit Impact of Market Strategies
RFID	Radio Frequency Identification
SWOT	Strength and Weakness, Opportunities and Threats
t	Tage
TNT	Global agierender Expressdienst (TNT benannt nach dem Gründungsunternehmen Thomas Nationwide Transport)

TUL	Transport, Umschlag, Lager
UPS	United Parcel Service
vs.	versus

1 NATIONALE STÜCKGUTDIENSTLEISTER AUF DEM WEG ZUM EXPRESSDIENST?

Logistikdienstleister, insbesondere nationale Stückgutdienstleister[1], stehen wachsenden zeitlichen Anforderungen von Industrie- und Handelsunternehmen gegenüber. Zur Einführung sollen die Treiber einer anhaltenden Beschleunigung von Prozessen und Entwicklungszeiten (Kapitel 1.1), aber auch die damit verbundene Skepsis (Kapitel 1.2) dargestellt werden. Die Tendenzen der Beschleunigung haben direkte Auswirkungen auf den Logistikdienstleistungssektor. Daraus erwächst das Bedürfnis die tatsächliche Bedeutung des Faktors Zeit im Logistikdienstleistungssektor am Beispiel nationaler Stückgutdienstleister zu beurteilen. Die Forschungsfrage wird daraus folgernd ebenso abgeleitet wie die Eingrenzung der Adressaten (Kapitel 1.3).

1.1 Treiber einer zunehmenden Beschleunigung

„Today there is no First World, Second World or Third World....just the Fast World....and the Slow World" – Thomas Friedman[2]

Schnelle Welt – 24 Stunden-Lieferzeit, Sofort-Verfügbarkeit im Internet bestellter Artikel mit Sendungsinformationen in Echtzeit – stellt die Industrie-, Handels- und Dienstleistungsunternehmen vor große Herausforderungen. Dabei scheint es, als ob „schnell!" als Imperativ des wirtschaftlichen Handelns nicht mehr ausreicht. Schneller schneller werden![3] lautet die Devise, um mit dem Gang der Zeit Schritt zu halten. Wettbewerb wandelt sich zum „Hyperwettbewerb"[4], die Economy zur „Now Economy"[5] – eine Hochgeschwindigkeitswirtschaft ohne Lagerbestände und unproduktive Wartezeiten. Da auch die Verlader aus Industrie und Handel einem wachsenden Bedürfnis nach Schnelligkeit und Pünktlichkeit ausgesetzt sind, hat das direkte Folgewirkungen für die

[1] Nationale Stückgutdienstleister transportieren innerhalb Deutschlands individuell etikettierte Trocken- und Stapelgüter in einem Gewichtsbereich zwischen 30 und 2.500 kg, die in Stückgutdepots umgeschlagen, für deutsche Empfänger gebündelt und mit herkömmlichen LKWs befördert werden. Siehe auch Ausführungen in Kap 4 ff.
[2] Friedman (Lexus and Olive Tree, 2000), ohne Seitenangabe.
[3] Fischer (Zeitwettbewerb, 2001), S. 30; Meyer (Schnelle Zyklen, 1994), S. 21ff.; Tucker (Managing the Future, 1991), S. 25, Barkema/ Baum/ Mannix (Management Challenges, 2002), S. 920.
[4] D\`Aveni (Hyperwettbewerb, 1995).
[5] Fleisher (Speed, Spiegel-Online 2002), ohne Seitenangabe.

Logistikdienstleistungsbranche. Logistikdienstleister spielen bei der Verzahnung und Taktung der Wirtschaftsaktivitäten eine wichtige Rolle und stehen neuen Aufgaben und Herausforderungen gegenüber. Beim nationalen Güteraustausch übernehmen nationale Stückgutdienstleister eine wichtige Mittlerfunktion. Im Gegensatz zum Ladungs- und Teilladungsverkehr tritt an die Stelle des Punkt-zu-Punkt-Verkehrs ein mehrstufiger Transport mit mehreren Umschlagsvorgängen. In Form von fest einzuhaltenden Fahrplänen und einem zeitnahen Umschlag der Transportgüter spielt der Faktor Zeit im Rahmen etablierter 24-Stunden-Laufzeiten eine wichtige Rolle bei der Leistungserbringung. Nationale Stückgutdienstleister versuchen mit der Professionalisierung ihrer Netzwerke und mit auf Zeitbedürfnissen gerichteten Produkten und Dienstleistungen bestehende Marktfelder abzusichern und neue Markt- und Ertragsfelder zu erschließen.

Verfolgt man Pressemeldungen der Vergangenheit, so scheinen die zeitdefinierten Stückgutleistungen, bei denen ein Auslieferungszeitpunkt garantiert wird, stark überproportional nachgefragt zu werden: Im Jahr 2003 konnte die „Speedtime" Produktfamilie der Stückgutkooperation 24plus ein Wachstum von 234 Prozent aufweisen.[6] Die Göttinger Friedrich Zufall Internationale Spedition sieht mit der neuen Marke „Zufall Express", unter der die schnellen Dienste künftig gebündelt werden, Ertragspotenziale: „Hier liegt ganz klar das Wachstum"[7], wie auch Geschäftsführer Bäsell betont. Auch die Kooperation CargoLine konnte von 2002 auf 2003 den Sendungsanteil um 50 Prozent steigern.[8] Ein Anteil von 10 Prozent zeitdefinierter Sendungen am Gesamtsendungsaufkommen ist ein angestrebtes Ziel.[9] Auf diesem Weg lassen sich trotz stagnierender Transportmengen durch Preisaufschläge wachsende Umsätze generieren. Die Betonung der zeitlichen Komponenten bei der Produktkonzeption und Vermarktung sichert die Wettbewerbsfähigkeit und Ertragslage eines zwar unentbehrlichen, aber auch tendenziell wenig profitablen Marktsegments für nationale Stückgutleistungen. Mit Aktivitäten in diesem zeitsensiblen Marktsegment bildet sich ein neues, wenig erforschtes Teilmarktsegment, das scheinbar unerschöpfliche Wachstumschancen bietet. Sollten sich die Erwartungen bestätigen, so werden sich nationale Stückgutanbieter zum Expressdienst höhergewichtiger Palettenware entwickeln, die in einer hohen Frequenz und mit hoher Eilbedürftigkeit durch die nationalen Stückgutnetzwerke fließen. In der Vergangenheit war der Fokus nationaler Stückgutdienstleister vornehmlich auf die operative Leistungserfüllung gerichtet und weniger auf die strategische Bedeutung des Faktors Zeit im Wettbewerb. Zeitwettbewerb als eines der Schlagworte der 1990er Jahre hat im Gegensatz dazu für Industrie- und

---

[6] Vgl. Helmke (24plus trotzt Konjunkturflaute, DVZ vom 4.1.2003), S.4.
[7] DVZ vom 6.5.2004 (Zufall Express), S. 4 - ohne Verfasser.
[8] Vgl. Kundenmagazin CargoLine (Quo Vadis CargoLine, 1/2004), S. 13 - ohne Verfasser.
[9] Lange (Garantie 24 bei CargoConcept, DVZ-Brief 3.9.2004), ohne Seitenangabe.

Handelsunternehmen schon seit Längerem eine strategische Bedeutung. Auf die Treiber dieser Entwicklung und prinzipiellen Komponenten des Zeitwettbewerbs soll im Folgenden einleitend eingegangen werden.

1.1.1 Treiber einer zunehmenden Beschleunigung

Es ist zwar fraglich, ob der aufkommende Zeitwettbewerb in jeder Branche gleichermaßen wirksam ist, aber unabhängig davon sind die Treiber[10] für den Trend einer anhaltenden Beschleunigung mit Auswirkungen für Produktions- und Dienstleistungsunternehmen unverkennbar:

- Globalisierung
- Wandlung von Verkäufermärkten zu Käufermärkten
- Fragmentierung der Nachfrage
- Kontraktion der Markt- und Produktlebenszyklen

Mit der **Globalisierung** hat die Standort- und Arbeitsteiligkeit der Produktion[11] stetig zugenommen, daneben hat sich die Individualisierung und räumliche Verteilung der Bedarfe („Dislozierung“[12]) fortgesetzt. Wachsende Transportdistanzen, veränderte Kommunikations- und Integrationsbedarfe sind die Folge. Mit der Erschließung neuer, kostengünstiger Beschaffungsmärkte hat sich im direkten Umkehrschluss auch die Konkurrenz- und Wettbewerbssituation auf den Absatzmärkten verstärkt. Durch diesen intensiven Wettbewerb hat sich das Kosten- und Qualitätsniveau mehr und mehr angeglichen. Eine reine Differenzierung aus Qualitäts- und Kostengesichtspunkten ist für Unternehmen schwer zu realisieren.[13]

Daneben kann eine **Wandlung von Verkäufer- zu Käufermärkten[14]** unserer Wirtschaftswelt konstatiert werden. Auf zunehmend gesättigten Märkten entscheidet sich der Kunde zwischen einer Vielzahl von Angeboten und Optionen. Massenmärkte, auf denen die Unternehmen einen Artikel - wie zu Henry Fords Zeiten - ohne Veränderung der

---

10 Vgl. Klenter (Strategischer Erfolgsfaktor, 1995), S. 1.
11 Vgl. Barkema/ Baum/ Mannix (Management Challenges, 2002), S. 916.
12 Vgl. Klaus (TOP 100, 2003), S. 20; Göpfert/ Polzin (Anforderungsprofile an Logistikdienstleister, 1996), S. 210.
13 Vgl. Herold/Abmeier (Wettbewerb um die Zeit, 1998), S. 86.
14 Vgl. Amberger (Fünf-Sterne-Warenhotel, 1992), S. 116.

Produkteigenschaften millionenfach absetzen konnten, haben sich verflüchtigt oder sind in unterschiedliche Nischenmärkte zersplittert.[15]

Die Kundenbedürfnisse sind vor diesem Hintergrund nicht nur individueller, sondern auch beliebiger, heterogener geworden und damit schwieriger zu prognostizieren. Einhergehend mit der **Fragmentierung der Nachfrage**[16] wächst die Komplexität hinsichtlich der Absatzplanung, der Entwicklung von Produktvarianten und der logistischen Leistungserfüllung. Der Kundenwunsch nach größerer Typen- und Angebotsvielfalt zu konkurrenzfähigen Preisen erfordert neue Fertigungstechniken. Durch die Erhöhung von Produktänderungs- bzw. Produkteinführungsraten veralten Produkte schneller und werden von modernen Substituten ersetzt. Somit verkürzen sich nicht nur die Marktzyklen, sondern auch die Produktentwicklungszeiten. Man spricht von einer **Kontraktion der Markt- und Produktlebenszyklen.**[17] Die Erhebungen von Wildemann in 29 Unternehmen verdeutlichen die steigenden Anforderungen. Demnach war innerhalb von zehn Jahren

- „eine Zunahme der Artikelanzahl um 70 bis 130 Prozent,
- eine Erhöhung der Variantenzahl um 100 bis 420 Prozent,
- eine Verkürzung der Produktlebenszyklen um 60 bis 80 Prozent sowie
- eine Verkürzung der Lieferzeiten um 30 bis 90 Prozent“[18]

zu verzeichnen. Vor dem Hintergrund des dynamischen Marktumfeldes und steigender Kundenanforderungen werden eine schnelle Anpassung von Strategien und Strukturen sowie die zeitnahe Befriedigung von Kundenbedürfnissen unabdingbar. In enger Verbindung damit wird eine Anpassung der logistischen Strukturen notwendig, was eine spürbare Veränderung bekannter Marktstrukturen in Richtung einer Individualisierung und Segmentierung der Angebote nach sich zieht, auf die Stückgutdienstleister z.B. in Form zeitdefinierten Stückgutleistungen zu reagieren versuchen. Dabei spielt weniger die strategische Auseinandersetzung mit der Bedeutung des Faktors Zeit im Wettbewerb die entscheidende Rolle, vielmehr sind die Stückgutdienstleister getrieben durch Erwartungen und Anforderungen der Auftraggeber aus Industrie und Handel, die die strategischen Komponenten des Faktors Zeit erkannt und verinnerlicht haben.

---

[15] Vgl. Lauk (Unternehmen im Jahr 2000, 1992), S. 77; Fischer (Zeitwettbewerb, 2001), S. 1.
[16] Vgl. Kirschbaum (Unternehmenserfolg, 1995), S.23; Istvan (Zeit: Die Vierte Dimension, 1998), S. 560.
[17] Vgl. Gruhler (Strategischer Erfolgsfaktor, 1991), S. 124; Simon (Strategischer Erfolgsfaktor, 1989), S. 71 f.
[18] Wildemann (Zeitmanagement, 1992), S. 16.

1.1.2 Komponenten des Zeitwettbewerbs und die „Erfolgsstory“ eines Wettbewerbsfaktors

Der Faktor Zeit spielt im Wettbewerb nicht nur für Logistikdienstleister eine zunehmende Rolle. Die Ursprünge für die Auseinandersetzung mit dem Faktor Zeit sind vielmehr bei Industrie- und Handelsunternehmen zu suchen. Die Bemühungen um neue technologische Konzepte wie Continous Replenishment bzw. ECR und JIT-Versorgung von Industrie- und Handelsunternehmen führt zu kleineren, aber in engen Zeitfenstern abzuwickelnden Sendungseinheiten und damit zu Zuwächsen von tendenziell „teueren“, hochwertigen Logistikleistungen.[19] Der Wettbewerbsfaktor Zeit hat sich hier zur Schlüsselgröße wirtschaftlichen Handelns entwickelt. [20] Zeitwettbewerb verstanden als ein ganzheitlicher Ansatz, der sich eine flexible Fertigung, hohe Lieferbereitschaft, Produktvielfalt und erhöhte Innovationskraft zur Aufgabe macht, wurde zu einem der Managementschlagworte der frühen 1990er Jahre. „Der Zeitwettbewerber schöpft seine Kraft aus der Fähigkeit in allem schneller zu sein als sein direkter Wettbewerber.“[21] Im Zeitwettbewerb ist zwischen einer strategischen Komponente („Time-to-Market“) und einer operativen Komponente (Order-to-Delivery-Time“) zu unterscheiden[22], die einleitend kurz erläutert werden sollen (vgl. Abbildung 1-1).

Abbildung 1-1: Wesentliche Komponenten des Erfolgsfaktors „Zeit“

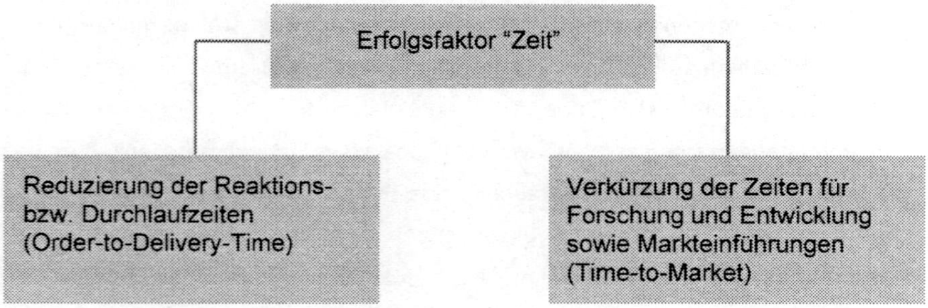

Quelle: In Anlehnung an Voigt (Strategien im Zeitwettbewerb, 1998), S. 80

---

[19] Vgl. Aberle (Transportwirtschaft, 2003), S.91 ff.
[20] Vgl. Kaluza/ Klenter (Strategischer Erfolgsfaktor, 1992), S. 2; Stalk (Waffe im Wettbewerb, 1998), S. 535; Wildemann (Zeit als Waffe im Wettbewerb, 1998);
Oetinger, v. (Vierte Dimension des Wettbewerbs, 1998), S. 529 ff.; Flachmann (Zeit(gewinn), 1995), S.45; Baumgarten (Geschwindigkeit sichert Marktanteile, 1996), S. 36 ff.; Blackburn (Time Factor, 1991), S. 1; Kirschbaum (Unternehmenserfolg, 1995), S. 55; Wiederin (Zeitwettbewerber, 1992), S. 71.
[21] Oetinger, v. (Vierte Dimension des Wettbewerbs, 1998), S. 530.
[22] Vgl. Voigt (Strategien im Zeitwettbewerb, 1998), S. 80; Fischer (Zeitwettbewerb, 2001), S.29; Bitzer (Zeitbasierte Wettbewerbsstrategien, 1991), S. 77.

Die **Time-to-Market-Komponente** hat die Verkürzung der Zeiten für Forschung und Entwicklung bis zum Markteinführungszeitpunkt zum Ziel. Durch die frühzeitige Einführung innovativer Produkte und Prozesse lassen sich Pioniervorteile erzielen, die nicht nur erhöhte Margen in Aussicht stellen, sondern auch zu einer Profilierung bei der Kundenwahrnehmung führen. Bei der Fokussierung auf die **Order-to-Delivery-Time-Komponente** erfolgt eine Konzentration auf die Reduzierung der Reaktions- und Durchlaufzeiten. Die Durchlaufzeiten beziehen sich dabei auf den gesamten Zeitbedarf, der von der Bestellung bis zur Auslieferung beim Kunden benötigt wird. Auch hier sind durch eine schnelle Bedürfnisbefriedigung Preisaufschläge möglich. Im Folgenden sollen die Begriffe Order-to-Delivery-Time und Time-to-Delivery synonym verwendet werden, allerdings soll eine bewusste Fokussierung auf die Transportabwicklung durch die Wahl dieses Begriffes zum Ausdruck gebracht werden.

Japan – allen voran der japanische Automobilhersteller Toyota[23] – war die erste Industrienation, die Zeit als Waffe im Wettbewerb erkannte und konsequent einsetzte. Nicht zuletzt die Erfolge der japanischen Automobilindustrie[24] Anfang der 1980er Jahre, die unproduktive Warte- und Liegezeiten radikal verkürzte und Zeitverschwendung ebenso konsequent eindämmte wie Kosten, sicherten der japanischen Industrie gegenüber der Konkurrenz aus den USA und Westeuropa durch schlanke und reaktionsschnelle Prozesse Wettbewerbsvorteile.[25] Dabei ist „Reducing time [...] not critical in and of itself, it is the benefits achieved through time reduction, in the form of greater cash flow, less inventory, quicker costumer response and ultimately, greater profits, which make this initiative worthwhile."[26] Spätestens als auch die Boston Consulting Group als international tätiges Beratungsunternehmen[27] sich Ende der 1980er Jahre die Ideen des Zeitwettbewerbs zu eigen machte, begann sich der Wettbewerbsfaktor Zeit im Managementdenken und -handeln zu verfestigen. Zeit erlangte eine herausragende Bedeutung bei der Erzielung nachhaltiger Wettbewerbsvorteile. Entscheidend bleibt dabei auch für Zeitwettbewerber der direkt erfahrbare Kundennutzen[28] in Form von kurzen Reaktions- und Bedienzeiten, die der Kunde bereit ist, mit Preisaufschlägen zu honorieren. Die zunehmende Rolle des Kunden hat dazu geführt, dass sich Unternehmen durch die Bereitstellung einer kundenorientierten

---

[23] Vgl. Ohno (Toyota Production, 1988).
[24] Vgl. Stalk/ Hout (Zeitwettbewerb: besser und schneller, 1998), S. 565 ff.
[25] Vgl. Abegglen (Japanische Wettbewerbsstärke, 1981).
[26] Handfield (Time Based Competition, 1995), S. 3.
[27] Vgl. Stalk (Time - The next Source, 1988) – Boston Consulting Group oder auch Little (Hrsg.) (Spitzenqualität, 1992); Hirzel, Leder & Partner (Speed Management, 1992).
[28] Vgl. Wildemann (Zeit als Waffe im Wettbewerb, 1998), S. 230.

Serviceleistung vom Wettbewerber differenzieren und dadurch einen zusätzlichen Kaufanreiz geben.[29]

1.1.3 Die Bedeutung des Faktors Zeit und die Auswirkungen auf den Logistikdienstleistungssektor

Durch die geschilderten Treiber, die anhaltende Bedeutung des Zeitwettbewerbs bei Industrie- und Handelsunternehmen verbunden mit der Tendenz durch die Konzentration auf Kernkompetenzen[30] logistische Basisleistungen an Spezialisten im Logistikdienstleistungssektor outzusourcen, ergeben sich neue Anforderungen hinsichtlich Zeit- bzw. Serviceversprechen und damit neue Chancen für Logistikdienstleister.

Für Logistikdienstleistungsunternehmen, die als Experten für die effiziente Architektur von Versorgungs- und Wertschöpfungsketten der Wirtschaft und deren Steuerung fungieren, entwickeln sich viel versprechende, zukunftsträchtige Aufgabenfelder[31], bei denen der zeitgerechten Bedürfnisbefriedigung eine zentrale Bedeutung zukommt. Logistikunternehmen haben die Option, sich durch die Übernahme von nicht logistischen Aktivitäten (z.B. Montage, Verpackung etc.) – Stichwort „Kontraktlogistik“[32] – tief in die zeitsensiblen Prozesse der Unternehmen zu integrieren oder die zeitliche Komponente (Zuverlässigkeit und Geschwindigkeit) ihrer logistischen Basisleistungen zu betonen. Daneben können auch durch Produkt- und Prozessinnovationen temporäre Alleinstellungsziele erreicht werden. In einem sich bildenden Marktsegment zeitkritischer Logistikleistungen lässt sich vermuten, dass sich durch die besonderen Anforderungen an Know-how und Equipment Alleinstellungsvorteile im Wettbewerb erzielen lassen.[33] Auch vom Trend vermehrt kleinstückiger und zunehmend zeitkritischer Sendungen[34] beim Sendungs- und Umsatzvolumen müssten Logistikdienstleister überproportional partizipieren. So konnten in der Vergangenheit die „schnellen“ Dienste wie KEP-Dienste oder auch Luftfahrtunternehmen von der wachsenden Nachfrage nach weiträumigen und terminkritischen Logistikleistungen profitieren (vgl. Abbildung 1-2).

---

[29] Vgl. Delfmann (Logistik als strategische Ressource, 1995), S.141 ff.
[30] Vgl. Prahalad/ Hamel (Core Competencies, 1990), S.79 ff.;
Hungenberg (Strategisches Management, 2000), S. 135 ff.
[31] Vgl. Klaus (TOP 100, 2003), S. 23; Weber (Logistik ist gefordert, 2001), S. 36.
[32] Hierunter sind Geschäfte zu verstehen, „bei denen in einer engen, individuell zwischen Dienstleistern und Verladern gestalteten Beziehung mehrere logistische Funktionen integriert sind (also nicht nur Transport oder Lagerei oder Auftragsabwicklung), diese Beziehung längerfristig vertraglich abgesichert ist (eben durch einen Kontrakt) und das Geschäftsvolumen einen erheblichen Mindest-Jahresumsatz überschreitet (praxisgerecht ist wohl die Schwelle von mindestens 0,5 bis 1 Mio Euro. p.a.)“, vgl. Klaus/ Kille (Kontraktlogistik, 2004), S. 252 ff.
[33] Otremba (Straßengüterverkehr, 2003), S. 285 ff.
[34] Vgl. Klaus (Marketing für Transport-Dienstleistungen, 1998), S. 1474;
Diez/ Hocke (Added Value beim Logistik-Service, 1996), S. 169.

Abbildung 1-2: Erwartete Zunahme zeitkritischer Lieferungen in weltweiten Netzen

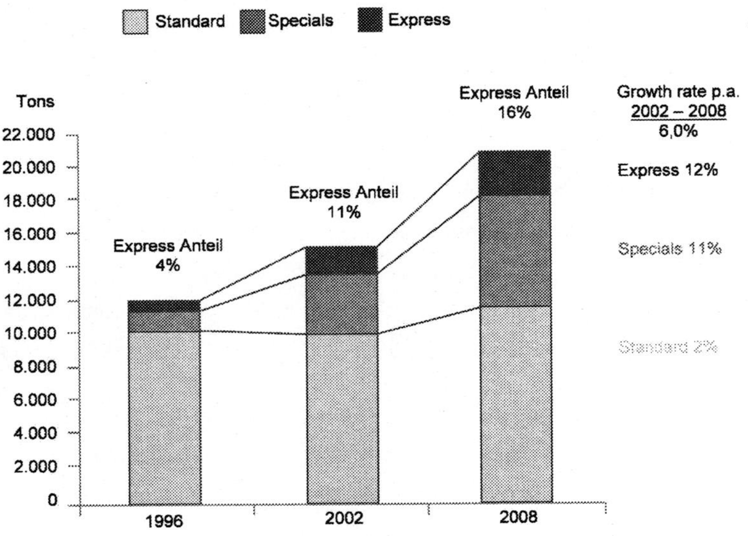

Quelle: In Anlehnung an Schöber (Global Customer Definite Solutions, 2004), S. 6

Auch wenn es sich in diesem Beispiel um Luftfrachtaufkommen handelt, so ist davon auszugehen, dass auch der anschließende Landtransport per Expressfracht entsprechend schnell und zuverlässig erfolgen muss. Die Bahnunternehmen, bezogen auf die Gesamtstrecke als vermeintlich langsames, wenig flexibles Transportmittel, bleiben hingegen in zeitkritischen Segmenten bis auf Weiteres auf der Strecke.[35]

Den Anforderungen der Industrie und des Handels folgend haben neben den spezialisierten Expressdiensten auch andere logistische Netzwerke diesen Trend für sich erkannt und auf zeitsensible Kunden zugeschnittene Logistiklösungen konzipiert. Neben den in sich geschlossenen Systemen der Industrie, beispielsweise für die zeitkritische Ersatzteilversorgung, haben auch die klassischen Stückgutdienstleister - als Betrachtungsschwerpunkt dieser Arbeit - das Segment zeitkritischer Sendungen entdeckt und entsprechende Kundenlösungen entwickelt. Nationale Stückgutdienstleister profitieren dabei von einer verstärkten Verlagerung vom Ladungs- und Teilladungsverkehr hin zum Stückgutverkehr.[36] In Anlehnung an die KEP-Dienste sind eine 24-Stunden-Regellaufzeit, Termingarantien und Auslieferungszeiten bis 8:00, 10:00 oder 12:00 Uhr am Folgetag zum Standard geworden.

[35] Vgl. Bernsmann/ Bone (Bahn ist keine Alternative, Lebensmittelzeitung vom 17.10.2003), S. 72.
[36] Vgl. Schmidt (Stückgutmarkt wächst, DVZ vom 26.8.2004), S. 3.

Nationale Stückgutleistungen bilden ein wesentliches Rückgrat der Logistikwirtschaft und Güterversorgung. Wenn man den zitierten Pressemeldungen Glauben schenken kann, sind im Teilmarktsegment zeitdefinierter Stückgutleistungen hohe Wachstumsraten zu verzeichnen, die vermuten lassen, dass das Ende im Kampf um Zeiteinheiten und Kundennutzen noch lange nicht erreicht ist. Die Zeitkomponente wird demnach zu einem entscheidenden Faktor im Logistikdienstleistungssektor.

1.2 Gegentrend und Hemmnisse einer anhaltenden Beschleunigung

„Es war einmal ein erschöpfter Holzfäller, der Zeit und Kraft verschwendete, weil er mit einer stumpfen Axt einschlug. Denn wie er sagte, habe er keine Zeit, die Schneide zu schärfen“ – Anthony de Mello

Die Erfolge des Zeitwettbewerbs, verbildlicht durch die mit Geschwindigkeit erzielten Wettbewerbsvorteile der japanischen Industrie verbunden mit gesteigerten Produktivitäten in Form von eingesparten Mannstunden, lassen das ausgehende 20. Jahrhundert als das Jahrhundert des Zeitsparens[37] erscheinen. Während Kosten und Qualität in der Vergangenheit die Steuerungsgrößen des Managements waren, ist heute der Faktor Zeit an deren Seite getreten: Entwicklungsabläufe wurden parallelisiert („Simultaneous Engineering“), Entscheidungswege verkürzt und Produktionsprozesse gestrafft. „Gleichzeitigkeit“[38] ist die Antwort an den Stellen, an denen die Beschleunigung von Tätigkeiten an ihre Grenzen stößt. Doch Zweifel am unbegrenzten Nutzen der Beschleunigung von Wertschöpfungsprozessen sind angebracht.

Als Gegentrend zur Beschleunigung keimen Begriffe wie „Entschleunigung“[39], „Slobbyismus“[40] und „Slow Motion“[41] auf und verlangen nach neuen „zeitgerechten“ Lösungen. Verfechter dieser Gegenperspektive betonen den Nutzen der Langsamkeit und weisen auf negative Folgewirkungen einer unkritischen Beschleunigung hin. Ähnlich der Ablösung der Formel „je größer, desto besser“ durch die Sicht „small is beautiful“ zweifeln die Kritiker des „Beschleunigungswahns“ an der Maxime „nur die Schnellen überleben“. Im

[37] Vgl. Griffiths (Slow Motion, 2002), S. 1.
[38] Vgl. Geißler (Vom Tempo der Welt, 1999), S. 111 ff.
[39] Vgl. Fülgraff (Entschleunigung, 1998), S. 57 ff.
[40] Vgl. Deysson (Mut zur Langsamkeit, Wirtschaftswoche vom 17.4.1997), S. 108.
[41] Vgl. Griffiths (Slow Motion, 2002).

Wesentlichen konzentrieren sich deren Einwände auf die wachsende Komplexität sowie ökologische und wettbewerbsstrategische Aspekte.

Bei Unternehmen, die Produkte entwickeln und produzieren, steht dem Trend zur Beschleunigung eine stetig **wachsende Komplexität** gegenüber. In zu erwartenden relativ kurzen Marktpräsenzzeiten gilt es, in kurzer Zeit innovative Produkte zu entwickeln, zu vermarkten und abzusetzen. Mögliche direkte Konsequenzen sind: unausgereifte Produkte[42], gehäufte Rückrufaktionen und die Gefahr, dass der Kunde als Mittelpunkt aller Bestrebungen verloren geht. Langsamkeit als Kontrapunkt zum „Temporausch“[43] und die damit verbundene Gründlichkeit an der richtigen Stelle können durchaus zeitgemäße Faktoren im Wettbewerb sein. Daneben sind die zeitlichen Puffer durch die enge Vertaktung und Verzahnung wirtschaftlicher Aktivitäten nahezu aufgebraucht. Zeiträume, die in der Vergangenheit zur Reaktion, Anpassung oder auch Reflektion zur Verfügung standen, lässt das dynamische Wettbewerbsumfeld nicht mehr zu. Verspätungen oder auch zeitschluckende Prozessübergänge lassen sich nicht ohne Weiteres aufholen. Auch die Logistik mit der primären Aufgabe der Raum- und Zeitüberbrückung und die damit verbundene Transportgeschwindigkeit für Informations- und Warenströme gerät nahe an physikalische[44] und/ oder gesetzliche Restriktionen.

Auch **ökologische Gesichtspunkte** begründen den Zweifel an der Zweckmäßigkeit der Beschleunigung von Logistikaktivitäten. Das Anwachsen kleinstückiger, zeitkritischer Sendungen, die größtenteils auf dem Straßenweg transportiert werden, sorgt für mehr Verkehr und Umweltbelastung. Staus und Wartungsarbeiten an stark genutzten Straßenpassagen vermindern die Fließgeschwindigkeit. Die Möglichkeit der Beschleunigung – nicht zuletzt durch Geschwindigkeitsbegrenzungen – schwindet. Nicht nur das Aufrechterhalten hoher Durchschnittsgeschwindigkeiten wird erschwert, sondern auch die direkten Kosten des Straßentransports[45] steigen. Bei hohen Geschwindigkeiten auf den verbleibenden freien Strecken und Zeiten steigt der Spritverbrauch überproportional an[46], was durch einen anhaltend hohen Öl- und Benzinpreis noch verschärft werden wird. Aufgrund veränderter Infrastrukturbedingungen ergeben sich neue Kosten-Nutzen-Situationen. Straßennutzungsgebühren (LKW-Maut) verteuern zusätzlich die Infrastrukturnutzung, was in absehbarer Zeit auch Fahrzeugklassen unterhalb der derzeit geltenden zwölf Tonnen betreffen wird. Eine optimale Kapazitätsplanung/ -nutzung wird für Logistikdienstleister damit zwingender denn je. Den Vorteilen der verbreiteten JIT-Konzepte

[42] Vgl. Rudzio (Murks in Germany, DIE ZEIT vom 27.11.2003), S. 23 f.
[43] Vgl. Bitzer (Zeitbasierte Wettbewerbsstrategien, 1991), S. 305.
[44] Vgl. Geißler (Vom Tempo der Welt, 1999), S. 18.
[45] Vgl. LOGISTIKinside 01/2005 (Steigende Transportpreise), S. 36 ff. - ohne Verfasser.
[46] Vgl. Pfeiffer (Teures Tempo, DVZ vom 27.4.2004), S. 9.

stehen volkswirtschaftliche Belastungen gegenüber (Staukosten, Infrastrukturbelastungskosten, etc.), die durch verkehrspolitische Maßnahmen zunehmend in das Kalkül der Transportplaner einfließen werden.[47]

Nicht zuletzt aus **wettbewerbsstrategischer Sicht** bestehen Einwände. Die Beschleunigung von Produktlebenszyklen und Wertschöpfungsaktivitäten hat nicht nur positive Wirkungen im Wettbewerb, sondern zieht auch kritische Auswirkungen für Logistikdienstleister nach sich. Neben der geschilderten wachsenden Komplexität, bei verkürzten Marktpräsenzzeiten[48] die Entwicklungskosten (Time-to-Market-Komponente) zu decken[49], ist auch die Beschleunigung der Durchlaufzeit (Time-to-Delivery-Komponente) u.U. mit zusätzlichem Aufwand für Logistikdienstleister verbunden. Ein Grund für das Florieren von Expressleistungen ist die Möglichkeit dieser Anbieter durch Einsatz schneller Transportmittel und einer exklusiven Behandlung der Eilbedürftigkeit gerecht zu werden. Aber diese Maßnahmen der Beschleunigung sind mit Kosten verbunden. Bei zeitkritischen Sendungen zwischen A und B sinkt zwangsläufig der Auslastungsgrad, Größenvorteile („economies of scale") können nicht mehr aufrecht erhalten werden und der Transport wird u.U. weniger effizient. Höhere Preise für Expressleistungen können am Markt nicht durchgesetzt werden, weil auch in diesem Segment intensive Konkurrenz herrscht und eine Differenzierung nicht mehr möglich ist. Der Kunde wird nur diesen exklusiven Premium-Service in Anspruch nehmen, wenn der Nutzen der erbrachten Leistung seine (Transport-)Kosten übersteigt, beispielsweise um Maschinenausfallzeiten durch Ersatzteilversand zu verhindern. Wettbewerb im Segment zeitkritischer Sendungen ist in jedem Fall mit hohen Ansprüchen an Schnelligkeit und Zuverlässigkeit der logistischen Strukturen verbunden. Stückgutdienstleister, die die Chancen des Marktsegments zeitkritischer Sendungen für sich nutzen wollen, stehen in direkter Konkurrenz zu Expressdienstleistern. Auf der einen Seite stehen global agierende Konzerne wie z.B. UPS und TNT, die über globale Netzwerke und immense Kapital- und Infrastrukturressourcen verfügen. Auf der anderen Seite existieren hochspezialisierte Branchenlösungen (u.a. transo-flex, Night Star Express), die auf umfangreiche Erfahrungen im Umgang mit zeitkritischen Sendungen und gewachsene Kundenbindungen verweisen können.

Es gilt, den Kunden in Form von leistungsstarken IT-Systemen mit der Verfügbarkeit von Informationen in real-time, funktionierenden und standardisierten Prozessen sowie Referenzen bei der Abwicklung zeitkritischer Sendungen zu überzeugen, um mit etablierten

---

47 Vgl. Blamauer (Radikales Umdenken, 1992), S. 65.
48 Vgl. Qualls/ Olshavsky/ Michaels (Shortening of PLC, 1981), S. 76 ff.
49 Vgl. Bullinger/ Wasserloos (Reduzierung der Produktentwicklungszeiten,1990), S. 4; Braun, v. (Beschleunigungsfalle, 1991), S. 52.

Expressanbietern mithalten zu können. Ob der Kunde in wirtschaftlich angespannten Zeiten bereit sein wird, Preisaufschläge für eilbedürftige Sendungen zu bezahlen[50] oder – soweit möglich – seine Abläufe zeitresistenter zu gestalten, bleibt allen Wachstumsprognosen zeitkritischer Sendungen zum Trotz abzuwarten. Mit einem flächendeckenden 24-Stunden-Service genügen die Stückgutanbieter den Anforderungen eines Großteils der vom Mittelstand geprägten Kundenstruktur. Ein überzogener Lieferservice ist in 80 Prozent der Fälle gar nicht notwendig.[51] Eine unreflektierte Reaktion auf Kundenwünsche kann sich aus Sicht des Dienstleisters u. U. als unwirtschaftlich erweisen, wenn die komplexitätsbedingten Kosten den Ertrag aus der geforderten Leistungserbringung übersteigen.[52]

Auch Investitionen in Technik und Equipment zur Erbringung und Absicherung zeitgarantierter Zusatzdienste müssen vor dem Hintergrund potenter Wettbewerber zumindest kritisch hinterfragt werden. Unabhängig davon wird die hohe Wettbewerbsintensität – ob im klassischen Stückgutgeschäft durch vermeintliche Billiganbieter oder im Expresssegment durch expandierende Konzerne – weiter anhalten. Ob verstärkte Aktivitäten im Markt für zeitdefinierte Stückgutleistungen als Antwort Erfolg versprechend sind, um im Wettbewerb durch neue Marktanteile und höhere erzielbare Margen erfolgreich bestehen zu können, darf zumindest angezweifelt werden.

---

[50] Vgl. DVZ vom 18.10.2003 (TNT auf Expansionskurs), S. 4 - ohne Verfasser.
[51] Vgl. Blamauer (Radikales Umdenken, 1992), S. 65.
[52] Vgl. Bogaschewsky (Zeitwettbewerb, 1998), S. 4.

1.3 Untersuchung zur Schaffung von Transparenz über die Bedeutung und das Marktvolumen des Zeitwettbewerbs am Beispiel der nationalen Stückgutdienstleister

„Er ließ sich auch beibringen, wie man Knoten machte. Er stellte einen Unterschied fest: Beim Üben schien es mehr darauf anzukommen, wie schnell man den Knoten fertig hatte, bei der wirklichen Arbeit aber darauf, wie gut er hielt“[53] *– Sten Nadolny*

1.3.1 Fehlende Transparenz für nationale Stückgutdienstleister hinsichtlich der Bedeutung des Faktors Zeit und des Teilmarktsegments zeitdefinierter Stückgutleistungen: Zwei Forschungsfragen

Folgt man den bisherigen Ausführungen, dann gehört es zu einer der wichtigsten Managementaufgaben zu entscheiden wie und in welchem Zusammenhang Zeit als Faktor im Wettbewerb – sowohl strategisch als auch operativ – angewendet werden sollte. Während die strategische Auseinandersetzung im Logistikdienstleistungssektor nicht belegt ist, hat sich bei Industrie- und Handelsunternehmen eine Differenzierung über den Faktor Zeit in den letzten Jahren als einer der Stellhebel erfolgreicher Wettbewerbsstrategien herauskristallisiert. Der Erfolg einer Differenzierung wird durch die Erbringung zeitgerechter, logistischer Leistungen beeinflusst. Logistikdienstleister übernehmen wichtige Aufgaben, um diesen zeitlichen Anforderungen an Zuverlässigkeit und Schnelligkeit gerecht zu werden. Zeitwettbewerb macht sich damit direkt im Logistikdienstleistungsmarkt bemerkbar. Nationale Stückgutdienstleister stellen ein geeignetes Beispiel dar, die Auswirkungen des Zeitwettbewerbs zu verdeutlichen. Die Umsetzung der im Konzept des Zeitwettbewerbs propagierten Ideen sowie die Nachfrage zeitdefinierter Leistungen kann als Indikator für die Bedeutung des Zeitwettbewerbs im nationalen Stückgutmarkt angesehen werden. Dabei sind weder die tiefere Bedeutung der Prinzipien des Zeitwettbewerbs noch die direkten messbaren Sendungsanteile zeitkritischer Sendungen abschließend untersucht worden.

Mit dem klaren Fokus auf den nationalen Stückgutsektor soll eine sinnvolle Eingrenzung des Untersuchungsgegenstandes vorgenommen werden. Das Beispiel des gewählten Marktsegments steht stellvertretend für die vielfache Auseinandersetzung mit dem Faktor Zeit innerhalb der Logistikdienstleistungsbranche. Es werden in erster Linie die Stückgutleistungen betrachtet, die zeitlich präziser als der 24-Standard-Service sind. Hierbei

---

[53] Nadolny (Entdeckung, 1999), S. 53.

handelt es sich um ein vergleichsweise junges und bisher wenig untersuchtes Teilmarktsegment des nationalen Stückgutmarktes, zu dem bisher nur vage Schätzungen[54] vorliegen. Mit der Konzentration auf zeitdefinierte Stückgutleistungen ist die Frage nach den in der Vergangenheit relevanten Aspekten des Zeitwettbewerbs verbunden. Time-to-Market- wie auch Time-to-Delivery-Aspekte im Markt nationaler Stückgutleistungen sollen in den folgenden Ausführungen beleuchtet werden. Den Schwerpunkt stellt die Schaffung von Transparenz in einem dynamischen Wettbewerbsumfeld dar. Zum einen müssen die strategische Bedeutung und Ausprägungen des Faktors Zeit im nationalen Stückgutmarkt genauer beleuchtet, zum anderen das Teilmarktsegment zeitdefinierter Stückgutleistungen empirisch greifbar gemacht werden. Dabei ist lediglich mittelbar von Interesse wie sich einzelne, für den nationalen Stückgutmarkt typische Wettbewerber – wie Konzerne und Kooperationsverbünde – in diesem unerforschten Teilmarktsegment positionieren, sondern vielmehr wie sich nationale Stückgutdienstleister gegenüber der Konkurrenz benachbarter Netzwerke (KEP, geschlossene Systeme) besser im Markt zeitdefinierter Stückgutleistungen darstellen können. Konzepte und Motive des Managementansatzes des Zeitwettbewerbs sind in Verbindung mit einem grundlegenden Logistikverständnis ebenso zu untersuchen wie die allgemeine Marktsituation auf dem nationalen Stückgutmarkt. Unter kritischer Berücksichtigung der skizzierten Gegentendenzen zu einer endlos wachsenden Beschleunigung ist in einem ersten Schritt die Frage

(1) „Welche Bedeutung hat das Konzept des Zeitwettbewerbs für nationale Stückgutdienstleister?“

zu beantworten. Aufbauend auf dieser strategisch geprägten, grundsätzlichen Fragestellung sollen anhand eines logistischen Basisgeschäftes die Bedeutung des Zeitwettbewerbs in der Realität nachgewiesen und mögliche Schlussfolgerungen formuliert werden. Vor diesem Hintergrund ist dabei von besonderem Interesse die Entwicklung zeitdefinierter Stückgutleistungen. Veröffentlichte Zuwachsraten geben keinen ausreichenden Aufschluss über die absoluten Sendungszahlen in diesem aufstrebenden Marktsegment, da erzielbare Erlöse ebenso unklar bleiben wie das eigentliche, mengenmäßige Ausgangsniveau. Aufgrund der bisher nur groben Abschätzung des Marktes zeitdefinierter Stückgutleistungen sowie der Tendenz sich ändernder Güterstrukturen und einer damit verbundenen Zunahme von zeitkritischen, kleinstückigen und hochwertigen Sendungen[55] bestehen vielfältige Marktchancen. Durch die Klärung der Frage

---

[54] Vgl. Klaus (TOP 100, 2003), S. 104.
[55] Vgl. Czenskowsky (Marketing für Speditionen, 2004), S. 213.

(2) „Wie groß ist der Markt zeitdefinierter Stückgutleistungen und welche Handlungsempfehlungen können formuliert werden, um die Wettbewerbsfähigkeit zu verbessern?“

soll dieses Marktsegment erstmals genauer beleuchtet werden. Mit der Abschätzung dieses Teilmarktsegments wird eine wichtige Grundlage geschaffen, um die Aktivitäten und Chancen für Stückgutdienstleister besser abschätzen zu können und notwendige strategische Implikationen fortzuführen oder ggf. zu initiieren. Im Zuge dessen sollen auch mögliche Preisaufschläge für zeitdefinierte Premiumleistungen ermittelt werden. Daraus abgeleitet können bestehende Defizite der agierenden Stückgutanbieter verdeutlicht und entsprechende Handlungsempfehlungen formuliert werden, um die Wettbewerbsfähigkeit gegenüber konkurrierenden Logistikdienstleistern zu verbessern bzw. zu behaupten. Mit dem Schwerpunkt auf nationalen Stückgutdienstleistern wird zum ersten Mal die Anwendbarkeit des Managementansatzes Zeitwettbewerb im Logistikdienstleistungssektor untersucht und das sich bildende Teilmarktsegment zeitdefinierter Stückgutleistungen als Premiumsegment im Sinne einer Standard-Stückgutleistung mit zeitdefinierter Serviceoption genauer beleuchtet. Am Ende der Untersuchung ist damit eine Aussage möglich, welche Marktsituation empirisch abgesichert vorliegt, welche Bedeutung dem Faktor Zeit im nationalen Stückgutmarkt zukommt und welche Handlungsoptionen für eine Verbesserung im Teilmarktsegment zeitdefinierter Stückgutleistungen bestehen.

1.3.2 Unternehmen aus Industrie, Handel und Dienstleistungswirtschaft als Adressaten der Untersuchung

Die Antworten auf die beiden skizzierten Forschungsfragen sind für Logistikdienstleister und Verlader, die darauf bedacht sind Prozesse zu optimieren und die vorhandene Zeit effizienter zu nutzen, gleichermaßen relevant. Die nationalen Stückgutanbieter mit ihrer zentralen Lage in Europa stehen in intensivem Wettbewerb mit globalen Expressdiensten und vermeintlicher „Billigkonkurrenz“ aus Osteuropa. Auch die Verladerseite ist auf zuverlässige und zeitgerechte Transportleistungen zwingend angewiesen und gleichzeitig auf Kostenreduzierung beim Dienstleistereinsatz bedacht. Transparenz über den Markt und die Preisaufschläge zeitdefinierter Leistungen ist für beide Seiten von Nutzen.

Daneben sind die Ausführungen für Beratungsunternehmen, die die Strategieausrichtung und den Umgang mit der Ressource Zeit in der heutigen Wirtschaftswelt zum Teil maßgeblich beeinflussen, von Interesse. Nicht zuletzt ist auch die Wissenschaft verschiedenster Fachgebiete angesprochen. Die „Zeitwissenschaft“ ist kein eigenes

Fachgebiet, sondern vielmehr in verschiedensten Wissenschaftsbereichen in unterschiedlicher Weise von Bedeutung.[56] Eine Auseinandersetzung mit einer anderen Zeitperspektive hilft, das Phänomen Zeit besser zu verstehen und die richtigen Antworten im Umgang mit der Zeit zu liefern.

Mit dem Schwerpunkt auf der Zielgruppe der nationalen Stückgutdienstleister sollen die Erkenntnisse dazu dienen, den Faktor Zeit aus strategischer und operativer Sicht differenziert zu betrachten, um den Trend zur Beschleunigung kritisch zu begleiten. Durch das Offenlegen der Defizite und die Ableitung von Handlungsempfehlungen beim Agieren auf dem Markt zeitkritischer Sendungen werden Stückgutdienstleister in die Lage versetzt, ihren Umgang mit dem Faktor Zeit bei der Strategie-, Produkt- und Kundenausrichtung zu hinterfragen.

[56] Selbst innerhalb der betriebswirtschaftlichen Theorie gibt es eine Vielzahl sich unterscheidender Zeitaspekte, siehe hierzu Hax/ Kern/ Schröder (Hrsg.) (Betriebswirtschaftliche Theorie, 1989).

2 AUFBAU UND GANG DER UNTERSUCHUNG

Bevor auf die konzeptionellen Grundlagen eingegangen wird, sollen die Vorgehensweise und der grundsätzliche Aufbau der Arbeit erläutert werden. Die Auseinandersetzung mit dem Konzept des Zeitwettbewerbs hat auf den ersten – mehr strategischen – Blick die zeitgerechte Reorganisation von Unternehmen zum Inhalt. Durch die Differenzierung über den Faktor Zeit und die Ausgestaltung der Time-to-Delivery- und der Time-to-Market-Komponente im Sinne einer agilen und flexiblen Unternehmung, sollen Wettbewerbsvorteile erzielt und die Unternehmensposition verbessert werden. Eine Verbesserung der Unternehmensposition kann durch die Ertragssteigerung bspw. durch Preisaufschläge oder durch Marktanteilsgewinne aus Neugeschäften erzielt werden. Industrie- und Handelsunternehmen haben die Prinzipien des Zeitwettbewerbs verinnerlicht, was im Extrem zu „illusionären Visionen" wie dem Fünf-Tage-Auto[57] geführt hat. Die Logistikdienstleister müssen sich mit der Umsetzung und Begleitung dieser „Visionen" auseinandersetzen, ohne selbst über genügend Hintergrundwissen über die Strategieansätze und Entwicklungspfade des Zeitwettbewerbs zu verfügen.[58]

Auf den zweiten – mehr operativ geprägten – Blick offenbart sich der Logistikdienstleistungssektor als Sektor, in dem sich die Ideen und Konzepte des Zeitwettbewerbs direkt auswirken. Durch hohe zeitliche Anforderungen hinsichtlich Geschwindigkeit und Pünktlichkeit verbunden mit engen Lieferfenstern und Zeitvorgaben stehen die Logistikdienstleister, nicht zuletzt auch um eigene Unternehmensziele zu erreichen, vor komplexen Herausforderungen, die durch die Zunahme von zeitkritischen, kleinstückigen und hochwertigen Sendungen zum Ausdruck kommen. Im Rahmen der Marktstudie TOP 100 der Logistik[59] der Fraunhofer ATL wurden für den Betrachtungszeitraum 2001/ 2002 Umsatzanteile von Logistikdienstleistungsunternehmen zur Vermessung des nationalen Logistikdienstleistungsmarktes ermittelt. Vor diesem Hintergrund konnten Marktgrößen genauer bestimmt, Marktsegmente gebildet und Marktführer identifiziert werden. Im Zuge dessen wurde der Logistikdienstleistungssektor in 16 Teilmärkte[60] eingeteilt. Je Teilmarkt wurden die Umsatzanteile der einzelnen Dienstleister im Rahmen einer Marktbefragung beziffert und aufgeschlüsselt. Daraus kann die Bedeutung des Teilmarktes für den Gesamtmarkt beurteilt werden. Mit dem Teilmarkt sechs „Nationaler allgemeiner Stückgutverkehr" wurde als Gegenstand dieser Arbeit ein Markt

[57] Vgl. Bretzke (Termintreue schlägt kürzeste Lieferzeiten, DVZ vom 26.04.2005), S. 5.
[58] Vgl. Hoffmann (Logistik und Electronic Business, 2001), S. 8 ff.
[59] Vgl. Klaus (TOP 100, 2003).
[60] Vgl. Klaus (TOP 100, 2003), S. 79 ff.

gewählt, der eine Vielzahl an Kunden aus Industrie und Handel abdeckt. Auch wenn dieser Markt mit einem Marktvolumen von 5 Mrd. Euro als eher klein (relativ zum Gesamtmarktvolumen der TOP 100 von 150 Mrd. Euro) einzustufen ist, so ist er doch charakteristisch und gutes Beispiel für die Herausforderungen, vor denen Logistikdienstleister in der Realität stehen. Das Konzept des Zeitwettbewerbs dient im Rahmen dieser Arbeit als Gerüst, um den Markt genauer zu analysieren. Auch wenn sich die folgenden Ausführungen und Erhebungen vorwiegend auf dieses Marktsegment beziehen, so kann dieser Markt als repräsentativ für den Logistikdienstleistungssektor angesehen werden, der Rückschlüsse auf die Logistikdienstleistungswirtschaft in Aussicht stellt, da sich in diesem Teilmarkt eine Vielzahl an unterschiedlichen Kundenanforderungen und logistischen Prinzipien wieder findet. Mit der genaueren Betrachtung zeitdefinierter Stückgutleistungen konnte ein aufstrebendes Teilmarktsegment erschlossen werden. Hier darf zum einen unterstellt werden, dass sich Zeitwettbewerb direkt bemerkbar macht, zum anderen ist damit eine Betonung der Time-to-Delivery-Komponente als Gegen-stand der Arbeit verbunden, die empirisch untermauert werden soll. Zeitdefinierte Stückgutleistungen sind zwar auch unter Time-to-Market-Gesichtspunkten von Interesse, diese sollen aber im Rahmen der vorliegenden Arbeit nur beschreibend wiedergegeben werden.

Vor diesem Hintergrund in Verbindung mit den formulierten Forschungsfragen gliedert sich die Arbeit neben den Kapiteln 1 und 2 in vier inhaltliche und ein abschließendes Kapitel (vgl. Abbildung 2-1). Nachdem in **Kapitel 1** Motivation, Forschungsfragen und die Adressaten der Untersuchung herausgearbeitet worden sind und **Kapitel 2** den Gang der Untersuchung widerspiegelt, werden in **Kapitel 3** die konzeptionellen Grundlagen der Arbeit dargestellt. Diese umfassen zum einen die grundsätzlichen Ideen und Konzepte des Zeitwettbewerbs (Kapitel 3.1), zum anderen wird der Wandel der Logistik rekapituliert (Kapitel 3.2). Entwicklungslinien des Zeitwettbewerbs und der Logistik stellen eine wichtige Voraussetzung für das Verständnis der Arbeit dar. Die Klärung wichtiger begrifflicher Grundlagen wird in diesem Zusammenhang ebenso wie die Fokussierung des Untersuchungsgegenstandes vorgenommen. In Kapitel 3.3 werden das Konzept des Zeitwettbewerbs und der Untersuchungsgegenstand der Arbeit (Zeitwettbewerb im Logistikdienstleistungsmarkt am Beispiel Stückgutdienstleister in Bezug auf den Ansatz des Zeitmanagements und des Marktumfeldes) zusammengeführt. Abschließend wird ein konzeptioneller Bezugsrahmen geschaffen, an dem sich der weitere Verlauf der Arbeit orientiert.

In **Kapitel 4** wird unter Verwendung des in Kapitel 3 erarbeiteten Bezugsrahmens der nationale Stückgutmarkt genauer betrachtet. Neben der einleitenden Darstellung der aktuellen Herausforderungen in diesem Markt (Kapitel 4.1) wird das Marktumfeld unter Einbeziehung der Kundenanforderungen und alternativer Leistungsangebote erläutert

(Kapitel 4.2.). Nicht nur das Marktumfeld ist für die Ausgestaltung des Zeitwettbewerbs im nationalen Stückgutmarkt von Bedeutung, sondern auch das Zeitmanagement (Kapitel 4.3), das die Time-to-Delivery- und Time-to-Market-Komponente beinhaltet, ist für die weiteren Ausführungen von Interesse. Mit der Betonung der Transportabwicklung wird die Wertschöpfungskette im nationalen Stückgutmarkt als Time-to-Delivery-Komponente in diesem Zusammenhang ebenso dargestellt wie Beispiele der Time-to-Market-Komponente aus dem Logistikdienstleistungssektor. Neben einer Verdichtung der bisherigen Ergebnisse in Kapitel 4.4 wird der Bezug zu zeitdefinierten Stückgutleistungen hergestellt. Aus der Kombination aus Time-to-Delivery- und Time-to-Market-Gesichtspunkten auf der einen Seite und der Wirkung auf Kunden und Konkurrenten auf der anderen Seite, sind zeitdefinierte Stückgutleistungen als vergleichsweise junges, wenig erforschtes Teilmarktsegment des nationalen Stückgutmarktes von besonderem Interesse.

Eine empirische Bestandsaufnahme der Umsatz-, Tonnage- und Sendungsanteile ist elementarer Gegenstand des **fünften Kapitels** und leistet einen wichtigen Beitrag für die Erfolgs- und Wettbewerbsaussichten nationaler Stückgutdienstleister. Zu Beginn werden die Vorgehensweise und die wesentlichen Bestandteile vorgestellt. Neben einer Mengen- und Umsatzbefragung führender KEP- und Stückgutdienstleister mit dem Basisjahr 2004, wurde eine so genannte Systemprovokation zum Abgleich von Preisaufschlägen und Reaktionszeiten anhand einer exemplarischen Transportrelation durchgeführt. Parallel wurden zur Gewährleistung und Sicherstellung der Ergebnisse qualitative Experteninterviews mit führenden Akteuren auf dem Stückgut- und Expressmarkt durchgeführt. Auf dieser Basis konnte die Entwicklung und die Ausgestaltung zeitdefinierter Stückgutleistungen nachgezeichnet (Kapitel 5.2) sowie darauf aufbauend eine Marktabschätzung vorgenommen werden (Kapitel 5.3). In Anknüpfung an die empirischen Grundlagen der Marktabfrage konnten in Verbindung mit der Systemprovokation Kennzahlen gebildet, Preisaufschläge ermittelt und Reaktionszeiten genauer bestimmt werden. Im Unterabschnitt 5.4 werden die Ergebnisse nochmals verdichtet dargestellt und die Wachstumsprognosen in diesem Teilmarktsegment relativiert.

Kapitel 6 greift die in Kapitel 5 gewonnenen Erkenntnisse auf und sucht nach Erklärungsansätzen für das aus Dienstleistersicht bescheidene Marktvolumen. Darauf aufbauend werden mögliche Handlungsoptionen aufgezeigt. In Orientierung an den konzeptionellen Bezugsrahmen aus Kapitel 3 werden Erklärungsansätze (Kapitel 6.1), die aus dem Marktumfeld (Konkurrenten und Kunden) bzw. dem Zeitmanagement-Ansatz (Time-to-Delivery- bzw. Time-to-Market-Komponente) resultieren, formuliert und in vier Thesen zum Ausdruck gebracht. In Anknüpfung an diese vier Thesen werden zur Lösung (Kapitel 6.2) drei Schritte entwickelt, die Stückgutdienstleister unterstützen, ihre Marktposition – im Sinne von Ertragssteigerungen und Neugeschäften – mit zeitdefinierten Leistungsangeboten zu verbessern. Der erste Schritt beinhaltet eine Kundennutzenanalyse unter Anwendung eines exemplarischen Conjoint Measurements, der zweite Schritt nimmt eine exemplarische Kunden- und Branchensegmentierung vor und im dritten Schritt erfolgt anhand eines SWOT-Analysetableaus die exemplarische Gegenüberstellung alternativer Netzkonfigurationen. In Unterabschnitt 6.3 erfolgt die Ableitung und Formulierung von Handlungsempfehlungen für nationale Stückgutdienstleister zur Verbesserung der Marktkenntnis, der Kundenfokussierung und der Netzwerk- und Prozessstrukturen.

In **Kapitel 7** werden die Untersuchungsergebnisse zusammengefasst, kritisch gewürdigt und der Bezug zu den eingangs gestellten Forschungsfragen hergestellt (Kapitel 7.1). Zum Abschluss wird der weiterführende Forschungsbedarf und Wege zum Ausbau der gewonnenen Erkenntnisgrundlage aufgezeigt (vgl. Kapitel 7.2). Abbildung 2-1 gibt abschließend den Verlauf der Arbeit wieder.

Abbildung 2-1: Gang der Arbeit

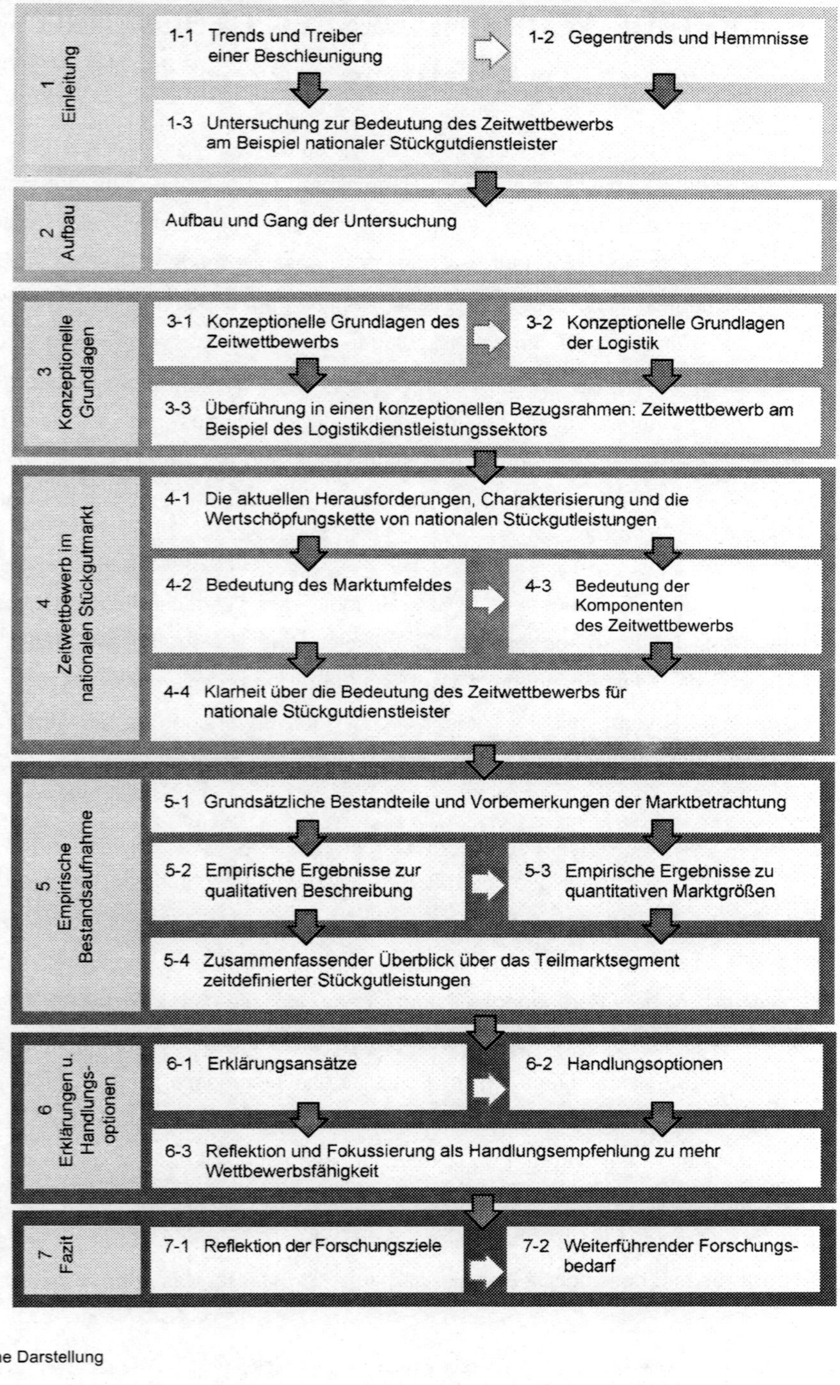

Quelle: Eigene Darstellung

3 KONZEPTIONELLE GRUNDLAGEN – ZEITWETTBEWERB UND DESSEN BEDEUTUNG IM LOGISTIKDIENSTLEISTUNGSSEKTOR

In dem folgenden Kapitel sollen die wesentlichen Grundlagen zum Verständnis des Zeitwettbewerbs und der Logistik herausgearbeitet werden. Ziel ist ein konzeptioneller Bezugsrahmen[61], der die Struktur für die sich anschließenden Überlegungen vorgibt. Wesentliche Begrifflichkeiten, die im ersten Kapitel angerissen wurden, werden ebenso geklärt wie weiterführende Verständnisgrundlagen, die für die Arbeit notwendig sind. Um sich die Ursprünge und das Ideengerüst des Zeitwettbewerbs zu vergegenwärtigen gilt es, sich mit den Verankerungen des Zeitwettbewerbs vertraut zu machen. Dazu gehören gleichermaßen das Verständnis der „Zeitwissenschaft" und der Betriebswirtschaft sowie der Konzepte und Ausprägungen des Zeitwettbewerbs in Industrie- und Handelsunternehmen (Kapitel 3.1).

Zeitverkürzung und flussorientierte Ausgestaltung der Wertschöpfungskette sind auch Gegenstand des Logistikmanagements. Dabei bleibt die Bedeutung der Logistik von den Veränderungen des Marktgeschehens nicht unberührt und unterliegt einem stetigen Wandel. Eine Auseinandersetzung mit der Vielfalt der Begriffsverwendung sowie dem Wandel der Bedeutung leistet einen wichtigen Beitrag zum Verständnis der nachfolgenden Ausführungen (Kapitel 3.2). Es ist zu zeigen, wie das Konzept des Zeitwettbewerbs für Logistikdienstleister von Interesse ist. In diesem Zusammenhang ist es nicht ausreichend, sich lediglich mit der eigenen Fähigkeit der Schnelligkeit und Zuverlässigkeit zu beschäftigen. Vielmehr gilt es, die Zeitperspektiven und die Motive für das Strategiekonzept des Zeitwettbewerbs ebenso wie das eigene Logistikverständnis zu fundieren und für sich zu nutzen. Verfolgt man die Veröffentlichungen der Vergangenheit, beziehen sich die Erfolge des Zeitwettbewerbs zumeist auf Industrie und Handelsunternehmen. Die Einbeziehung des Zeitwettbewerbs eröffnet neue strategische Optionen im Logistikdienstleistungssektor. Entsprechend sollen zum Abschluss des Kapitels (Kapitel 3.3) als Synthese der Ausführungen zeitbasierte Wettbewerbsvorteile auf dem Logistikdienstleistungsmarkt definiert werden und ein konzeptioneller Bezugsrahmen geschaffen werden, der als Vorbereitung für das vierte Kapitel dient. Abbildung 3-1 veranschaulicht die konzeptionellen Grundlagen des Zeitwettbewerbs und der Logistik und gibt damit die Struktur für das dritte Kapitel vor.

---

[61] Dieser konzeptionelle Bezugsrahmen ist ausschließlich maßgebend für den Inhalt dieser Arbeit; in einem anderen Zusammenhang kann ein anderer Bezugsrahmen sinnvoll sein.

Abbildung 3-1: Konzeptionelle Grundlagen des Zeitwettbewerbs und der Logistik

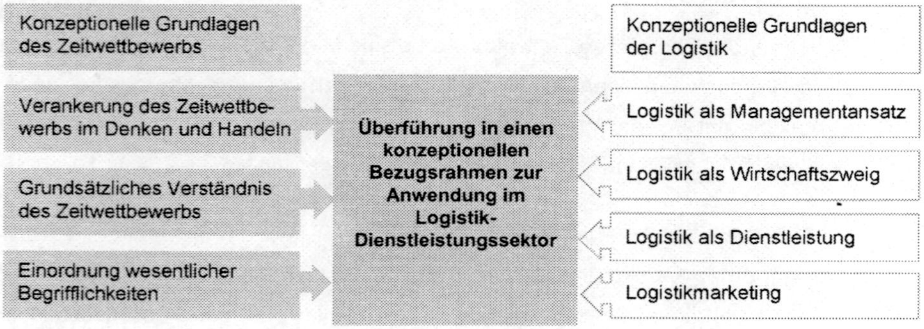

Quelle: Eigene Darstellung

3.1 Konzeptionelle Grundlagen des Zeitwettbewerbs

In einer arbeitsteiligen und zeitlich eng getakteten Wirtschaft bekommt der Wettbewerbsfaktor Zeit eine wichtige Bedeutung. Das Konzept des Zeitwettbewerbs führt dabei zu einer vielschichtigen Auseinandersetzung mit dem Faktor Zeit. Zunächst gilt es, sich die Verankerungen des Zeitwettbewerbs zu vergegenwärtigen. Zeitwettbewerb als Erfolgsmodell modernen Managements fußt auf gesellschaftlichen und wirtschaftlichen Gegebenheiten, die als Voraussetzung für die Verbreitung angesehen werden können. Daraus hat sich ein neuer strategischer Ansatz des Zeitwettbewerbs entwickelt, auf dessen Entwicklung und dessen grundsätzliche Komponenten näher eingegangen werden soll. Mit der Einordnung wesentlicher Begrifflichkeiten des Zeitwettbewerbs, die für den konzeptionellen Bezugsrahmen wichtig sind, wird die Grundlage für die weiterführenden Ausführungen geschaffen.

3.1.1 Verankerung des Zeitwettbewerbs im Denken und Handeln

Die Zeit ist – bewusst oder unbewusst – ein Element jeglichen menschlichen Denken und Handelns. Die Behandlung der Zeit als Phänomen vollzieht sich dabei auf so unterschiedlichen Ebenen wie

- der allgemeinen wissenschaftlichen Diskussion („Zeitwissenschaft")
- der allgemeinen Betriebswirtschaft
- der aktuellen Strategiekonzeptionen wie Porter oder Stalk/ Hout

Die Ursachen für die Erfolge des Zeitwettbewerbs sind in der grundlegenden Zeitperspektive der westlichen Industrienationen, in den Zeitperspektiven der Betriebswirtschaft und in der direkten Analogie mit Porters Wettbewerbsstrategien zu sehen. Diese drei Verankerungen des Zeitwettbewerbs sollen im Folgenden kurz erläutert werden.

3.1.1.1 Zeitperspektiven der „Zeitwissenschaft"

Das grundlegende Zeitverständnis der westlichen Industrienationen fußt auf verschiedenen wissenschaftlich geprägten Zeitperspektiven.[62] Jede Kultur und jede Wissenschaftsdisziplin repräsentiert ihre eigene Zeitperspektive und unterstreicht die Notwendigkeit den Umgang mit der Zeit aus ihrem Blickwinkel zu gestalten.

Aufgrund der unterschiedlichen Blickwinkel ist es bis heute nicht gelungen, Zeit über mehrere Wissenschaftsdisziplinen hinweg zu definieren[63] oder ein einheitliches Zeitverständnis[64] zu erreichen. Ein übergreifendes Verständnis der Zeit versucht z. B. Mainzer als ein „komplexes Netzwerk von Zeitrhythmen [...], in dem sich physikalische, biologische, psychologische und soziale Prozesse überlagern und beeinflussen"[65], zu definieren. Dabei stehen sich die vielfältigen Zeitperspektiven nicht konkurrierend, einander ausschließend gegenüber, sondern sind komplementär aufeinander angewiesen. Zeitwissenschaft ist keine eigene Wissenschaftsdisziplin, vielmehr ist es die fachübergreifende Kombination, die die Auseinandersetzung mit der Zeit so schwierig und gleichzeitig interessant macht. Innerhalb der Wissenschaftsdisziplinen existieren konkrete Vorstellungen und Definitionen der Zeit.

Frühe, wichtige Beiträge der Natur- und Geisteswissenschaften haben das heutige Zeitverständnis maßgeblich mitgeprägt. Die Vorstellung von Isaac Newton, der den objektiven oder physikalischen Zeitbegriff 1687 prägte, hat bis heute Gültigkeit: „Die absolute, wahre und mathematische Zeit verfließt an sich und vermöge ihrer Natur gleichförmig und ohne Beziehung auf irgend einen äußeren Gegenstand. Sie wird mit dem

[62] Vgl. Schulte (Strategische Planung, 1996), S. 104.
[63] Vgl. z.B. Linzbauer (Zeit, 2000), S.37; Payk (Zeit, 1989), S. 77.
[64] So untersuchte Levine (Landkarte, 1998) anhand der Indikatoren Gehgeschwindigkeit, Bedienzeit bei der Post und Genauigkeit öffentlicher Uhren das Lebenstempo in verschiedenen Ländern und kam zwischen den Kulturkreisen zu unterschiedlichen Geschwindigkeiten.
[65] Mainzer (Von der Urzeit zur Computerzeit, 2002), S. 1

Namen: Dauer belegt."[66] Folgt man Newtons Vorstellung, so lässt sich jedes Zeitintervall zwischen zwei Ereignissen eindeutig bestimmen und diese Zeit bleibt immer die gleiche. Zeit ist demnach eine universelle und „absolute" Grundgröße der Natur.[67] Auch wenn sich noch weitere Denkrichtungen, beispielsweise die subjektive, psychologische Zeitwahrnehmung herausgebildet haben, so hat sich in der Wirtschaftspraxis und -theorie diese Zeitvorstellung als völlig ausreichend erwiesen.[68] Ergänzt wird dieses prinzipielle Zeitverständnis von linearen – verstanden als zeitlich gerichteten und damit unumkehrbaren – nacheinander ablaufenden Ereignissen.[69] Saunders/ Slyke und Vogel[70] haben sich in Verbindung mit assoziierten Beschreibungen und Kategorisierungsmöglichkeiten unterschiedlichen Dimensionen der Zeit angenähert und anhand von gegensätzlichen Wortpaaren eine Einordnung des westlichen Zeitverständnisses vorgenommen. Anhand der acht Kriterien (Kontinuität, Homogenität, Linearität, Dimensionalität, Abstraktion, Subjektivität, Langfristig- bzw. Kurzfristigkeit und Chronität) kategorisieren die Autoren Dimensionen der Zeit. Dabei sind vielschichtige Aspekte aus Kultur und Wissenschaft zur Behandlung der Zeit eingeflossen.

Die Dimension der Kontinuität unterscheidet zwischen einer Sichtweise Zeit als Ganzes zu sehen (kontinuierlich) bzw. Zeit in unendlich kleine Zeiteinheiten aufzuteilen (diskontinuierlich). Unterstellt man ein gleichmäßiges Fließen und Ineinandergreifen der Zeiteinheiten, so kann bei der Dimension der Homogenität von einem homogenen Verlauf gesprochen werden. Im Gegensatz dazu orientiert sich ein epochaler Verlauf an einschneidenden Ereignissen, die den gleichmäßigen Lauf unterbrechen und in nicht festgelegten Abständen erfolgen. Die Dimension der Linearität stellt einen linearen Zeitverlauf einem zyklischen, sich wiederholenden Zeitverlauf gegenüber. Während in unserem Kulturkreis die Vorstellung von einem Zeitverlauf von der Vergangenheit in die Richtung der Zukunft verbreitet ist, ist in anderen Kulturkreisen als Gegenpol ein zyklisches, auf Wiederkehr beruhendes Zeitverständnis verbreitet. Bei der Dimensionalität stehen sich die Vorstellung eines in einer Richtung und damit unumkehrbares Zeitverständnis und die Vorstellung des ungerichteten Zeitverlaufs gegenüber. Die Dimension Abstraktion erlaubt eine klare Einordnung von Ereignissen in Vergangenheit, Gegenwart, Zukunft (abstrakt) oder aber als Kontrapunkt ein willkürliches Springen zwischen diesen Zeiteinteilungen (konkret). Bei der Dimension der Subjektivität wird zwischen einer subjektiven und einer objektiven

[66] Newton (Mathematische Prinzipien, 1963), S. 25.
[67] Vgl. Mainzer (Von der Urzeit zur Computerzeit, 2002), S. 34.
[68] Vgl. Ott (Dynamische Wirtschaftstheorie, 1970), S. 134.
[69] Vgl. Hüpen (Zeit für die Wirtschaftstheorie, 1995), S. 50.
[70] Vgl. Saunders/ Slyke/ Vogel (Time Visions, 2004), S. 20 ff.

Zeitwahrnehmung unterschieden. Daneben kann eine Unterscheidung zwischen einem langfristigen und einem kurzfristigen Zeitverständnis vorgenommen werden. Bei der Dimension der Chronität kann entweder lediglich eine Tätigkeit in einem Zeitintervall durchgeführt werden (monochron) oder aber mehrere Tätigkeiten parallel in demselben Zeitintervall erfolgen (polychron/ synchron). Abbildung 3-2 veranschaulicht die Dimensionen der Zeit:

Abbildung 3-2: Zeitdimensionen und deren Assoziation

Dimension	Description
Continuity	*continuous* – time is viewed as a whole
	discontinuous – time is viewed as a series of divisible, very small time units strung together and separated by temporal lacunae
Homogeneity	*homogenieous* – each second is like another second, for example, a second is the duration of 9.192.631.770 periods of the radiation that corresponds to the transition between two hyperfine levels in the basic state of the atom caesium
	epochal – units of time differ qualitavely, such as when focusing on events
Linearity	*linear* – time is directional and flows from past to the future
	cylical – time is seen in the recurring cycles such as an annual seasons, life cycles, or circadian rhythms
Dimensionaltiy	*uni-dimensional* – time flows in one, irreversible direction
	bi-directional – movement forward or backward, as in mathematics and classical physics
	cyclical – flow is recurrent
Abstraction	*abstract* – time is viewed as the medium in which events occur; no reference is made to 'past', 'present', or 'future'
	concrete – not at all parts in the sequence of events can be experienced at the same time (e.g., gestation or metamorphosis unfolds over time)
Subjectivity	*objective* – time is based upon the oscillations of a subatomic particles; is independent of consciousness
	subjective – time must be experienced; involves an individual's awareness of a transient state of affairs
	intersubjective – time involves the agreement of individuals on the meaning of time; must be experienced
Long-Term / Short-Term	*long-term* – society values future rewards; the time span of discretion extends far into the future
	short-term – society fosters values related to past and present; time span of discretion focuses on the 'here' and 'now'
Chronicity	*monochronicity* – events are scheduled separately, and only one thing is done at a time
	polychronicity – multiple activities occur at the same time; transactions are handled together rather than completed separately according to strict schedule

Quelle: In Anlehnung an Saunders/ Slyke/ Vogel (Time Visions, 2004), S. 20

Anhand dieser acht Zeitdimensionen lässt sich in Verbindung mit einem morphologischen Kasten eine Einordnung verschiedener kulturell geprägter Zeitverständnisse – die Autoren sprechen hier von Zeitvisionen – vornehmen. Durch die Einordnung gelingt es den Autoren, das unbewusst und häufig abstrakte Zeitverständnis verschiedener Kulturkreise greifbar zu machen. Der morphologische Kasten[71] dient der integralen, vergleichenden Betrachtungsweise und hilft eine Ordnung aus interdisziplinären Methoden herzustellen. Abbildung 3-3 verdeutlicht die Einordnung der Zeitvision westlicher Industrienationen:

Abbildung 3-3: Zeitvision „Clock" der westlichen Industrienationen

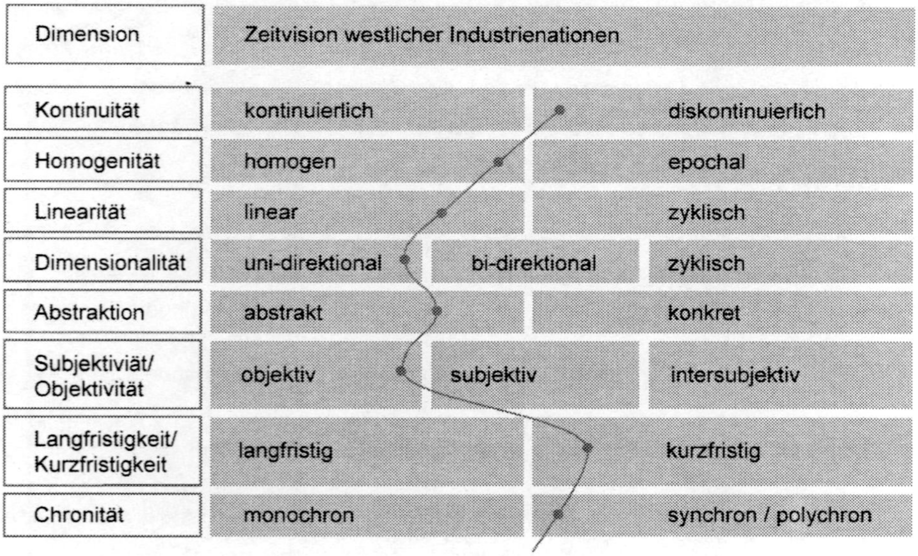

Quelle: In Anlehnung an Saunders/ Slyke/ Vogel (Time Visions, 2004), S. 21

Die Verbindungslinie gibt die Einordnung der genannten Autoren zur Zeitvision westlicher Industrienationen wieder. Danach ist die Zeitvision der westlichen Industrienationen als diskontinuierlich, homogen, linear, uni-direktional, abstrakt, objektiv, kurzfristig und polychron anzusehen. Dabei ist die Einstufung der ersten sechs Dimensionen in hohem Maße von physikalischen Gegebenheiten und festen Zeitvorstellungen vorgegeben. Die Zeit vergeht – laut unseren Vorstellungen – in festen Intervallen (homogen), lässt sich in beliebig kleine Teile spalten (diskontinuierlich), beispielsweise in die Zeiteinheiten, die zur Auftragsbearbeitung aufgebracht wird: Transportzeit, Liegezeit, Rüstzeit, Bearbeitungszeit und Kontrollzeit.[72] Des Weiteren vergeht die Zeit stets in Richtung Zukunft (linear), ist damit gerichtet (uni-direktional) und Ereignisse können Vergangenheit, Gegenwart oder Zukunft eindeutig zugeordnet werden (abstrakt). Die letzten drei Dimensionen (Subjektivität,

[71] Vgl. Zwicky (Morphologische Forschung, 1989), S. 14 ff.
[72] Vgl. Voigt (Strategien im Zeitwettbewerb, 1998), S. 61;
Kaluza/ Klenter (Erfolgskritische Komponenten, 1993), S. 69 ff.

Langfristigkeit/ Kurzfristigkeit und Chronität) können hingegen beeinflusst werden bzw. sind abhängig von der Zeitperspektive des Betrachters. Zeit kann zwar objektiv gemessen werden, die Gewichtung und Zeitpräferenz ist jedoch abhängig von der subjektiven Wertigkeit des Zeitbedürfnisses.[73] Ebenso kann die Vorstellung von langfristig und kurzfristig je nach Bezugsrahmen unterschiedlich interpretiert werden. Folgt man der Einschätzung, dass sich Zyklen und Planungshorizonte verkürzen, so kann von einem eher kurzfristig geprägten Zeitverständnis der westlichen Welt ausgegangen werden. Daneben ist in der westlichen Welt eine Tendenz zur Vergleichzeitigung von Aktivitäten zu beobachten. In Abhängigkeit von der Organisation lassen sich Aktivitäten nacheinander in Sequenzen (monochron) durchführen, ebenso ist es möglich durch Vernetzung zusammenhängende Tätigkeiten gleichzeitig (polychron) durchzuführen.

Folgt man dieser grundsätzlichen Einordnung und unterstellt, dass sich durch zeitliche Differenzierung Wettbewerbsvorteile erzielen lassen, so ergeben sich Ansatzpunkte für Unternehmen aus Industrie und Handel wie auch für Logistikdienstleistungsunternehmen

- durch das kulturell bedingte grundsätzliche Zeitverständnis,
- durch die subjektive Wahrnehmung des Zeitverlaufs und Gewichtung der Zeit von Seiten der Individuen[74],
- durch die vergleichsweise kurzfristig ausgelegte Perspektive verbunden mit wachsender Dringlichkeit („Gegenwartspräferenz“[75]) und
- durch die Möglichkeit Aktivitäten in einem Zeitintervall synchron durchzuführen

den Faktor Zeit im Wettbewerb zu nutzen.

3.1.1.2 Grundsätzliche Verankerung der Zeit in der Betriebswirtschaft

Neben diesen Zeitperspektiven hat auch die Betriebswirtschaft eigene Zeitperspektiven[76] entwickelt. Anhand des Gesamtzusammenhangs der Größe Zeit aus dem Blickwinkel der Betriebswirtschaft sollen die grundsätzliche Einordnung erleichtert und das Defizit gegenüber den Naturwissenschaften in der Erforschung des Zeitproblems weiter abgebaut werden.[77] Neben der in der Literatur offensichtlichen Verwendung der Zeit als Faktor im Wettbewerb[78],

---

[73] Vgl. Simon (Strategischer Erfolgsfaktor, 1989), S. 70.
[74] Vgl. Kirschbaum (Unternehmenserfolg, 1995), S. 41.
[75] Vgl. Voigt (Strategien im Zeitwettbewerb, 1998), S. 77.
[76] Vgl. Hax/ Kern/ Schröder (Hrsg.) (Betriebswirtschaftliche Theorie ,1989).
[77] Vgl. Kaluza/ Klenter (Strategischer Erfolgsfaktor, 1992), S. 14; Simon (Strategischer Erfolgsfaktor, 1989), S. 71.
[78] Vgl. Stalk/Hout (Zeitwettbewerb, 1992); Simon (Zeit, 1989), S. 117 f.

als wirtschaftlich knappes Gut[79] oder auch als Produktionsfaktor[80], dient Zeit der Koordination und Taktung von wirtschaftlichen Aktivitäten. Zeit stellt demnach explizit eine Planungs- und Bezugsgröße wirtschaftlichen Handelns dar.

Ziel wirtschaftlichen Handelns ist die nachhaltige Existenzsicherung[81] und der Erfolg der Unternehmung.[82] Klaus[83] spricht in diesem Zusammenhang von der „Betriebswirtschaft als Wissenschaft des Erfolges". Er unterscheidet drei grundsätzliche Ziele:

- Zielebene 1: Umsatzsteigerung
- Zielebene 2: Kostenreduzierung/ Rationalisierung
- Zielebene 3: Flexibilität und Anpassungsfähigkeit

Bei diesen drei Zielen spielt Zeit eine zentrale Rolle als Ordnungs- und Bezugssystem.[84] Das Ziel der **Umsatzsteigerung** ist mit einer klaren zeitlichen Beziehung verbunden. Die Zielstellung kann zeitpunktbezogen („Bis zu welchem Zeitpunkt eine Umsatzsteigerung zu erreichen ist.") bzw. auch zeitraumbezogen („In welchem Zeitraum eine Umsatzsteigerung erreicht werden soll.") formuliert werden. „Die Maxime der **Kostenreduzierung** erfordert es, die zeitliche Bindung von Kapital zu reduzieren, also im Prinzip [Zeit und Kapital] ebenso sparsam und gezielt einzusetzen wie die Arbeitskraft."[85] Bei einem tendenziell höheren Anteil der Kapitalbindungskosten erhält die Rationalisierungsgröße Zeitverkürzung von Produktions-, Lager- und Transportprozessen eine besondere Bedeutung. In einer modernen Produktion kommt die Materialzufuhr bzw. -entsorgung nicht ins Stocken, die Lagerhaltungszeit und -kosten gehen gegen Null und der Personalbedarf ist bis auf die Minute zeitlich abgestimmt. Eine Branche, die diesem Ideal schon recht nahe kommt, ist die Computerbranche. Unternehmen wie Dell[86] oder IBM[87] lagern praktisch keine Teile für die Produktion in den Fabriken, der Bestand deckt ca. 90 Minuten der folgenden Produktion/ Montage ab. Entsprechend zeitsensibel ist die Logistik, die für eine reibungslose Belieferung und Lieferantenanbindung sorgt. Je stärker die Vernetzung und zeitliche Straffung ist, desto

[79] Vgl. Keller (Zeit als ökonomisches Gut, 1984), S. 1; Hüpen (Zeit für die Wirtschaftstheorie, 1995), S. 48.
[80] Vgl. Suzaki (Produktionsbetrieb ,1989), S. 139; Biervert/ Held (Time matters, 1995), S. 17; Specht (Betriebswirtschaftslehre, 1990), S. 8.
[81] Vgl. Günther (Controlling, 1997), S. 68 ff.
[82] Vgl. Kolks (Strategieimplementierung, 1990), S. 24.
[83] Vgl. Klaus (Einführung in die Betriebswirtschaftslehre, 2003) Vorlesungsskript am Lehrstuhl für Betriebswirtschaftslehre, insbesondere Logistik, Wirtschafts- und Sozialwissenschaftliche Fakultät, Universität Erlangen-Nürnberg, ohne Seitenangabe.
[84] Vgl. Bitzer (Zeitbasierte Wettbewerbsstrategien, 1991), S. 15.
[85] Rinderspacher (Mit der Zeit arbeiten, 1989), S. 99
[86] Vgl. Fleisher (Speed, Spiegel-Online 2002), ohne Seitenangabe.
[87] Vgl. Kümmerlen (On-Demand-Business, 2005), S. 15.

mehr wirken Unterbrechungen wie „Katastrophen" auf den Produktionsprozess. Ein Fließen und reibungsloses Ineinandergreifen ist die Normalität, Stillstand die Ausnahme.

Ein reibungsloses Fließen der Abläufe setzt auch ein hohes Maß an **Flexibilität und Anpassungsfähigkeit** voraus, um auf unerwartete Ereignisse reagieren zu können. Dabei kann sich das Eintreten von unerwarteten Ereignissen nicht nur auf Störungen im Produktionsprozess beziehen, sondern Störungen können auch von außen – beispielsweise durch Konkurrenten oder geänderte Kundenwünsche – verursacht werden. Vor dem Hintergrund gesättigter Märkte, auf denen keine dauerhaften Wettbewerbsvorteile zu erhalten[88] sind, sowie ausgefeilter Produktionsnetzwerke, bei denen die zur Verfügung stehende Zeit in hohem Maße effizient genutzt wird, erweist sich das dritte Ziel „Flexibilität und Anpassungsfähigkeit" als die Zielgröße mit der größten Hebelwirkung bezüglich der Wettbewerbsfähigkeit des Unternehmens.[89]

Zur Verwirklichung von Flexibilität und Anpassungsfähigkeit ist es sinnvoll, sich die Wirkungsebenen bei der Behandlung des Faktors Zeit zu vergegenwärtigen. Für die Zielerreichung sind

- Reaktionsfähigkeit
- Geschwindigkeit/ Schnelligkeit,
- Taktung/ Flussorientierung sowie
- Pünktlichkeit/ Zuverlässigkeit

entscheidende Determinanten. Die Reaktionsfähigkeit äußert sich in der Reaktionszeitdauer, die als die „Zeitdauer von der ersten Reaktion bis zur Anpassung an geänderte Bedingungen"[90] verstanden werden kann. Als integraler Bestandteil zur Verwirklichung einer hohen Reaktionsfähigkeit ist die Schnelligkeit anzusehen.[91] Voraussetzung auf Änderungen der Umfeldbedingungen schnell zu reagieren und Kundenerwartungen rechtzeitig zu erkennen, ist die Anpassung einzelner Leistungsprozesse und die Taktung der gekoppelten Wertschöpfungsaktivitäten. Für die Taktung von Aktivitäten ist ein übergreifendes Verständnis erforderlich. Die Übergänge und Anordnung von Aktivitäten sollen möglichst gleichmäßig und reibungsarm ineinander übergehen. Ein Verständnis, das sich auch in der Flussorientierung der Logistik (vgl. Ausführungen in 3.2.1) wiederfindet. Nur mit der klaren Taktung und Standardisierung von Aktivitäten können Zeitpläne erstellt, kontrolliert und

[88] Vgl. D`Aveni (Hyperwettbewerb, 1995), S. 27; Fine (Clockspeed, 1998), S. 30.
[89] Vgl. Bunz/ Streichfuss/ Sindemann (Outsourcing, 2004), S. 435; Fischer (Zeitwettbewerb, 2001), S. 17.
[90] Kaluza/ Klenter (Strategischer Erfolgsfaktor, 1992), S. 12.
[91] Vgl. Klimecki/ Probst/ Gmür (Flexibilitätsmanagement, 1993), S. 48 ff.

eingehalten werden. Die Grundvoraussetzungen, um der Forderung nach kurzen Reaktions- und Veränderungszeiten gerecht zu werden, sind die Erfassung und Gestaltung[92] der benötigten Zeiteinheiten. In Anknüpfung daran lassen sich zeitorientierte Kennzahlen bilden, die eine Analyse der Struktur sowie die Steuerung von Wertschöpfungsprozessen ermöglichen, so zum Beispiel (vgl. Abbildung 3-4):

Abbildung 3-4: Beispiele zeitorientierter Kennzahlen

Zeitproduktivität	$\frac{\text{Direkte Bearbeitungszeit}}{\text{Gesamte Durchlaufzeit}}$
Durchsatz	$\frac{\text{Produzierte Menge}}{\text{Zeiteinheit}}$
Liefertermintreue	$\frac{\text{Zahl der pünktlichen Lieferungen}}{\text{Gesamtzahl aller Lieferungen}}$

Quelle: In Anlehnung an Fischer (Zeitwettbewerb, 2001), S. 48

Flexibilität verbunden mit der Einbeziehung dieser Wirkungsebenen ist damit eine der wichtigsten Eigenschaften von Unternehmen zur Bewältigung komplexer, sich wandelnder und kaum vorhersehbaren Umweltsituationen[93] und dient der nachhaltigen Erhöhung der Wettbewerbsfähigkeit. Die Wettbewerbsfähigkeit eines Unternehmens beschreibt die Fähigkeit mittel- und langfristige Unternehmensziele auch unter Konkurrenzbedingungen zu erreichen. Nicht zuletzt für Logistikdienstleister stellt die Flexibilität eines der wichtigsten Kriterien im Wettbewerb dar, da die Verlader ihre Anforderungen in immer kürzeren Zyklen ändern.[94] Das Vermögen, auf Kundenwünsche flexibel und schnell zu reagieren, kann auch als Agilität[95] des Unternehmens bezeichnet werden.

Die grundlegende westliche Zeitperspektive, nach der das Bedürfnis nach Dringlichkeit und subjektiver Bewertung von der zur Verfügung stehenden Zeit grundlegend ist, ist verbunden mit den Erfassungs-, Gestaltungs- und Steuerungsmöglichkeiten der Zeit in der Betriebswirtschaftslehre. Auf dieser Basis lässt sich der Faktor Zeit zur Differenzierung im Wettbewerb einsetzen. Unternehmen, die den Faktor Zeit gezielt im Wettbewerb nutzen,

[92] Vgl. Voigt (Strategien im Zeitwettbewerb, 1998), S. 41 ff.; Kern (Zeit als Dimension, 1992), S. 44 ff.
[93] Vgl. Kaluza/ Blecker (Flexibilität, 2005), S. 5.
[94] Vgl. Göpfert/ Polzin (Anforderungsprofile an Logistikdienstleister, 1996), S. 210.
[95] Vgl. Christopher (Agile Supply Chain, 2000), S. 37 ff.; Klaus (TOP 100, 2003), S. 23; Lingg (Wettbewerbsfaktor Zeit, 1992), S. 75.

können durch Geschwindigkeitsvorteile und die richtige Markteintrittsstrategie temporäre Wettbewerbsvorteile erzielen und sich vom Wettbewerber differenzieren. Die Strategie der Differenzierung über den Faktor Zeit fußt auf den grundlegenden Wettbewerbsstrategien nach Porter und praxisrelevanten Erfolgswirkungen von George Stalk, die im Folgenden kurz erläutert werden sollen.

3.1.1.3 Die Einbettung der Strategie der Zeitführerschaft in die Managmenttheorie und -praxis

Das Fundament für die Einbettung zeitlicher Aspekte in die Managementtheorie und –praxis stammt aus dem angloamerikanischen Raum. Während der Faktor Zeit in der deutschsprachigen Managementliteratur lange Zeit nur wenig ausgeprägt war, haben Autoren wie Michael Porter und George Stalk auf unterschiedlichen Ebenen das Gerüst für die Ausgestaltung und Formulierung der Unternehmensziele entwickelt und dabei die Wirkungsebenen der Zeit (Reaktionsfähigkeit, Geschwindigkeit, Taktung, Pünktlichkeit) als Wettbewerbsstrategie einbezogen. Zum einen ist ein strategisches Grundkonzept, wie es Porter beschreibt, notwendig, zum anderen gilt es, das Erfolgsmodell Zeitwettbewerb durch entsprechende Praxisstudien zu belegen. Die Kombination aus dem strategischen Konzept und der Praxisanwendung hat zu einer verstärkten Auseinandersetzung mit dem Phänomen Zeit in der Managementtheorie und –praxis geführt. Neben dem genannten Autor Stalk[96] haben sich weitere Autoren aus dem angloamerikanischen Raum mit der Erfolgswirkung des Faktors Zeit beschäftigt. Stellvertretend sind hier Blackburn[97], Handfield[98] oder auch Fine[99] zu nennen. Mit etwas zeitlicher Verzögerung haben sich auch Autoren aus dem deutschsprachigen Raum mit der stärkeren Betonung der Zeitkomponente im Wettbewerb auseinandergesetzt.[100] Eine Auseinandersetzung, die bis heute aktuell ist.[101]

Daraus ableitend haben sich in der Literatur für das Konzept des Zeitwettbewerbs eine Reihe alternativer Begrifflichkeiten gebildet wie „Time Based Management“[102], „Time Based Competition“[103], „Time Based Productivity Management“[104] oder auch „Speed-Management“[105], die nur unscharf voneinander getrennt werden und unterschiedliche

---

[96] Vgl. Stalk (Time - The Next Source, 1988).
[97] Vgl. Blackburn (Hrsg.) (Time Based Competition, 1991).
[98] Vgl. Handfield (Time Based Competition, 1995).
[99] Vgl. Fine (Clockspeed, 1998).
[100] Vgl. z.B. Hirzel, Leder & Partner (Speed Management, 1992);
Bitzer (Zeitbasierte Wettbewerbsstrategien, 1991); Kirschbaum (Unternehmenserfolg, 1995); Voigt (Strategien im Zeitwettbewerb, 1998).
[101] Vgl. z.B. Fischer (Zeitwettbewerb, 2001); Haage (Time Based Performance Measurement, 2003).
[102] Vgl. Stalk/Hout (Zeitwettbewerb, 1992), S. 10.
[103] Vgl. Blackburn (Hrsg.) (Time Based Competition, 1991).
[104] Vgl. Northey/ Southway (Time-Based Productivity, 1993).
[105] Vgl. Hirzel, Leder & Partner (Speed Management, 1992), S. 5.

Vertiefungsebenen aufweisen.[106] Ein einheitliches Verständnis von Zeitwettbewerb als umfassendes Konzept hat sich daraus bisher noch nicht entwickelt.[107] Die Ideen und Konzepte des Zeitwettbewerbs werden zum Teil in direktem Zusammenhang mit den grundsätzlichen Ansätzen der Logistik, des Lean Managements[108] bzw. auch des Prozess-Re-Engineerings genannt[109], was den Neuigkeitsgrad dieses Konzeptes zumindest in Frage stellt. Gemeinsam ist diesen Veröffentlichungen die Annahme, dass sich durch Fokussierung auf den Faktor Zeit und die bewusste Einbettung in die Wettbewerbsstrategie, Wettbewerbsvorteile erzielen lassen. Damit ist ein direkter Bezug zu den Veröffentlichungen von Michael Porter hergestellt, die nachfolgend vorgestellt werden sollen.

Die Wahl der richtigen Wettbewerbsstrategie[110] und die damit verbundene Erzielung von Wettbewerbsvorteilen[111] innerhalb einer Branche ist Gegenstand der Veröffentlichungen von Michael Porter. Unter Wettbewerbsvorteilen sind danach Vorteile zu verstehen, die gegenüber der Konkurrenz in Bezug auf Kosten, Qualität oder Zeit erzielt werden und den Unternehmenserfolg nachhaltig und möglichst dauerhaft bestimmen und sichern.[112] Dabei sollte der strategische Wettbewerbsvorteil drei Kriterien[113] erfüllen:

- Der Wettbewerbsvorteil sollte ein für den Kunden wichtiges Leistungsmerkmal betreffen.
- Der Wettbewerbsvorteil sollte vom Kunden tatsächlich wahrgenommen werden.
- Der Wettbewerbsvorteil sollte von der Konkurrenz nicht ohne weiteres einzuholen sein und dementsprechend eine gewisse Dauerhaftigkeit aufweisen.

Zur Erzielung von Wettbewerbsvorteilen bietet sich bei ähnlichen Produkten und einem ähnlichen Reifegrad von Technologien das Instrument der Differenzierung – nicht zuletzt über den Faktor Zeit – an. Zeit als Wettbewerbsfaktor ist dabei eingebettet zwischen den Faktoren Kosten und Qualität. Bei der Abwägung zwischen den Wettbewerbsfaktoren Kosten, Qualität und Zeit ist entscheidend, dass weniger der einzelne Wettbewerbsvorteil über die Marktposition und die Ertragskraft entscheidet, sondern vielmehr das

[106] Vgl. Schuderer (Prozessorientierte Analyse logistischer Systeme, 1996), S. 155.
[107] Vgl. Klenter (Strategischer Erfolgsfaktor, 1995), S. 3.
[108] Vgl. Pfeiffer/ Weiss (Lean Management, 1994), S. 9.
[109] Vgl. Schuderer (Prozessorientierte Analyse logistischer Systeme, 1996), S. 2.
[110] Vgl. Porter (Wettbewerbsstrategie, 1990).
[111] Vgl. Porter (Wettbewerbsvorteile, 2000).
[112] Vgl. Porter (Wettbewersvorteile, 2000), S. 37; Kaluza/ Klenter (Strategischer Erfolgsfaktor, 1992), S. 15; Schulte (Strategische Planung, 1996), S. 158.
[113] Vgl. Simon (Wettbewerbsvorteile, 1988), S. 4.

Zusammenspiel und die richtige Balancierung der Faktoren. Wettbewerbsfähige Kosten/ Preise bleiben die Basis für erfolgreiches Agieren am Markt; Geschwindigkeit bei der Befriedigung der Kunden kann der im Wettbewerb kritische Vorsprung sein.[114] Der grundsätzlichen Strategieausrichtung und der richtigen Fokussierung der genannten Faktoren kommt eine entscheidende Bedeutung zu.

Grundvoraussetzung für die Wahl der richtigen Strategie ist die strukturelle Attraktivität des Segments.[115] Daneben gilt es zu beachten, dass sowohl die Attraktivität des Segments als auch die Wahl der Unternehmensstrategie dem Wandel der Umwelt unterworfen und mit einer latenten Instabilität der Wettbewerbssituation behaftet ist.[116] Die Wettbewerbssituation kann durch die Wettbewerbsintensität beschrieben werden. Ist die Phase der Monopolstellung eines Anbieters vergleichsweise kurz, so kann von einer hohen Wettbewerbsintensität gesprochen werden.[117] Die Wettbewerbsintensität einer Branche wird nach Porter durch fünf grundlegende Wettbewerbskräfte („five forces") bestimmt (vgl. Abbildung 3-5):

- Durch die hohe Rivalität unter bestehenden Unternehmungen steigt die Wettbewerbsintensität und der Druck zur Differenzierung sowie der Preiswettbewerb nehmen zu.
- Durch die Bedrohung neuer, potenzieller Konkurrenten steigen tendenziell die Kapazitäten und das Preisniveau sinkt.
- Durch Ersatzprodukte stehen dem Abnehmer potenzielle Substitute zur Verfügung, wodurch hohe Absatzpreise schwerer durchsetzbar sind.
- Verfügen die Abnehmer über eine hohe Verhandlungsmacht, so werden hohe Ansprüche an Qualität und Service gestellt, ohne dass höhere Preise zu erzielen sind.
- Mit der Verhandlungsstärke der Lieferanten sind in der Regel hohe Kosten für die Vorprodukte verbunden, durch die die Ertragssituation des Unternehmens belastet wird.

---

114 Leder (Speed Management, 1992), S.190.
115 Vgl. Porter (Wettbewerbsvorteile, 2000), S. 43.
116 Vgl. D`Aveni (Hyperwettbewerb, 1995), S. 34.
117 Vgl. Voigt (Strategien im Zeitwettbewerb, 1998), S. 146.

Abbildung 3-5: Die fünf die Branchenrentabilität bestimmenden Wettbewerbskräfte

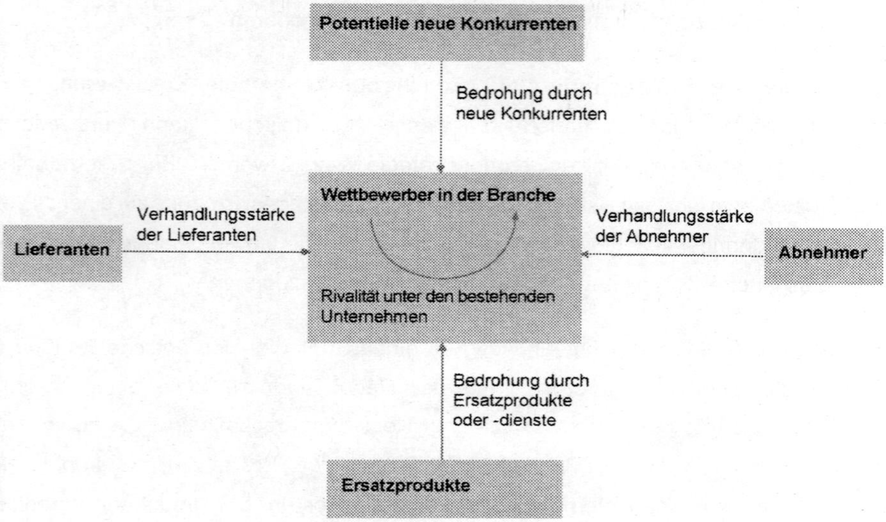

Quelle: In Anlehnung an Porter (Wettbewerbsvorteile, 2000), S. 29

Unabhängig von der Branche und unabhängig davon, ob es sich um ein Produkt oder eine Dienstleistung handelt, unterscheidet Porter zwei Grundtypen von Wettbewerbsvorteilen: Kostenführerschaft und Differenzierung. Aus diesen beiden Grundtypen[118] entwickelt Porter drei grundlegende Strategietypen:

- Strategie der Kostenführerschaft
- Strategie der Differenzierung
- Strategie der Konzentration auf Schwerpunkte

Die **Strategie der Kostenführerschaft** zielt auf im Vergleich zum Wettbewerb günstige Kosten- und Preisstrukturen ab, durch die eine verstärkte Nachfrage erreicht wird. Kostenführer bedienen in der Regel Standardmärkte ohne einen hohen Individualisierungsgrad, in denen sich größenbedingte Kostendegressionseffekte erreichen lassen. Verfolgen mehrere Unternehmen die Strategie der geringsten Kosten, so entsteht eine intensive Rivalität. Diese schlägt sich in vergleichsweise geringen Margen nieder und kann nur durch hohe Absatzvolumina aufgefangen werden.

[118] Vgl. Porter (Wettbewerbsvorteile, 2000), S. 37.

Mit der **Strategie der Differenzierung** versucht das Unternehmen sich durch das Angebot einzigartiger Produkte und Leistungen vom Wettbewerber abzuheben. Durch die Einzigartigkeit des Produktes oder der Leistung wird für den Kunden ein Zusatznutzen gestiftet, den dieser bereit ist mit einer Preisprämie zu honorieren.[119]

Die **Strategie der Konzentration auf Schwerpunkte** hat die Fokussierung auf eine Marktnische zum Inhalt. Innerhalb dieser Marktnische kann entweder eine Kostenführerschafts- oder Differenzierungsstrategie verfolgt werden. Ein Unternehmen, das diesen Strategietyp verfolgt, ist in der Lage ein hochwertiges Produkt zu einem Premium-Preis an eine geringe Anzahl von Kunden abzusetzen. Die Gewinnspanne ist entsprechend hoch und es ist eher von einer geringen Absatzmenge auszugehen.

Ein Unternehmen, das sich nicht eindeutig für einen Strategietypen entscheidet läuft Gefahr „zwischen die Stühle zu geraten".[120] In der Regel sind die Ziele einer kostspieligen Differenzierungsstrategie nur schwer mit einer Kostenführerschaftsstrategie zu vereinbaren. „Um der Einmaligkeit und Durchsetzbarkeit höherer Preise willen erhöht ein auf Differenzierung zielendes Unternehmen bewusst die Kosten. [...] Umgekehrt veranlasst die Kostenführerschaft ein Unternehmen häufig dazu, durch Standardisierung seines Produktes [oder durch] Senkung der Gemeinkosten [...] auf Differenzierung zu verzichten."[121] Eine kostenneutrale Erschließung von Differenzierungsmöglichkeiten verbessert die Abgrenzung vom Wettbewerber.

Ungeachtet dessen haben sich daneben in der Vergangenheit Strategietypen herausgebildet, die Kosten- und Differenzierungsstrategien miteinander verbinden. Die Verbindung von einer Kosten-/ Preisführerschaftsstrategie mit einer auf Ertrag gerichteten Differenzierungsstrategie wird auch als Outpacingstrategie bezeichnet.[122] Nicht zuletzt aufgrund von intensivem Wettbewerb, in dem es immer schwieriger wurde, sich über Kosten und Qualität vom Wettbewerber abzuheben, wurde die Möglichkeit der Differenzierung über den Faktor Zeit entdeckt[123] und zum entscheidenden Differenzierungsmerkmal.[124] Im Hinblick darauf kann Logistik allgemein bzw. die logistische Dienstleistung im Speziellen einen wichtigen Beitrag leisten.[125] Dies gilt zum einen in Bezug auf verladende Industrie- und Handelsunternehmen, zum anderen aber auch für Logistikdienstleistungsunternehmen. „Logistische Leistungsunterschiede und Wettbewerbsvorteile können somit – verglichen etwa

119 Vgl. Will (Wettbewerbsstrategien, 1993), S. 934; Hungenberg (Strategisches Management, 2000), S. 161.
120 Porter (Wettbewerbsvorteile, 2000), S. 44.
121 Porter (Wettbewerbsvorteile, 2000), S. 46.
122 Vgl. Hungenberg (Strategisches Management, 2000), S. 138.
123 Wegner (Logistik-Management, 1996), S. 14.
124 Vgl. Wiendahl (Erfolgsfaktor Logistikqualität, 2002), S. 251.
125 Vgl. Wlcék (Güterverkehrsnetzen, 1998), S. 2.

mit preispolitischen oder werblichen Unterschieden – nur langsam abgebaut werden."[126] Die Wahl einer Differenzierungsstrategie unter Betonung des Faktors Zeit, der durch Logistik ermöglicht wird, erweist sich demnach als schlagkräftig und vergleichsweise dauerhaft. Logistik und die zuverlässige Befriedigung von zeitlichen Kundenbedürfnissen ist damit zu einem Erfolgsfaktor in einem dynamischen Wettbewerbsumfeld geworden.[127].

In Anknüpfung an die Strategietypen von Porter hat sich die **Strategie der Zeitführerschaft**[128] herausgebildet. Die Strategie der Zeitführerschaft richtet das Denken und Handeln auf den Faktor Zeit aus. Maßgeblich beeinflusst wurde die Verbreitung dieses Strategieansatzes durch die Boston Consulting Group, namentlich durch George Stalk und Thomas Hout. In mehr als 250 Praxisprojekten konnten diese beiden Vorreiter die positiven Effekte durch das Konzept des Zeitwettbewerbs belegen und vor allem die Durchdringung in die Führungsebenen der westlichen Industrieunternehmen voranbringen. Die besondere Bedeutung von Geschwindigkeitsvorteilen, mit denen sich nachhaltige Wettbewerbsvorteile erzielen lassen, münden in vier plakativen Geschwindigkeitsregeln[129], die Unternehmen erfolgreicher machen sollen. Verkürzt dargestellt ergeben diese Regeln, dass „Unternehmen schneller und profitabler als der Wettbewerber [wachsen], ihren Kunden näher [kommen] und wichtiger [werden...und] Führungspositionen in ihren Branchen [übernehmen]."[130] Mit der hier propagierten Fokussierung auf den Faktor Zeit wird eine Hebelwirkung auf die Wettbewerbsparameter Kosten und Qualität unterstellt. Der Faktor Zeit wird in diesem Zusammenhang als direkt messbare und beeinflussbare Größe identifiziert, der zu positiven Effekten bei den abhängigen Variablen Kosten und Qualität führt. Folgende Abbildung 3-6 soll die Wirkung des Faktors Zeit auf Kosten und Qualität veranschaulichen.

[126] Ihde (Transport, Verkehr, Logistik, 2001), S. 37.
[127] Vgl. Filz (Service kontra Kosten?, 1992), S. 222.
[128] Vgl. Holzwarth (Zeit verkürzen, 1993), S. 8.
[129] Vgl. Stalk (Reaktionsgeschwindigkeit, 1998), S. 576.
[130] Stalk (Reaktionsgeschwindigkeit, 1998), S. 576.

Abbildung 3-6: Interaktion von Kosten, Qualität und Zeit

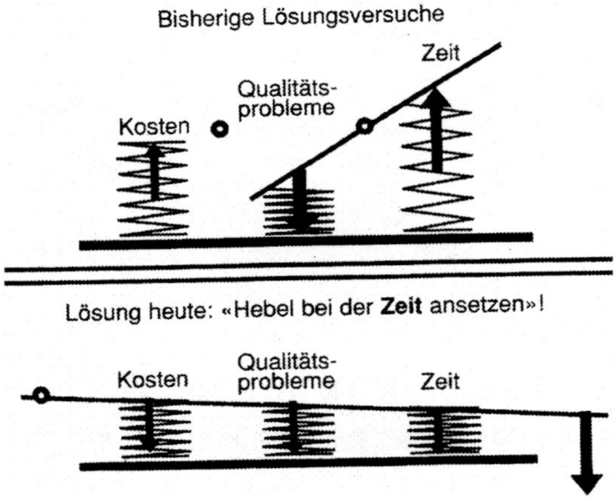

Quelle: Lingg (Wettbewerbsfaktor Zeit, 1992), S. 74

Die Strategie der Zeitführerschaft verbunden mit den Zeitpräferenzen der westlichen Welt sowie dem hohen Bedürfnis nach Anpassungsfähigkeit und Flexibilität bildet das Fundament für das in den 1990er Jahren propagierte Konzept des Zeitwettbewerbs, dem auch Logistikdienstleistungsunternehmen gerecht werden müssen.

3.1.2 Grundsätzliches Verständnis des Zeitwettbewerbs

Unternehmen, die eine Strategie der Zeitführerschaft verfolgen, können als Zeitwettbewerber bezeichnet werden. **Zeitwettbewerber** sind „Unternehmen, die den Faktor Zeit als Wettbewerbsparameter bewerten und ihn gezielt nutzen bzw. die Strategie der Zeitführerschaft bewusst oder unbewusst anwenden.“[131] Wettbewerbsvorteile durch überlegene Zeithandhabung können insbesondere durch die schnellere Abwicklung von Aufträgen bzw. geringere Durchlaufzeiten/ Lieferzeiten oder durch Realisierung kürzerer Innovationszeiten[132] und einem damit verbundenen früheren Markteintritt entstehen. Grundsätzlich handelt es sich beim Konzept des Zeitwettbewerbs um einen ganzheitlichen Ansatz, der sowohl die Beherrschung des Faktors Zeit gegenüber der Konkurrenz als auch die Entwicklungs- und Durchlaufzeiten im Unternehmen zum Inhalt hat. Diese beiden

[131] Kirschbaum (Unternehmenserfolg, 1995), S. 71
[132] Kirschbaum (Unternehmenserfolg, 1995), S. 142.

Komponenten sind Bestandteile des Zeitmanagements, das in Kapitel 3.1.2.2 näher erläutert werden soll. Zuvor sollen die Ursprünge des Zeitwettbewerbs dargestellt werden, um das strategische Verständnis – nicht zuletzt für Logistikdienstleister – zu schärfen. Ohne die nachgewiesene Relevanz und die Erfolge der Vergangenheit hätte sich das Konzept des Zeitwettbewerbs als „neues" Strategiekonzept kaum etabliert.

3.1.2.1 Ursprünge des Zeitwettbewerbs

Schon lange vor der aktuellen Diskussion über die Bedeutung des Zeitwettbewerbs hat Henry Ford in der Automobilproduktion in den 1920er Jahren die Ressource Zeit als wesentliche Einflussgröße identifiziert. Ford erkannte, dass Zeit ähnlich wie Produktionsmaterialien unwiederbringlich sei und einer Verschwendung der Zeit strikt Einhalt zu gebieten sei.[133] Bezeichnenderweise hießen in dieser Zeit die Vorarbeiter am Fließband „Timekeepers"[134]. Zu Fords Zeiten ging eine stark getaktete, zeit-verschwendungsarme Produktion zu Lasten der Variantenvielfalt. In der heutigen Welt gilt es, den Kunden eine hohe Variantenvielfalt ohne wesentliche Zeit- und Kostennachteile anzubieten.

Mitte der 1980er Jahre begannen führende japanische Unternehmen den Fokus auf die Reduzierung der benötigten Zeiteinheiten für Herstellung und Vertrieb zu richten. Mit diesem „neuen" Wettbewerbsansatz wurden nicht nur die Kosten gesenkt, sondern gleichzeitig mehr Marktsegmente bedient, die Angebotspalette wurde erweitert und Produkte wurden schneller marktfähig.[135] Auf diesem Wege verschafften sich die japanischen Unternehmen einen temporären Wettbewerbsvorteil, der durch die besondere Handhabung des Faktors Zeit erreicht wurde.[136] „Asian Competitors can bring a new product to market with lightening speed. They think about time as we think about cost".[137] Entscheidend war, die Zeitverschwendung über die gesamte Wertschöpfungskette hinweg[138] kritisch zu betrachten. Mit den Erfolgen der japanischen Automobilindustrie wurde eine Verlagerung des Gewichts des Wettbewerbsfaktors Zeit initiiert.[139] Während in den 1960/70er Jahren der Schwerpunkt auf Kostenreduzierung lag, rückten in den 1980er Jahren Qualitätsaspekte in den Vordergrund, um im härter werdenden Wettbewerb zu bestehen. Seit Anfang der 1990er Jahre ist der Erfolgsfaktor Zeit in den Mittelpunkt unternehmerischen Handelns gerückt, nicht zuletzt weil dem Faktor Zeit eine positive Hebelwirkung auf Kosten- und Qualitätsaspekte attestiert wird (vgl. Abbildung 3-6). Folgt man dieser neuen Sicht, so ergeben sich durch

[133] Vgl. Ford (Das Geheimnis der Produktion, 1923), S. 88; Pfeiffer/ Weiss (Lean Management, 1994), S.32 ff.
[134] Vgl. Seltz (Menschenökonomie, 2002), S. 61.
[135] Vgl. Stalk/Hout (Zeitwettbewerb, 1992), S. 45.
[136] Vgl. Stalk (Waffe im Wettbewerb, 1998), S. 535.
[137] Vgl. Kiechel (Corporate Strategy, 1988), S. 21.
[138] Vgl. Frantz (Zeitwettbewerb, 1998), S. 569.
[139] Vgl. Wilding/ Newton (Enabling time-based Strategy through Logistics, 1996), S. 33.

kurze Durchlaufzeiten spürbare Kostenreduzierungen und Qualitätssteigerungen. In der folgenden Abbildung 3-7 wird das so genannte „magische Dreieck“[140] und das Zusammenspiel zwischen Kosten, Qualität und Zeit und deren Verlagerung bei der Gewichtung im Zeitablauf verdeutlicht.

Abbildung 3-7: Chronologische Entwicklung des „magischen Dreiecks“ der strategischen Erfolgsfaktoren Kosten, Qualität und Zeit

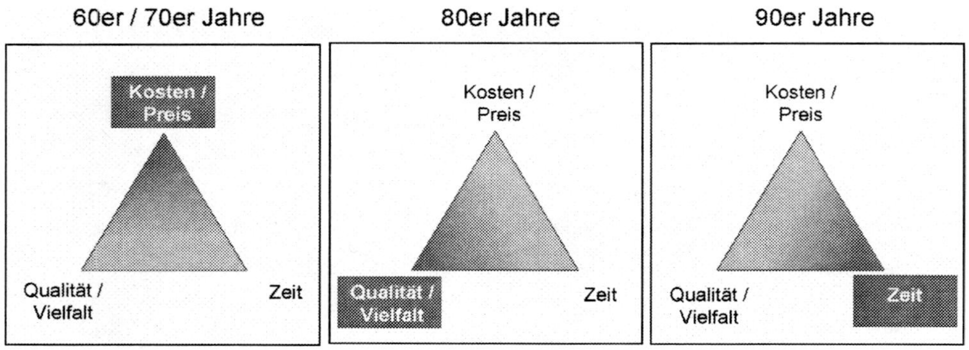

Quelle: Eigene Darstellung, in Anlehnung an Kaluza/ Klenter (Strategischer Erfolgsfaktor, 1992), S. 16

Mit der Erkenntnis, dass die unverkennbaren Wettbewerbsvorsprünge der japanischen Unternehmen mit der konsequenten Umsetzung und Verinnerlichung des Konzeptes des Zeitwettbewerbs zu erklären sind, sind die bereits erwähnten verstärkten Aktivitäten der Boston Consulting Group verbunden. Im Rahmen von Praxisprojekten konnte nachgewiesen werden, dass japanische Unternehmen nicht nur deutliche Zeitvorteile gegenüber westlichen Industrienationen erzielten, sondern auch dass die Erschließung dieser Zeitvorteile mit deutlichen Kostenvorteilen verbunden war[141], wie Abbildung 3-8 unterstreicht:

[140] Vgl. Gemünden (Zeit - strategischer Erfolgsfaktor, 1992), S. 29.
[141] Vgl. Meyer (Zeit als Erfolgsfaktor, 1994), S. 75 ff.

Abbildung 3-8: Produktivitätsvorsprung durch flexible Fertigung (Beispiel: Bauteile von Autofederungen)

	US-amerikanischer Hersteller	Japanischer Konkurrenzhersteller
Jährliche Produktionsmenge in Millionen Stück)	10	3,5
Beschäftigte		
direkt in der Produktion	107	50
Sonstige	135	7
Insgesamt	242	57
Jahresstückzahl je Beschäftigten	41.300	61.400
Zahl der Produkttypen/ -varianten	11	38
Stückkosten für ein vergleichbares Bauteil	100	49

Quelle: In Anlehnung an Stalk (Waffe im Wettbewerb, 1998), S. 539, Zahlen von 1987

3.1.2.2 Grundsätze des Zeitwettbewerbs sowie Time-to-Market und Time-to-Delivery als Komponenten des Zeitmanagements

Unternehmen, die Führungspositionen in ihren Branchen einnehmen, können auch als Taktgeber verstanden werden. In der Vergangenheit konnten sich gerade die Unternehmen, die dem Faktor Zeit eine herausgehobene Stellung zugestehen, als Taktgeber auszeichnen. Dabei haben diese zeitorientierten Unternehmen nach Hässig fünf allgemeine Grundsätze[142] identifiziert und verfolgt:

- Zeitorientierung; die gesamte Wertschöpfungskette ist zeitorientiert auszurichten.
- Quantensprungorientierung; Veränderungen um Größenordnungen werden gegenüber Verbesserungen in kleinen Schritten favorisiert.
- Prozessorientierung; das Denken in Prozessen erlaubt Verbesserungen und lässt Schnittstellen erkennen.
- Wertorientierung; durch Eliminierung und Reduzierung nicht wertschöpfenden Aktivitäten wird eine Nutzensteigerung beim Kunden erreicht.
- Teamorientierung; zur Überwindung von Schnittstellenproblemen werden fach- und funktionsübergreifende Teams eingesetzt.

[142] Vgl. Hässig (Zeit als Wettbewerbsstrategie, 1994), S. 256; Fischer (Zeitwettbewerb, 2001), S. 19 ff.

In diesen fünf Grundsätzen wird Zeitbedürfnissen des Kunden ebenso Rechnung getragen wie der Ausrichtung des Zeitmanagements. Werden diese fünf Grundsätze verinnerlicht, so kommt es zu einer Abkehr der herkömmlichen Unternehmensausrichtung, wie die Gegenüberstellung in Abbildung 3-9 verdeutlicht:

Abbildung 3-9: Unterschiede zwischen traditionellen Unternehmen und Zeitwettbewerbern

Traditionelle Unternehmen	Zeitwettbewerber
• Kosten als Maßstab	• Zeit als Maßstab
• Finanzielle Ergebnisse im Mittelpunkt	• Produktivität im Mittelpunkt
• Optimierung von Funktionen	• Konzentration auf die gesamte Wertschöpfungskette
• Bewertung von Individuen oder Abteilungen	• Bewertung des Teamerfolges
• Arbeiten in Abteilungen bzw. Fertigungslosen	• Kontinuierlicher Arbeitsablauf
• Messung der Auslastung	• Messung des Durchsatzes
• Beseitigen von Engpässen zur Beschleunigung der Arbeit	• Ändern des Vorgehens im vorgelagerten Bereich, um das nachgelagerte Symptom zu heilen
• Investition in Kostensenkung	• Investition zur Reduktion des Zeitverbrauchs

Quelle: In Anlehnung an Fischer (Zeitwettbewerb, 2001), S. 22 sowie Stalk/ Hout (Zeitwettbewerb, 1992), S. 203 u. 224

Bei genauer Betrachtung dieser Unterschiede ist das Spezifische des Zeitwettbewerbs nicht immer ersichtlich. Vielmehr muss auch hier die großzügige Auslegung dieses Konzeptes im Vergleich zu Ansätzen wie bspw. des Prozess-Re-Engineerings kritisch hinterfragt werden. Ungeachtet dessen haben die erwiesenen Erfolgswirkungen des Zeitbewerbs die strategische Auseinandersetzung und Systematisierung im Umgang mit dem Faktor Zeit forciert. Als Ergebnis dieser Auseinandersetzung und Fokussierung sind bei der bewussten Ausrichtung als Zeitwettbewerber zwei grundsätzliche Komponenten in den Mittelpunkt gerückt. Das Management dieser beiden Komponenten kann als Zeitmanagement i.w.S.[143] und damit als untergeordnetes Element des Zeitwettbewerbs angesehen werden. In

[143] Zeitmanagement i.e.S. hat das persönliche Zeitmanagement zum Inhalt und ist nicht Gegenstand dieser Ausführungen.

Anknüpfung an die Ausführungen in 1.1 können zwei grundsätzliche Komponenten unterschieden werden[144]:

- Time-to-Market-Komponente
- Time-to-Delivery-Komponente

Mit der Ausrichtung der **Time-to-Market-Komponente** wird der Zeitpunkt des Markteintritts festgelegt. Gerade in stagnierenden Märkten verbunden mit verstärktem Konkurrenzdruck ist Innovationsfähigkeit und die Wahl des richtigen Markteintritts für Produktions- wie auch für Dienstleistungsunternehmen von Bedeutung. Grundsätzlich stehen Unternehmen, die einen Markteintritt planen drei Timing-Strategien zur Auswahl.[145]

- Pionier-Strategie
- Frühe Folger-Strategie
- Späte Folger-Strategie

Wird eine Pionier-Strategie verfolgt, ist das Unternehmen bestrebt, als erstes in einen neuen Markt einzutreten. Durch die damit verbundene Erlangung einer temporären Monopolstellung ist es dem Unternehmen möglich, höhere Preise (Pionierbonus) für eine neuartige Leistung am Markt durchzusetzen.[146] Der frühe Folger wird mit kurzem zeitlichen Abstand noch während der Wachstumsphase in demselben Markt aktiv. Durch den Konkurrenten sind Monopolpreise nicht länger aufrecht zu erhalten und es beginnt die preisliche und qualitative Anpassung an die Marktbedürfnisse. In der Reifephase des Marktes tritt der späte Folger in den Markt ein. Über verbesserte Produktionsverfahren, Kostenstrukturen auf geringerem Niveau und ein tieferes Marktverständnis ist es dem späten Folger möglich, Marktanteile zu erobern. Die zeitliche Verzögerung ist in hohem Maße abhängig von der Branche und der Komplexität des bereitzustellenden Produktes.[147] Auch kann nicht gesagt werden, dass eine der Markteintrittsstrategien grundsätzlich erfolgreicher ist als eine andere.[148] Auch hier gilt es die besonderen Marktbedingungen zu berücksichtigen.[149]

Häufig erscheint die Pionier-Strategie besonders aussichtsreich. Das Unternehmen, das einen Markt als erstes besetzt, kann sich zum einen als „first in customers` mind" etablieren,

---

[144] Vgl. Voigt (Strategien im Zeitwettbewerb, 1998), S. 80; Fischer (Zeitwettbewerb, 2001), S. 29; Bitzer (Zeitbasierte Wettbewerbsstrategien, 1991), S. 77.
[145] Vgl. Schnaars (Entering Growth Markets, 1986), S. 27.
[146] Vgl. Hirzel (Geschwindigkeit, 1992), S. 19.
[147] Vgl. Voigt (Strategien im Zeitwettbewerb, 1998), S. 93.
[148] Vgl. Simon (Zeit, 1989), S. 126.
[149] Eine Auswahl an möglichen Marktdeterminanten und deren Implikation auf die Strategiewahl ist zu finden bei Gerpott (Lernprozesse im Zeitwettbewerb, 1994), S. 62.

zum anderen besteht die Möglichkeit einen Branchenstandard zu setzen. Geht man von einer wachsenden Markt- und Entwicklungskenntnis aus, so lassen sich auf Dauer die Stückkosten senken. Erfahrungsvorteile und tendenziell niedrigere Stückkosten können ein wirksames Mittel sein, um potenzielle Wettbewerber vom Markteintritt abzuschrecken und Markteintrittsbarrieren zu errichten. Nicht zu vernachlässigen ist jedoch das erhöhte Risiko für den Pionier. Hohe Kosten bei der Produktentwicklung und der Markterschließung, eine Unsicherheit auf der Nachfrageseite aufgrund mangelnder Information und fehlender Vergleichsmöglichkeiten sowie die Gefahr, dass sich Standards nicht durchsetzen, erschweren die Wahl der richtigen Timing-Strategie.

Um einen neuen Markt als Pionier zu erschließen, sind neuartige Leistungsangebote notwendig, die in der Regel mit Markterschließungs- und Entwicklungskosten verbunden sind. Vor dem Hintergrund einer angestrebten Sicherung der Wettbewerbsposition geht es für Unternehmen darum, über Innovationen, d.h. einer bewussten und systematischen Erneuerung von Produkten und Prozessen, neue Wettbewerbsvorteile zu erlangen und diese nach Möglichkeit auszubauen.[150] Bei neuen Leistungsangeboten kann es sich entweder um ein neues Produkt – hier wird von der Produktinnovation gesprochen – oder um eine Prozess- bzw. Systeminnovation handeln. Produktinnovationen weisen neuartige Produkteigenschaften auf die dem Kunden einen Mehrwert stiften, oder es handelt es um ein neuartiges Produkt.[151] Prozessinnovationen zielen auf die Senkung der Produktionskosten und des Ressourceneinsatzes ab. Diese werden durch Methoden und Verfahren, beispielsweise durch innovative Produktionsverfahren, erreicht.[152] Die Dynamik neuer Technologien zwingt das Management, „sich mit zwei strategisch bedeutsamen Fronten gleichzeitig zu beschäftigen und die Investitionsschwerpunkte danach auszurichten, nämlich mit Produktinnovationen einerseits und mit Prozessinnovationen andererseits. Nur der Unternehmer, der Herstelltechnologien strategisch gleichrangig mit Produkttechnologien sieht und auch danach handelt, hat heute echte Überlebenschancen im weltweiten Wettbewerb.“[153]

Die **Time-to-Delivery-Komponente** beinhaltet im Wesentlichen die Durchlaufzeit eines Kundenauftrags, die sich aus Bearbeitungszeit, Transportzeit und Wartezeit zusammensetzt. Der Kundenauftrag durchläuft die Zeitspanne vom Auftragseingang bis zur Auslieferung (Delivery). Die Verkürzung dieser Zeitspanne ist einer der Schwerpunkte des

[150] Vgl. Fuhrmann/ Filz (Marktgerechte Logistikdienstleistungen, 1990), S. 108.
[151] Vgl. Schumpeter (Economic Development, 1951), S. 66.
[152] Vgl. Hauser (Innovationen, 1991), S. 86ff; Voigt (Strategien im Zeitwettbewerb, 1998), S. 90 f.
[153] Pfeiffer/ Weiss (Technologie-Management, 1990), S. 8.

Zeitwettbewerbs. Um Zeitspannen zu verkürzen kommen laut Klenter/ Kaluza zwei grundsätzliche Zeitstrategien[154] in Frage:

- Zeitstrategie der Verkürzung von Zeitdauern
- Zeitstrategie der intensiven Nutzung von Zeitdauern

Die Zeitstrategie der Verkürzung zielt auf die Vermeidung zeitlicher Puffer bzw. auf die Beschleunigung durchzuführender Tätigkeiten ab. Angestrebte Zeitverkürzungen lassen sich weniger durch einen vermehrten Ressourceneinsatz als vielmehr durch durchlaufzeitorientierte Anordnung der Tätigkeiten erreichen.
Ziel der Zeitstrategie der intensiven Nutzung von Zeitdauern ist es, die zur Verfügung stehende Zeit effizient zu nutzen.[155] Erreichte Zeitersparnisse werden nicht für Verkürzungsmaßnahmen genutzt, sondern in zusätzlichen Ressourceneinsatz reinvestiert, wodurch ein größerer Handlungsspielraum entsteht. Beispielsweise können durch verstärkten Ressourceneinsatz in derselben Zeit mehrere Planungsalternativen gegenübergestellt werden.

Eine Verkürzung der Time-to-Delivery ermöglicht Unternehmen zusätzliche Preisprämien zu realisieren.[156] Voraussetzung ist, dass die Kunden grundsätzlich bereit sind, eine Verkürzung in Form von Preiszuschlägen zu honorieren. In diesem Fall ist davon auszugehen, dass dem Faktor Zeit eine entscheidende Rolle zukommt. Laut Erhebungen von Stalk/ Hout kann der Preisaufschlag bei Zeitsensibilität der Kunden durchaus eine Verdopplung des Preises[157] erlauben. Greift man zur Untermauerung auf Daten der PIMS[158]-Datenbasis (vgl. Abbildung 3-10) zurück, so zeigt sich, dass durch die Halbierung der Durchlaufzeit folgende positiven Unternehmenswirkungen nachgewiesen werden:

154 Vgl. Kaluza/ Klenter (Strategischer Erfolgsfaktor, 1992), S. 44 ff.
155 Vgl. Wildemann (Zeit als Waffe im Wettbewerb, 1998), S. 240.
156 Beispiele zu erzielender Preisprämien sind in Fischer (Zeitwettbewerb, 2001), S. 72 aufgeführt.
157 Vgl. Stalk/Hout (Zeitwettbewerb, 1992), S. 49.
158 PIMS steht für Profit Impact of Market Strategies. Diese Datenbank mit Informationen und Merkmalen von Marktstrategien dient der empirischen Identifizierung der wichtigsten Erfolgsfaktoren für verschiedene Branchen.

Abbildung 3-10: Positive Wirkungen durch die Halbierung der Durchlaufzeit

	Eine Reduzierung der Durchlaufzeit um 50 % bewirkte
Produktionskosten/ Umsatz	**- 8,5 %**
Produktivität	**+ 10,0 %**
Cash-flow/ Investment	**+ 12,0 %**
Anlagenintensität	**- 15,0 %**
Halbfertigwaren	**- 47,0 %**
Rendite	**+ 9,5 %**

Quelle: In Anlehnung an Meyer (Zeit als Erfolgsfaktor, 1994), S. 83, Auswertungen einer PIMS-Datenbank

3.1.2.3 Gefahren und Herausforderungen im Zeitwettbewerb

Hohe Anforderungen an die Reaktionsgeschwindigkeit, anhaltender Druck zur Sofort-Verfügbarkeit und kurze Durchlaufzeiten setzen Unternehmen der Gefahr aus, Zeitgewinne um jeden Preis zu realisieren. Neben den Schwierigkeiten einer anhaltenden Beschleunigung, wie sie in Kapitel 1.2 skizziert wurden, müssen die Ansätze und Erfolgsversprechen des Zeitwettbewerbs kritisch hinterfragt werden. Folgt man stellvertretend den Gedanken und Darstellungen von Stalk/ Hout, so könnte der Eindruck erweckt werden, der Faktor Zeit sei das „Allheilmittel" schlechthin.[159] Doch dies darf nicht darüber hinwegtäuschen, dass Zeitstrategien in eine Gesamtstrategie, „in der die Faktoren Kosten, Qualität und Flexibilität ebenfalls im Rahmen ihrer jeweiligen Gewichtung eine Rolle spielen"[160], eingebettet sein müssen. Zeitbasierte Wettbewerbsvorteile allein können keine nachhaltigen Wettbewerbsvorteile gewährleisten und eine strategische Rente sichern, entscheidend ist die Integration von Kosten, Qualität und Zeit in einem Konzept.[161] Die richtige Kombination und Gewichtung der Wettbewerbsfaktoren vor dem Hintergrund des Unternehmens- und Branchenumfeldes lässt auch den Faktor Zeit zur Geltung kommen - eine undifferenzierte Beschränkung auf diese Wettbewerbsgröße ist jedoch nicht zwingend zielführend. Es greift zu kurz, die japanischen Erfolge ausschließlich mit einem anderen Umgang mit der Ressource Zeit zu erklären.[162] Die kritische Reflektion der Kundenwünsche und die Gegenüberstellung der Kosten der Beschleunigung mit den realisierten Erträgen darf bei allen positiven Wirkungen des Wettbewerbsfaktors nicht aus den Augen verloren werden. Eine Fokussierung auf zu erzielende Geschwindigkeitsvorteile ist nur dann sinnvoll, wenn

159 Vgl. Stalk (Reaktionsgeschwindigkeit, 1998), S. 576; Stalk (Waffe im Wettbewerb, 1998), S. 535.
160 Bogaschewsky (Zeitwettbewerb, 1998), S. 4.
161 Vgl. Altobelli/ Gaitanides (Prozessorganisation und Logistik, 1999), S. 591.
162 Vgl. Kirschbaum (Unternehmenserfolg, 1995), S. 61.

dem Kunden dadurch ein Mehrwert entsteht und wenn sich die Beschleunigung nicht nur auf Teilbereiche beschränkt. Es gelang zwar in der Vergangenheit, eine Beschleunigung der Bearbeitungsschritte zu erreichen, gleichzeitig war aber ein überproportionaler Anstieg des Zeitverbrauches bei den indirekten Produktionsbereichen und in den Phasen der Produktentstehung festzustellen.[163] Generell gilt es zu beachten, dass sobald nicht das ganze System beschleunigt wird, sondern nur Teile davon, der durch Beschleunigung erzielte Vorteil durch den subjektiv empfundenen Bremseffekt bei Engpässen ins Gegenteil verkehrt wird.[164] Neben der grundsätzlichen Skepsis, wenn von einem strategischen „Allheilmittel" die Rede ist, kommen die Bedenken durch die Gefahr einer Zeitfalle bzw. einer Zeitschere zum Ausdruck, die nachfolgend erläutert werden soll.

Neben der Entstehungsphase besteht der Produktlebenszyklus noch aus der Marktphase.[165] Stellt sich heraus, dass die zu erzielenden Gewinne während der Marktphase nicht ausreichen, um die Kosten für Forschung und Entwicklung zu decken, so spricht man von der **Zeitfalle**. Die Zeitfalle wird verschärft, wenn die Kosten der Entstehungsphase explodieren und auf der anderen Seite die Kontraktion der Marktphase zunimmt.[166] (vgl. Abbildung 3-11)

Abbildung 3-11: Zeitfalle

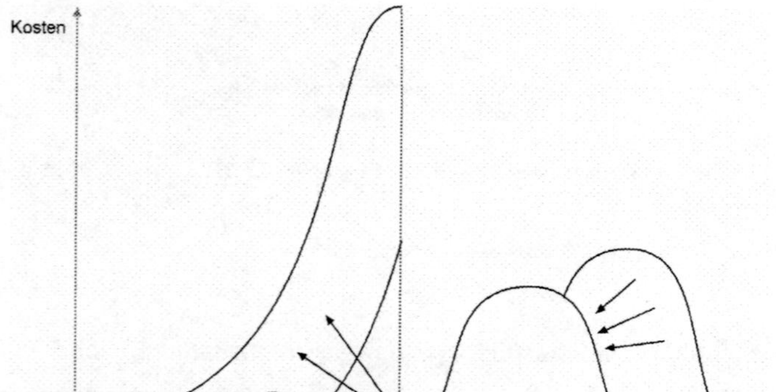

Quelle: In Anlehnung an Bitzer (Zeitbasierte Wettbewerbsstrategien, 1991), S. 91

[163] Vgl. Wildemann (Zeit als Wettbewerbsfaktor, 1991), S. 339.
[164] Vgl. Fülgraff (Entschleunigung, 1998), S. 59.
[165] Vgl. Meinig/ Troge (Markteinführung von Produkten, 2003), S. 11.
[166] Vgl. Pfeiffer/ Weiss (Technologie-Management, 1990), S. 9.

Eine anhaltende Verkürzung der Marktphase macht es Unternehmen nahezu unmöglich, die Aufwendungen für Forschung und Entwicklung zu amortisieren. Entsprechend wird auch die Monopolphase des Pioniers kürzer und der Anreiz eine Pionierstellung zu erreichen sinkt. Abgesehen davon kann es bei zu häufigen Modellwechseln beim Verbraucher dazu kommen, dass er die Modelle der neusten Generation nicht mehr eindeutig bestimmen kann.[167]

Die zunehmende Schwierigkeit, dass die benötigte Reaktionszeit und die verfügbare Reaktionszeit immer weiter auseinander klaffen wird durch die so genannte **Zeitschere** deutlich (vgl. Abbildung 3-12).

Abbildung 3-12: Zeitschere

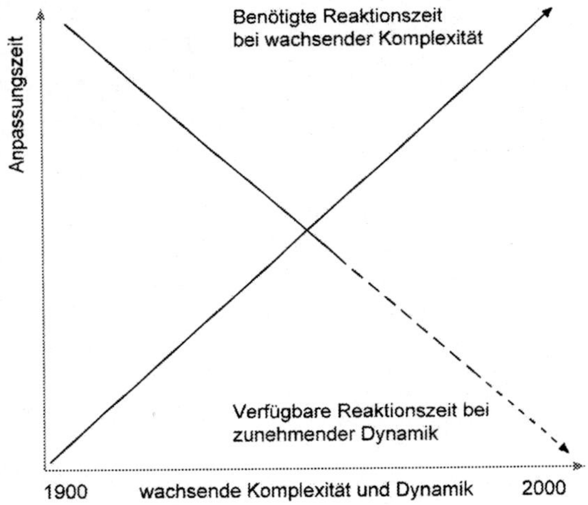

Quelle: In Anlehnung Bleicher (Führung als Wettbewerbsfaktor, 1989), S. 25

Gerade im Hinblick auf die wachsende Wettbewerbsintensität und hohe Bedeutung der subjektiven Wahrnehmung des Kunden gewinnt die Fähigkeit der kurzfristigen Anpassung an Bedeutung. Aufgabe des Zeitmanagements i.w.S. ist, entweder die benötigte Reaktionszeit zu verkürzen oder den Komplexitätsgrad derart zu beschränken, dass die Anpassung in der zu Verfügung stehenden Zeit bewältigt werden kann.[168]

---

[167] Vgl. Backhaus/ Gruner (Epidemie des Zeitwettbewerbs, 1998), S. 126.
[168] Vgl. Fischer (Zeitwettbewerb, 2001), S. 104.

3.1.3 Einordnung wesentlicher Begrifflichkeiten des Zeitwettbewerbs

Aus den vorangegangenen Ausführungen zu den Verankerungen und Grundlagen des Zeitwettbewerbs gehen zwei wesentliche Begrifflichkeiten hervor: Zeitwettbewerb und Zeitmanagement.

Im Unterschied zum Zeitmanagement i.e.S., das die persönliche Zeiteinteilung zum Inhalt hat, ist das Zeitmanagement i.w.S. auf die Verkürzung der Time-to-Delivery und die Justierung des Markteintrittszeitpunktes (Time-to-Market) in Unternehmen gerichtet. Entscheidend bei der Ausrichtung des Zeitmanagements ist die spürbare Wahrnehmung im Marktumfeld, das Kunden und Konkurrenten gleichermaßen umfasst. Durch zeitbasierte Wettbewerbsvorteile kann eine wirksame Differenzierung gegenüber der Konkurrenz innerhalb und außerhalb der Branche erreicht werden. Die durch Geschwindigkeit erreichten Vorteile sind schwer zu imitieren und daher besonders nachhaltig.[169] Der von Beratungsunternehmen propagierte Slogan „je schneller desto besser", ist nur dann gerechtfertigt, wenn der Kunde bereit ist, die Leistung zu honorieren und sich zeitbasierte Wettbewerbsvorteile erzielen lassen. Letztlich entscheidet der wahrnehmbare Kundennutzen über den Erfolg oder Misserfolg der gewählten Strategie. „Geschwindigkeit an sich ist kein Wert, gesteigerte Geschwindigkeit für die ständige Verbesserung des Kundennutzens kann dagegen Mission sein."[170]

Zeitmanagements i.w.S. lediglich auf Durchlaufzeiten und den richtigen Markteintrittzeitpunkt auszurichten, wird diesem ganzheitlichen Konzept nicht gerecht. Voraussetzung ist vielmehr ein übergreifender Ansatz des Zeitwettbewerbs, der die Fähigkeit der „lernenden Organisation"[171] umfasst und die Bedeutung des Wettbewerbsfaktors Zeit bei den Mitarbeitern verankert.[172] Schnelle Kommunikation ist dabei mindestens ebenso entscheidend wie die physische Abwicklung.[173] Sich ändernde Marktbedingungen und die Tatsache, dass Wettbewerbsvorteile nur temporär sind[174], machen es erforderlich, die oberen Managementebenen und die beteiligten Mitarbeiter mit einzubeziehen. Die Operationalisierung, wie man zum erfolgreichen Zeitwettbewerber wird, ist abhängig vom Wettbewerbsumfeld und der spezifischen Unternehmenssituation. Dabei ist das Konzept des Zeitwettbewerbs mehr als die reine Konzentration auf den Faktor Zeit bei den operativen Abläufen. Anforderungen des Marktes nach Schnelligkeit, Reaktionsvermögen, Taktung und

[169] Vgl. Lingg (Wettbewerbsfaktor Zeit, 1992), S. 75.
[170] Leder (Speed Management, 1992), S. 188.
[171] Vgl. Kammel (Markteintritt, 2000), S. 173; Kirschbaum (Unternehmenserfolg, 1995), S. 116.
[172] Vgl. Wildemann (Zeit als Wettbewerbsfaktor, 1991), S. 341 ff.
[173] Vgl. Flachmann (Zeit(gewinn), 1995), S. 45.
[174] Vgl. Fine (Clockspeed, 1998), S. 12.

Pünktlichkeit gilt es auszugestalten und im Rahmen einer Wettbewerbsstrategie zu formulieren. Zeitwettbewerb ist ein Managementansatz, der die Beschleunigung im Denken und Handeln von Unternehmen zum Ziel hat. „Zeitwettbewerb ist kein ‚Programm', auch keine ‚Abteilung', sondern eine Denkhaltung vom Mann an der Maschine bis zum Vorstandsvorsitzenden."[175] Zentraler Bestandteil im Konzept des Zeitwettbewerbs ist das Streben nach Geschwindigkeitsvorteilen.[176] Das Konzept des Zeitwettbewerbs erstreckt sich neben dem Zeitmanagement und den damit verbundenen Komponenten auch auf das Marktumfeld, das den wahrnehmbaren Kundennutzen und die Differenzierung vom Wettbewerber umfasst.

Die Begriffe Zeitwettbewerb und Zeitmanagement „bedingen einander und sind untrennbar miteinander verbunden"[177] Folgende Abbildung 3-13 dient als Grundlage für die weiteren Betrachtungen.

175 Wiederin (Zeitwettbewerber, 1992), S. 71.
176 Vgl. Kirschbaum (Unternehmenserfolg, 1995), S. 71.
177 Fischer (Zeitwettbewerb, 2001), S. 12.

Abbildung 3-13: Zeitwettbewerb und Zeitmanagement im Überblick

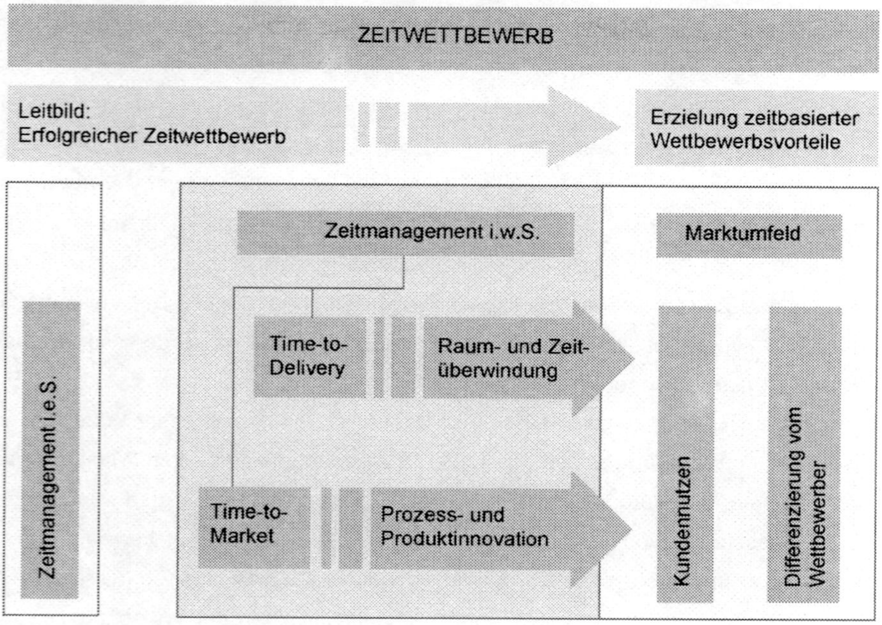

Quelle: Eigene Darstellung

3.2 Konzeptionelle Grundlagen der Logistik

Nicht nur das Konzept des Zeitwettbewerbs propagiert einen verschwendungsarmen und schnellen Ablauf von Prozessen. Auch im Verständnis der Logistik kommen Aspekte der Durchlaufzeitverkürzung und der effizienten Prozessgestaltung zum Tragen. Hier ist eine enge, nicht überschneidungsfreie Verknüpfung zum Zeitwettbewerb zu erkennen. Zeitaspekte spielen in der Logistik eine große Rolle, wenn es darum geht Lieferzeiten zu verkürzen (Schnelligkeit), Liefertreue zu gewährleisten (Pünktlichkeit), Prozessübergänge möglichst reibungsarm zu organisieren (Taktung) und flexibel auf Änderungen zu reagieren (Reaktionsfähigkeit). Die zeitliche Taktung und flussorientierte Ausgestaltung steht dabei im Mittelpunkt der Überlegungen.

Neben dieser strategischen Perspektive der Logistik als wirkungsvoller Ansatz der Effizienzsteigerung und Verbesserung der Wettbewerbsfähigkeit, ist darüber hinaus Logistik als Dienstleistung bzw. als bedeutender Wirtschaftssektor, in dem auch das Marketing von

Logistikdienstleistungen eine zunehmende Rolle spielt, von Bedeutung. Aus der Vielschichtigkeit des Logistikverständnisses sollen die für den weiteren Gang der Arbeit wichtigen Gesichtspunkte herausgearbeitet werden. Während Zeitwettbewerb als Schlagwort aktueller Managementmethodik erst Ende der 1990er Jahre aufkeimte, kann man bei der Entwicklung des Logistikbegriffs und des Logistikverständnisses bis in die 1960er zurückblicken.[178] Sowohl in der Literatur als auch in der Praxis hat sich ein vielschichtiges Logistikverständnis herausgebildet, das sich im Laufe der letzten Jahre zum Teil grundlegend gewandelt hat. **Logistik kann als grundlegender Managementansatz** verstanden werden, der sich von der reinen Betrachtung der Transport-, Lager- und Umschlagprozesse zu einem flussorientierten, ganzheitlichen Unternehmensansatz verwandelt hat. Betrachtet man die logistischen Leistungen, die in einer Volkswirtschaft zur Beschaffung, Produktion, Distribution und Entsorgung erbracht werden, so lässt sich von einem nicht unbedeutenden **Wirtschaftszweig** sprechen, der mit rund 150 Mrd. Euro alle wirtschaftsweiten Logistikaufwendungen umfasst.[179] Damit nimmt dieser Wirtschaftszweig in Deutschland hinter dem Fahrzeugbau, der Elektrotechnik und dem Maschinenbau den vierten Platz ein. Diese Logistikaufwendungen beziehen sich auf **Logistikdienstleistungen** durch Dienstleister und Verlader, die „alle Gütertransport-, Lager-, Umschlags-, Kommissionier- und direkt damit verbundenen Value-Added Leistungen [umfassen, die] vor, nach und zwischen den Produktions-, und Verkaufsaktivitäten der Wirtschaft“[180] stattfinden. Mit zunehmendem Wettbewerb im Logistiksektor und der Möglichkeit der Differenzierung durch logistische Leistungen hat auch die **Ausgestaltung des Marketings** für Logistikdienstleistungsunternehmen an Bedeutung gewonnen. Im Folgenden soll der Bedeutungswandel auf unterschiedlichen Ebenen beim Logistikverständnis nachgezeichnet werden.

3.2.1 Logistik als Managementansatz: Von „TUL“ zur dritten Bedeutung

Die Ursprünge des Logistikbegriffs gehen zurück auf die Anwendung im militärischen Bereich, in dem die Versorgung und Unterstützung des Heeres im Vordergrund stand. Die Übertragung der im militärischen Sektor gewonnenen Erkenntnisse auf den Bereich der Wirtschaft beginnt erst mit Ende des zweiten Weltkrieges. Ausgehend von der Versorgung und Beschaffung von Gütern und Waren im Handels- und Militärsektor hat mit den Artikeln

178 Vgl. Klaus (Hrsg.) (Dritte Bedeutung - Evolution logistischen Denkens, 2002), S. III.
179 Vgl. Klaus (TOP 100, 2003), S. 59.
180 Klaus (TOP 100, 2003), S. 41.

von Morgenstern („Note of the Formulation of the Theory of Logisitcs“[181]) und Magee („The Logistics of Physical Distribution“[182]) der Logistikbegriff außerhalb des militärischen Bereiches verbreitete Verwendung gefunden. In Anknüpfung daran gewann das Bedürfnis, in einer verstärkt arbeitsteilig organisierten Wirtschaft die Raum- und Zeitüberwindung zwischen Produktion und Konsumtion besser zu gestalten, an Bedeutung. In den letzten 30 Jahren hat sich das Logistikverständnis von einem primär auf die physischen Unternehmensabläufe fokussierten zu einem ganzheitlichen, prozess- und kundenorientierten Managementkonzept und Führungsinstrument gewandelt. Hier ist die engste Verbindung zum Ideengerüst des Zeitwettbewerbs zu sehen, das sich die Reduzierung von Durchlaufzeiten zur übergreifenden Aufgabe macht. Innerhalb dieses Entwicklungsrahmens können verschiedene Phasen bei der Entwicklung und dem Verständnis der Logistik ausgemacht werden.

In den Ursprüngen und damit der **ersten Bedeutung der Logistik** beschränkte sich das Verständnis auf drei Gruppen von logistischen Kernaktivitäten. Hierunter fallen die logistischen Basisaktivitäten Transportieren (Transfer von Objekten), Umschlagen (Veränderung der Ordnungen von Objekten) und Lagern (Transfer von Objekten in der Zeit). Der „TUL-Begriff“ steht stellvertretend für das aus heutiger Sicht rudimentäre logistische Verständnis.[183] Die erste Bedeutung lässt sich damit als das Feld der systematischen Auseinandersetzung mit „Transferbedarfen“ im Realgüterbereich verstehen, die in arbeitsteiligen Güterwirtschaftsprozessen zu erbringen sind sowie der Optimierung der „Transferleistungen“ dienen, mit denen Transferbedarfe zu befriedigen sind.[184]

Aufgrund der erkannten Notwendigkeit die einzelnen Transferaktivitäten in der arbeitsteiligen Wirtschaft zu koordinieren, setzte in den 1980er Jahren eine Aufwertung und Erweiterung des Verständnisses ein, das vor allem die Schnittstellen im Unternehmen in den Mittelpunkt stellte. Ziel ist es, Aktivitäten im Unternehmen zu integrieren, ganzheitlich auszurichten und zu koordinieren. In diesem Zusammenhang kann von der **zweiten Bedeutung der Logistik** gesprochen werden, zu der „alle Tätigkeiten [gehören], durch die die raum-zeitliche Gütertransformation [...] geplant, gesteuert, realisiert und kontrolliert werden und zwar effizient.“[185]

[181] Vgl. Morgenstern (Theory of Logistics, 1956), S. 129 ff.
[182] Vgl. Magee (Distribution, 1960), S. 89 ff.
[183] Vgl. Klaus (Dritte Bedeutung, 2002), S. 9.
[184] Vgl. Klaus (Dritte Bedeutung, 2002), S. 33.
[185] Pfohl (Logistiksysteme, 2000), S. 12.

Stellt man diese beiden Bedeutungen gegenüber und unterstellt, dass Logistikmanagement auch als deutlich erkennbares Managementkonzept und eigenständige Wissenschaftsdisziplin wahrgenommen werden soll, so ergibt sich ein vertiefender Klärungsbedarf, der eine Erweiterung des Verständnisses notwendig macht. Während die erste Bedeutung die getrennten Funktionen betont, versucht die zweite Bedeutung gerade dieses Denken in Funktionskästen zu überwinden („Inkonsistenz-Argument“[186]). Logistik mit dem Schwerpunkt auf der Koordinations- und Querschnittsfunktion, ist kein spezifisches Charakteristikum, sondern vielmehr eine fundamentale Aufgabe des Managements schlechthin („Argument der Nicht-Abgrenzbarkeit“[187]). Um als Managementkonzept und Wissenschaftsdisziplin wahrgenommen zu werden, ist es erforderlich nachvollziehbare und belegbare Prinzipien für erfolgreiches, logistisches Handeln zu formulieren. Verfolgt man eingängige Definitionen der Logistik (u.a. „Viele R-Definition“ – Verfügbarkeit am richtigen Ort, zur richtigen Zeit, in der richtigen Menge etc.), so ist festzustellen, dass derartige Aussagen nicht falsifizierbar und wenig zielführend sind („Argument der Nicht-Falsifizierbarkeit“[188]). Komplettiert wird das Aufzeigen von Defiziten der bestehen Bedeutungen der Logistik durch die Vermutung der Unvollständigkeit.[189]

Ein Ansatz diese skizzierten Defizite zu überwinden, liegt in der **dritten Bedeutung der Logistik.** Die Aufgabe der Logistik besteht danach darin, Flüsse und Ströme von Objekten im Unternehmen zu gestalten. Bestehende Schnittstellen und Übergänge sollen danach fließend ineinander übergehen und einen Durchfluss ohne große Reibungsverluste – im Sinne von Vermeidung von Stauungen, Umwegen – ermöglichen. Orientiert man sich an abstrakten Begrifflichkeiten wie Objekte des Transports, Ketten von Aktivitäten, die durch Netze fließen und als Prozesse verstanden werden können, so ergibt sich nach Klaus eine neue Sichtweise. Danach werden wirtschaftliche Phänomene und Zusammenhänge als Flüsse von Objekten durch Ketten und Netze von Aktivitäten und Prozessen interpretiert („Flow Management“), um diese nach Gesichtspunkten der Kostensenkung und Wertsteigerung zu optimieren sowie deren Anpassungszeit an Bedarfs- und Umfeldveränderungen zu verbessern.[190]

Als Ergänzung dazu sehen Autoren wie Weber noch eine vierte Bedeutung der Logistik. Sofern man unterstellt, dass sich die dritte Bedeutung auf die Flüsse innerhalb eines Unternehmens beschränkt, geht die vierte Bedeutung über die Unternehmensgrenzen

[186] Vgl. Klaus (Dritte Bedeutung, 2002), S. 12.
[187] Vgl. Klaus (Dritte Bedeutung, 2002), S. 12 f.
[188] Vgl. Klaus (Dritte Bedeutung, 2002), S. 13.
[189] Vgl. Klaus (Dritte Bedeutung, 2002), S. 14.
[190] Vgl. Klaus (Dritte Bedeutung, 2002), S. 31.

hinaus. Der Aufbau, die Verschmelzung und Optimierung globaler Netzwerke und Wertschöpfungsketten stehen dabei im Mittelpunkt dieser Überlegungen[191] und ein Wechsel von reinen Dienstleistungs- in eine übergreifende Führungsfunktion kann konstatiert werden.[192] Folgende Abbildung 3-14 soll den Bedeutungswandel der Logistik nochmals verdeutlichen:

Abbildung 3-14: Die Entwicklungsphasen der Logistik

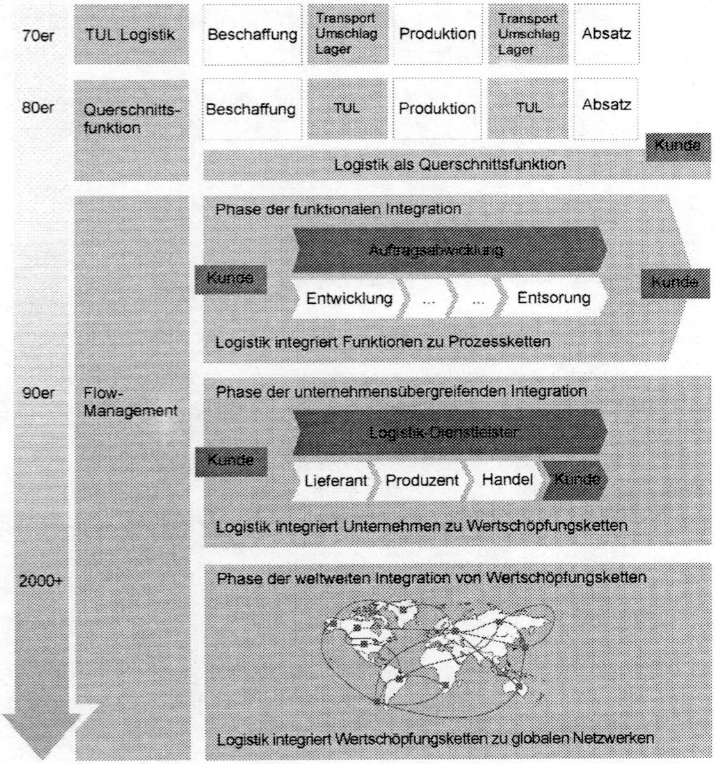

Quelle: In Anlehnung an Baumgarten/ Walter (Trends in der Logistik, 2000), S. 2

[191] Vgl. Weber (Logistik-Controlling, 1999), S. 3.
[192] Vgl. Bretzke (Logistikdienstleistungen, 2004), S. 338.

3.2.2 Logistik als Wirtschaftszweig: Vom Schattendasein zum Wirtschaftsmotor

Ausgehend von dem engen TUL-Verständnis ergänzt um unternehmensübergreifende Planungs-, Steuerungs- und Dispositionsaufgaben sowie die Kapitalkosten für die Beständehaltung in der Wertschöpfungskette[193] ergibt sich laut Erhebungen der „TOP 100 der Logistik" ein Logistikmarktvolumen von rund 150 Mrd. Euro in Deutschland[194] (vgl. Abbildung 3-15). Mit rund 42 Prozent nehmen Transportleistungen den größten Anteil ein. Zunächst erfolgte im Rahmen der TOP 100 eine klare Segmentierung logistischer Leistungen. Maßgeblich waren die Kriterien der logistischen Funktion, der Verkehrsträger und der geografischen Zugehörigkeit. Untergliedert man das gesamte Marktvolumen in 16 in der TOP 100 näher beschriebene Teilmärkte, so stellt der nationale Stückgutmarkt – als Schwerpunkt dieser Arbeit – mit rund fünf Mrd. Euro einen vergleichsweise geringen Anteil dar.

Abbildung 3-15: Aufteilung des Logistikmarktes in Deutschland 2001

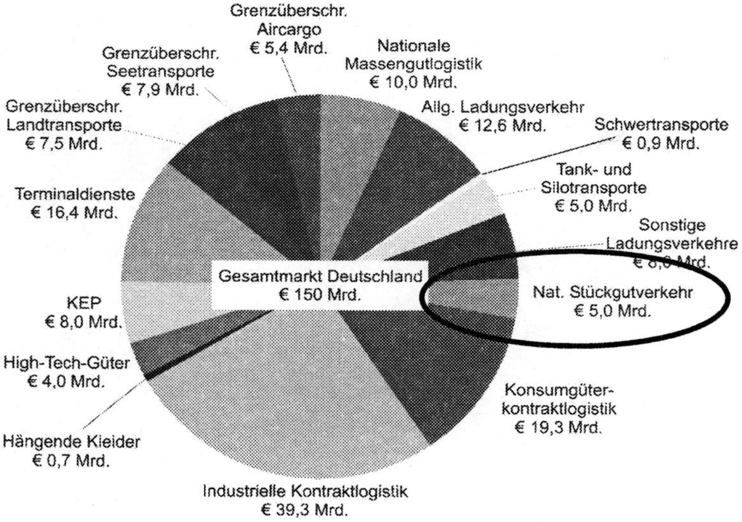

Quelle: Klaus/ Kille/ Müller-Steinfahrt (Logistik in Deutschland, 2004), S. 317

Dennoch kann angemerkt werden, dass der nationale Stückgutmarkt einen Kernbereich logistischer Dienstleistungen darstellt und unentbehrlicher Bestandteil der logistischen Infrastruktur einer Industrienation ist. Der Teilmarkt „nationaler allgemeiner Stückgutverkehr"

[193] Vgl. Klaus (TOP 100, 2003), S. 32.
[194] Vgl. Klaus (TOP 100, 2003), S. 59 f.; siehe auch Ausführungen in Kapitel 2.

wird als „Transport innerhalb Deutschlands von individuell etikettierten Trocken- und Stapelgütern im Gewichtsbereich oberhalb von ca. 30 kg und bis zu ca. 2.500 kg, die in Stückgutdepots in Deutschland für deutsche Empfänger gebündelt und mit nicht spezialisierten LKWs und Containern (i.d.R. Wechselbrücken) befördert werden"[195] definiert. Grundsätzlich ist davon auszugehen, dass die Bedeutung dieses Teilmarktes weiterhin groß sein wird und der Wettbewerb, in dem sich im wesentlichen Konzern- und Kooperationsorganisationen gegenüberstehen (vgl. Ausführungen in Kapitel 4.1.2), ebenfalls intensiv bleiben wird.

3.2.3 Logistik als Dienstleistung: Von der Basisleistung zum Value-Added-Service

Durch die voranschreitende Erweiterung des Begriffes der Logistik verbunden mit der Identifizierung des Logistikmarktes als wichtigem Sektor einer Volkswirtschaft, hat sich auch das Spektrum und die Grenze angebotener logistischer Leistungen verschoben.[196] Neben der Eingrenzung des relevanten Teilmarktes soll auch das Verständnis der Stückgutleistung genauer beschrieben werden. Grundsätzlich hat die Logistikleistung die Aufgabe der Erstellung einer bedarfsgerechten Verfügbarkeit von Gütern und Informationen. Voraussetzung ist dabei die Überwindung von Zeit-, Raum- und Objektdisparitäten.[197] Es handelt sich bei logistischen Dienstleistungen demnach um eine Transferleistung von Objekten (nicht von Personen), die von gewerblichen Anbietern fremdbezogen wird. Aufgrund der Heterogenität des Dienstleistungsangebotes sucht man eine einheitliche Definition des Dienstleistungsbegriffs vergeblich. Folglich muss das Dienstleistungsverständnis in Abhängigkeit der zu erbringenden Dienstleistung gewonnen werden.

Logistische Dienstleistungen werden im engeren Sinn durch Transport-, Lagerhaltungs- und Umschlagsprozesse bestimmt. Etwas weiter gefasst und weniger trennscharf ist die Beschreibung, was logistische Dienstleistungsunternehmen in der Praxis tatsächlich tun.[198] Der Logistikdienstleistungsbegriff umfasst somit alle Serviceleistungen, die auf die bedarfsgerechte Herstellung von Verfügbarkeit als Kernaufgabe der Logistik gerichtet sind.[199] Charakteristisch für Dienstleistungen im Allgemeinen und für logistische Dienstleistungen im

[195] Klaus (TOP 100, 2003), S. 79 f.
[196] Vgl. Czenskowsky (Marketing logistischer Dienstleistungen, 2003), S. 25; Bretzke (Logistik-Outsourcing, 2004), S. 12.
[197] Vgl. Ihde (Transport, Verkehr, Logistik, 2001), S. 35.
[198] Vgl. Pfohl (Logistiksysteme, 2000), S. 16.
[199] Vgl. Bretzke (Logistische Dienstleistung, 1999), S. 220.

Speziellen ist die Tatsache, dass die Qualität der logistischen Dienstleistung erst zum Zeitpunkt der Inanspruchnahme der Dienstleistung erkennbar wird.[200] Die Gleichzeitigkeit von Produktion und Konsum wird in der Dienstleistungstheorie auch als „Uno-Actu-Prinzip" bezeichnet.[201] Zum einen schlagen Nachfrageschwankungen durch die „Nichttrennbarkeit" von Leistungserstellung und Auftreten der Nachfrage voll auf die Leistungserstellung durch[202], zum anderen wird Vertrauen in das Leistungsvermögen des gewählten Dienstleisters zu einer Grundbedingung.[203] Weiterhin können Dienstleistungen nicht auf Vorrat produziert werden, d.h. Produktion und Nutzung der Dienstleistung finden synchron statt.[204]

Bei der Erbringung einer Transportdienstleistung, zu der auch die Stückgutleistung zu zählen ist, bleiben die transportierten Objekte nahezu unverändert, vielmehr ist die zielgerichtete Überwindung der Raumdisparitäten wesentliche Grundfunktion. Im Zusammenhang mit dieser Grundfunktion sind bei der Stückgutleistung die Neben- und Hilfsfunktionen Transportvorbereitung, Beladung, Transportdurchführung, Entladung und Transportnachbearbeitung zu erfüllen (vgl. Ausführung in 4.1.3). Dienstleistungen lassen sich in zeitpunktbezogene und zeitraumbezogene Produkte differenzieren.[205] Zeitpunktbezogene Produkte zielen auf das Ergebnis der Leistungserstellung ab (z.B. termingerechte Zustellung), zeitraumbezogene Produkte stellen den Leistungsprozess in den Mittelpunkt (z.B. ununterbrochene Kühlkette während der Transportabwicklung).[206] Resultierend aus der Wandlung zu Käufermärkten und den wachsenden Schwierigkeiten vieler Unternehmen im Bereich ihrer ursprünglichen Produkte Differenzierungs- bzw. Alleinstellungsmerkmale herauszustellen, kommt der logistischen Dienstleistung zunehmende Bedeutung zu. „Je austauschbarer die ursprünglichen Produkte selbst sind, umso mehr kann schon ein kleines Serviceplus [gegenüber der Basisleistung] genügen, um den Ausschlag im Wettbewerb zu geben."[207] Dieses Serviceplus kann durch logistische Dienstleistungen erzielt werden. Der Kunde entscheidet sich bei gleicher Qualität und gleichem Preis für das Produkt, das schneller lieferbar ist.[208] Dabei ist der Logistikdienstleister beim kontinuierlichen Ausbau und bei der Sicherung des

---

[200] Vgl. Szafera (Marktsegmentierung, 2003), S. 79.
[201] Vgl. Meyer (Dienstleistungsmarketing, 2001), S. 293 f.
[202] Vgl. Fuhrmann (Logistiksysteme bei Güterverkehrsunternehmen, 1993), S. 101.
[203] Vgl. Töpfer/ Duchmann (Markteintrittsprobleme bei Dienstleistungen, 2000), S. 205.
[204] Vgl. Becker (Marketing-Konzeption, 1998), S. 711.
[205] Vgl. Corsten (Produktion von Dienstleistungen, 1985), S. 85.
[206] Vgl. Fuhrmann (Logistiksysteme bei Güterverkehrsunternehmen, 1993), S. 109.
[207] Bretzke (Logistikdienstleistungen, 2004), S. 340.
[208] Knop (Komplettes Paket für Kunden, 1992), S. 67.

Leistungsvermögens gefordert. Lieferzeiten und Termintreue, die durch den Logistikdienstleister erbracht werden, werden zu entscheidenden Faktoren.[209]

Die Transportdienstleistung lässt sich anhand von drei Ausprägungsdimensionen darstellen. Bei der **Basistransportleistung**[210] geht es um den Transport eines Objektes zwischen zwei Orten.[211] Die Leistung besteht in einer zeitgenauen und sicheren Ausführung des Transports. Der reine Transport als Kerntätigkeit von Speditionen reicht heute nicht mehr aus. Das Neue am Verständnis von Logistikdienstleistern, zu denen auch nationale Stückgutanbieter zu zählen sind, ist die Integration der Leistung in die Prozesse der Verlader und die aktive Bereitschaft der Dienstleister zur Problemlösung.[212]

Neben der reinen Transportleistung gewinnen zwei weitere Dimensionen bei der Ausgestaltung von Logistikdienstleistungen an Bedeutung. Zum einen können die Prozesse und Schnittstellen einer bestehenden Leistung derart strukturiert werden, dass die Leistungserbringung mit erhöhten oder zusätzlichen Servicekomponenten versehen werden kann. In diesem Fall kann von einer **Premium-Dienstleistung** gesprochen werden. Diese zielt darauf, für die in diesem Fall erhöhten Leistungsstandards einen Preisaufschlag zu realisieren. Für die Zukunft ist davon auszugehen, dass diese Premiumprodukte sich zu einem der wichtigsten Gewinnbringer entwickeln werden.[213]

Zum anderen kann eine Differenzierung erzielt werden, indem zusätzliche logistische Funktionen oder vermehrt auch vorbereitende bzw. nachgelagerte Funktionen (bspw. leichte Montagetätigkeiten) übernommen werden. In diesem Fall wird häufig auch von **Value-Added Leistungen** gesprochen, die über die Kernmerkmale einer logistischen TUL-Leistung hinausgehen.[214] Die Dimensionen logistischer Transportleistungen soll die Abbildung 3-16 verdeutlichen.

---

209 Vgl. Femppel (Kunden-Logistik im Zeitsprung, 1996), S. 67.
210 Vgl. Szafera (Marktsegmentierung, 2003), S. 73; Knop (Komplettes Paket für Kunden, 1992), S. 69.
211 Vgl. Bauer (Marketing für Verkehrsbetriebe, 1997), S. 1164.
212 Vgl. Fuhrmann (Logistiksysteme bei Güterverkehrsunternehmen, 1993), S. 63.
213 Vgl. Engelsleben/ von Wichert/ Zimmermann (Pricing-Chancen für Speditionen, 2004), S. 4.
214 Vgl. Bunz/ Streichfuss/ Sindemann (Outsourcing, 2004), S. 431; Ihde (Transport, Verkehr, Logistik, 2001), S. 229.

Abbildung 3-16: Dimensionen bei der Ausgestaltung von Transportdienstleistungen

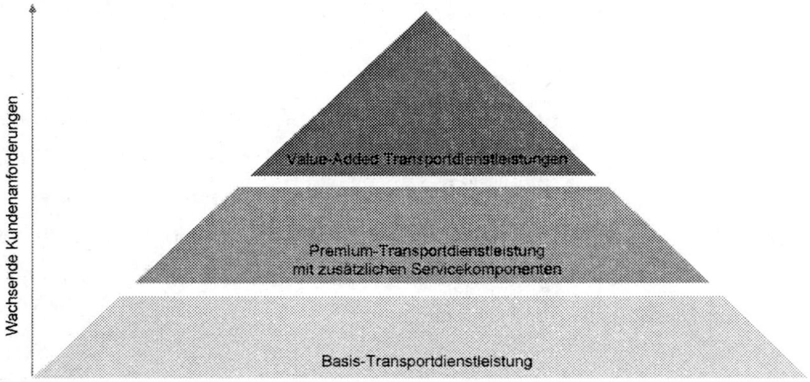

Quelle: Eigene Darstellung

Auch wenn die Zukunft logistischer Leistungen eher im Bereich der Value-Added-Services gesehen wird, so bilden klassische Logistikdienstleistungen wie Transportieren und Lagern noch immer den deutlich bedeutenderen Anteil am Umsatz von Logistikdienstleistern.[215] Mit der Veredelung einer Basis-Transportleistung zu einer Premium-Transportleistung bemühen sich Dienstleister wachsenden Kundenanforderungen besser gerecht zu werden. Unterstellt man wachsende Kundenanforderungen, so kann eine erhöhte Zahlungsbereitschaft der Kunden vermutet werden. Wachsende Kundenanforderungen in Bezug auf Transportleistungen können sich beispielsweise auf vom Kunden vorgegebene Sicherheits- und vordefinierte Servicestandards beziehen. Allerdings wird die Aussicht auf eine höhere Zahlungsbereitschaft der Kunden durch eine intensive – oft preisbasierte – Wettbewerbssituation relativiert. Es gilt Verlader als Kunden von der Leistungsfähigkeit der vorgehaltenen logistischen Strukturen zu überzeugen. Logistikmarketing spielt in diesem Zusammenhang eine nicht zu verachtende Rolle.

3.2.4 Logistikmarketing: Von der produktions- zur kundenorientierten Denkweise

Die Bedeutung des Marketings für logistische Dienstleistungsunternehmen hat in den letzten Jahren stark zugenommen.[216] Als Gründe können auch hier der anhaltende Kostendruck bei der Leistungserstellung, voranschreitende Internationalisierung der Unternehmen,

[215] Vgl. Bretzke (Logistikdienstleistungen, 2004), S. 342.
[216] Vgl. Czenskowsky (Marketing logistischer Dienstleistungen, 2003), S. 21.

Technologiesprünge und eine zunehmende Internationalisierung des Managements angeführt werden.[217] Logistik als Managementansatz oder auch als Dienstleistung muss Unternehmen unterstützen, Wettbewerbsvorteile zu erreichen und der Nutzen, der dem Kunden entsteht, muss durch Marketing unterstrichen werden. Das auch auf dem nationalen Stückgutmarkt zunehmend austauschbare Produkt- und Leistungsangebot bei nahezu gleichem Preis zwingt zur Differenzierung, die auch über Marketingmaßnahmen erreicht wird. Zum Instrumentarium des Marketings gehören die Gestaltung der Preispolitik, der Produktpolitik sowie der Vertrieb (Promotion) der Erzeugnisse[218] und die systematische Marktforschung zur Feststellung der Kundenbedürfnisse. Durch den richtigen Marketing-Mix wird die Nachfrage gesteigert, Kapazitäten besser ausgelastet und die Kundenzufriedenheit verbessert.

Wegen eines stark regulierten Marktes waren Aktivitäten des Marketings bei Transportdiensteistern bis in die 1990er Jahre nur in geringem Maße ausgeprägt. Mit der Wandlung vom Anbieter- zum Käufermarkt war die Aufhebung reglementierter Preise (so genannte Kundensatzverordnung) verbunden. Vorgegebene Preisvereinbarungen wurden im nationalen Stückgutmarkt ab dem Jahr 1975 stetig liberalisiert.[219] Mit zunehmenden Wettbewerb und einer damit verbundenen gleichmäßigen Flächendeckung und Leistungsfähigkeit wurde es neben Kostengesichtspunkten für Logistikdienstleister entscheidend kundenindividuell zu reagieren. Dies steht in gewissem Widerspruch zu einer entindividualisierten Leistungserbringung, wie sie z.B. beim Massenprodukt Stückgut üblich ist.[220] Professionelles Marketing avanciert zur Notwendigkeit und Herausforderung[221] logistischer Dienstleister, um im hart umkämpften Markt zu bestehen, Neukunden zu gewinnen und diese möglichst dauerhaft an das Unternehmen zu binden.[222] Dienstleister, die sich bisher auf eine reibungslose Produktion konzentrierten, werden gezwungen ihre Denkweise zu ändern: Weg von einer produktionsorientierten Sichtweise hin zu einer kundenorientierten Denkweise[223], was sich nicht zuletzt auch bei Maßnahmen zur Markenbildung und in der Gestaltung des Vertriebs zum Ausdruck kommt. Der Vergleich der beiden Werbeanzeigen in Abbildung 3-17 soll stellvertretend diesen Wandel verdeutlichen. Während die Anzeige aus dem Jahr 1998 die Leistungsfähigkeit des Netzwerkes betont

---

[217] Vgl. Bauer (Marketing für Verkehrsbetriebe, 1997), S. 1162.
[218] Vgl. Bauer (Marketing für Verkehrsbetriebe, 1997), S. 1162.
[219] Vgl. Frahm (Weg zur Liberalisierung, 1998), S. 50 ff.
[220] Vgl. Müller (Kundenservice und seine Zentralisierung, 2005), S. 43 ff.
[221] Vgl. Klaus (Marketing für Transport-Dienstleistungen, 1998), S. 1470 ff.
[222] Vgl. Czenskowsky (Marketing für Speditionen, 2004), S. 57.
[223] Vgl. Czenskowsky (Marketing für Speditionen, 2004), S. 56.

(produktionsorientierte Sicht), wird sechs Jahre später der Kunde in den Mittelpunkt (kundenorientierte Sicht) gestellt:

Abbildung 3-17: Wandel zu kundenorientiertem Logistikmarketing exemplarisch anhand von zwei Werbeanzeigen aus den Jahren 1998 und 2004

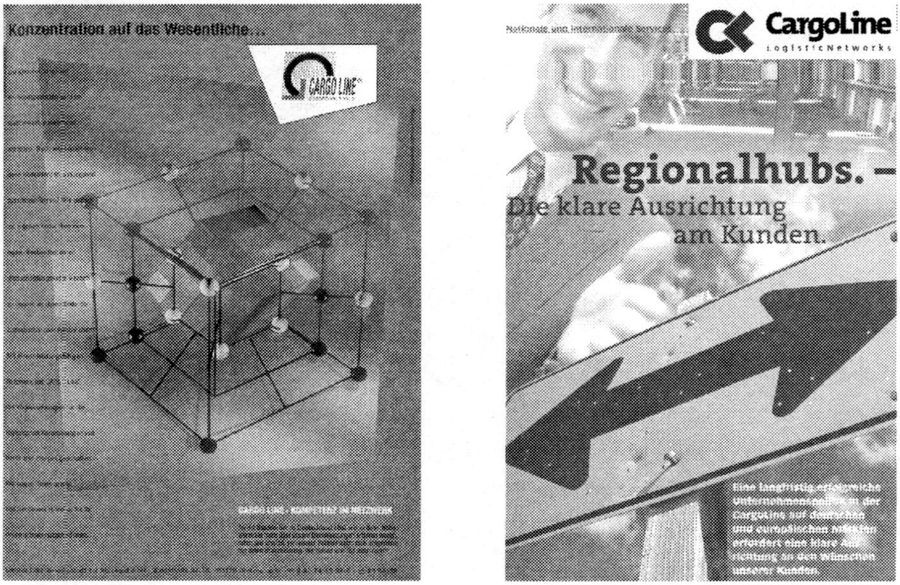

Quelle: Werbeanzeigen aus den Jahren 1998[224] (links) und 2004[225] (rechts)

Trotz vielfältiger Anstrengungen der Logistikdienstleister ist das Marketing sowohl in der Theorie als auch in der Praxis weiterhin ausbaufähig.[226] Gerade systematische Kundenbefragungen zur Zahlungsbereitschaft, zur Kundenzufriedenheit und zur Produktausrichtung wie beispielsweise in der Luftfahrtindustrie üblich, kommen bisher kaum zur Anwendung. Vielmehr steht eine Orientierung am Wettbewerber im Bezug auf Produkt- und Preisausrichtung im Vordergrund. Die Professionalisierung und Intensivierung der Marketing- und Vertriebsaktivitäten ist in dem lange regulierten Stückgutmarkt noch nicht abgeschlossen.

[224] Vgl. Klaus, P. (Hrsg.) (Transport- und Logistik-Dienstleister, 1998), S. 92 f.
[225] Vgl. Kundenmagazin der CargoLine 1/2004), S. 8.
[226] Vgl. Czenskowsky (Marketing für Speditionen, 2004), S. 26.

3.3 Überführung in einen konzeptionellen Bezugsrahmen: Zeitwettbewerb am Beispiel des Logistikdienstleistungssektors

Nach der Vorstellung der konzeptionellen Grundlagen des Zeitwettbewerbs und der Logistik sollen die Überlegungen als Synthese in einen konzeptionellen Bezugsrahmen, der für den weiteren Gang der Arbeit rahmengebend ist, überführt werden. Der Wandel der Logistik und die wachsende Bedeutung des Faktors Zeit ist kennzeichnend für das ausgehende 20. Jahrhundert. In einer arbeitsteilig organisierten Wirtschaft und bei einem immer schnelleren industriellen Strukturwandel genügen weder die isolierte Betrachtung und Optimierung von Logistikleistungen noch die einzelne Ausrichtung auf Wettbewerbsvorteile wie Zeit, Kosten bzw. Qualität. Vielmehr kommt es auf die ausgewogene, kundengerechte Gestaltung der Leistungsangebote an. Weder die Wettbewerbsfaktoren Kosten, Zeit, Qualität noch die Notwendigkeit Prozesse ganzheitlich auf den Kundennutzen auszurichten sind neue Erkenntnisse. Die Intensität des Wettbewerbs und gleichzeitige Verschiebung auf den Wettbewerbsfaktor Zeit sind jedoch charakteristisch für die ausgehenden 1990er Jahre und haben bis heute Gültigkeit.

Das Konzept des Zeitwettbewerbs und die Prinzipien des Logistikmanagements verfolgen in Bezug auf die Gestaltung von Wertschöpfungsketten ähnliche Zielsetzungen. Die grundsätzliche Bedeutung des Faktors Zeit und ihre ökonomische Relevanz für das Feld der Logistik wurde lange nicht beachtet, obwohl Magee[227] bereits 1968 den Faktor Zeit als den kritischen Faktor für die Logistik bezeichnet hat. Zeit ist in der Folgezeit zu einem wesentlichen Qualitätsmerkmal von logistischen Dienstleistungen herangereift.[228] Ähnlich wie im Konzept des Zeitwettbewerbs erhebt auch eine leistungsfähige Logistikkonzeption den Anspruch, Lieferzeiten zu verkürzen, die Qualität der Produkte zu verbessern, Kosten zu senken und die Flexibilität zu erhöhen. Für die Logistik als Managementansatz und auch im Konzept des Zeitwettbewerbs erhält die ganzheitliche Prozesskette einen besonderen Stellenwert[229], da diese als Querschnittsfunktion an durchgängigen funktions- und systemübergreifenden Güter- bzw. Informationsflüssen ausgerichtet ist. Diese ganzheitliche Sichtweise ermöglicht Einzeloptimierungen zugunsten von systemweiten Optimierungen bezüglich Qualität, Kosten, Service und kurzer Durchlaufzeit zu ersetzen. Die konsequente Ausrichtung am Kundennutzen führt zu Verbesserungen der Kosten, der Qualität und des Service. „Insbesondere die Zeitoptimierung logistischer Ketten ermöglicht es den

[227] Vgl. Magee (Industrial Logistics, 1968).
[228] Vgl. Pfohl (Modernes Marketing von Transport- und Speditionsunternehmen, 1980), S. 428.
[229] Vgl. Altobelli/ Gaitanides (Prozessorganisation und Logistik, 1999), S. 591 ff.; Wilding/ Newton (Enabling time-based Strategy through Logistics, 1996), S. 32

Unternehmen, schneller und flexibler auf Kundenwünsche zu reagieren und führt damit zu Serviceverbesserungen."[230]

Dabei stehen sich die Konzepte des Zeitwettbewerbs und des Logistikmanagements nicht konkurrierend gegenüber, vielmehr kann deren Beziehung als komplementär angesehen werden. Je nach Blickwinkel kann es zu unterschiedlichen Hierarchisierungsaussagen kommen. In Abhängigkeit vom eigenen Blickwinkel kann die Verwirklichung von logistischen Fließprinzipien im Zeitwettbewerb unterstützen Unternehmensziele zu erreichen. Logistik „dient der Koordination der aktiven und passiven Elemente eines Unternehmens zu den geringsten Zeitkosten zur Verbesserung der Flexibilität und Anpassungsfähigkeit des Unternehmens an die sich ändernden Rahmenbedingungen und den Markt."[231] Das Erzielen von Anpassungsfähigkeit bzw. einer kurzen Time-to-Market wird zwar u.U. durch logistische Innovationen ermöglicht, steht jedoch nicht im direkten Fokus des Logistikmanagement-Ansatzes. Gerade in diesem Bereich hat das Konzept des Zeitwettbewerbs seine Wirkung entfaltet, die auch im Logistikdienstleistungssektor spürbar ist (vgl. Kapitel 4.3.2).

Mit der hier angestrebten Zusammenführung der Konzepte des Zeitwettbewerbs und der Logistik können zeitbasierte Wettbewerbsvorteile für den Logistikdienstleistungssektor formuliert werden. **Zeitbasierte Wettbewerbsvorteile** im Logistikdienstleistungssektor lassen sich erzielen durch die auf den Kundennutzen gerichtete Gestaltung und Dimensionierung von Logistikdienstleistungen sowie die Entwicklung von Produkt- und Prozessinnovationen. Diese versetzen den Logistikdienstleister in die Lage, schneller und effizienter als der Wettbewerber zu produzieren und nachhaltig die Existenz des Unternehmens zu sichern. Es genügt nicht, sich auf eine reine Verkürzung der Time-to-Delivery bzw. der Time-to-Market zu konzentrieren, vielmehr gilt es ein Leitbild zu formulieren, dass durch die Befriedigung zeitbezogener Bedürfnisse die Maximierung des Kundennutzens in den Vordergrund stellt. Eine genauere Betrachtung des Faktors Zeit im Logistikmarkt leistet hier einen ersten, wichtigen Beitrag.

Die Bedeutung der strategischen Aspekte des Zeitwettbewerbs (vgl. Kapitel 4) ist dabei ebenso von Interesse wie die Marktabschätzung eines exemplarischen Logistikdienstleistungsmarktes, in dem dem Faktor Zeit eine besondere Bedeutung zukommt (vgl. Kapitel 5). Das Konzept des Zeitwettbewerbs dient dabei als Ansatz wie sich Logistikdienstleister am Markt gegenüber den Kunden und den Wettbewerbern mit schnellen und innovativen Produkten und Prozessen erfolgreich am Markt profilieren können. Der in

[230] Vgl. Lasch (Gestaltung von Logistikprozessen, 1998), S. 72.
[231] Kortschak (Logistik, 1983), S. 63; Kortschak (Vorsprung, 1992), S. 61.

Abbildung 3-18 dargestellte Bezugsrahmen soll als Erweiterung von Abbildung 3-13 das Zusammenwirken der Konzeption des Zeitwettbewerbs mit den in diesem Zusammenhang wichtigen Verständnisgrundlagen der Logistik und damit den Betrachtungsschwerpunkt der Arbeit verdeutlichen.

Abbildung 3-18: Konzeptioneller Bezugsrahmen: Zeitwettbewerb und Logistik

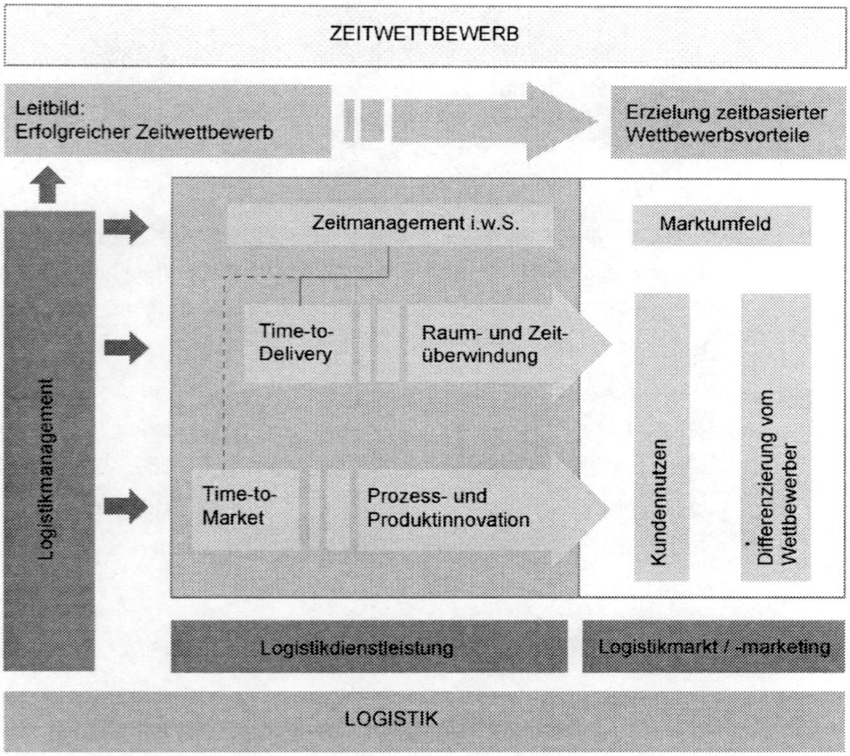

Quelle: Eigene Darstellung

Die erarbeiteten konzeptionellen Grundlagen für den weiteren Verlauf und für die Struktur der Arbeit umfassen:

- die Time-to-Delivery-Komponente zur Beschreibung der Durchlaufzeit in Stückgutnetzwerken als ein Bestandteil des Zeitmanagements,
- die Time-to-Market-Komponente zur Einführung von Prozess- und Produktinnovationen in nationalen Stückgutnetzwerken als weiteren Bestandteil des Zeitmanagements,
- die zeitbezogenen Kundenbedürfnisse als ein Bestandteil des Marktumfelds sowie
- die zeitliche Differenzierung vom Wettbewerber zur Erzielung von Wettbewerbsvorteilen als weiteren Bestandteil des Marktumfelds.
- Anhand dieser Struktur soll die Bedeutung des Zeitwettbewerbs im Zeitmanagement und Marktumfeld für nationale Stückgutdienstleister im Folgenden (vgl. Abbildung 4-1) aufgezeigt werden. Im weiterführenden Kapitel 5 erfolgt eine weitere Eingrenzung auf zeitdefinierte Stückgutleistungen. Mit dem Schwerpunkt auf die unter Time-to-Delivery Gesichtspunkten interessanten zeitdefinierten Leistungsangebote sollen hier die Möglichkeiten der Differenzierung und Ertragssteigerung beleuchtet werden. Zeitdefinierte Stückgutleistungen können als Premiumleistung angesehen werden und verdienen als Zukunfts- und Wachstumssegment besondere Beachtung.[232]

[232] Vgl. Engelsleben/ von Wichert/ Zimmermann (Pricing-Chancen für Speditionen, 2004), S. 4.

4 DIE BEDEUTUNG DES ZEITWETTBEWERBS FÜR NATIONALE STÜCKGUTDIENSTLEISTER

Nach der Erarbeitung des konzeptionellen Bezugsrahmens der Arbeit im vorangegangenen Kapitel soll im vierten Kapitel und den folgenden Kapiteln der nationale Stückgutmarkt genauer beleuchtet werden. Aus der Vielschichtigkeit bei der Begriffsverwendung des Zeitwettbewerbs und der Logistik ist die Frage nach der Bedeutung der Komponenten des Zeitwettbewerbs (Time-to-Delivery, Time-to-Market) in einem klar umrissenen Marktsegment verbunden. Dabei gilt es sich mögliche Erfolgswirkungen – durch bewussten oder unbewussten Zeitwettbewerb in diesem Marktsegment – zu vergegenwärtigen und die aktuelle Umgebung anhand von Marktdaten zu beleuchten.

Zunächst soll neben einer einleitenden Darstellung der aktuellen Herausforderungen auf die Charakterisierung des Stückgutmarktes eingegangen werden (Kapitel 4.1). Im Anschluss wird das Marktumfeld, das sowohl einen Blick auf Konkurrenzsituation als auch auf die Kundenerwartung und Kundenanforderungen in diesem Marktsegment (Kapitel 4.2) beinhaltet, diskutiert. Als Bestandteil des konzeptionellen Bezugsrahmens soll daneben auf die Bedeutung des Zeitmanagements[233] für nationale Stückgutdienstleister näher eingegangen werden (Kapitel 4.3), bei der Aspekte der Time-to-Market- und der Time-to-Delivery-Komponente zur Geltung kommen. Der Aufbau der Ausführungen wird auch in Abbildung 4-1 verdeutlicht:

[233] Hierunter soll im folgenden lediglich Zeitmanagement i.w.S. verstanden werden, siehe Ausführungen in 3.1.2.

Abbildung 4-1: Anwendung des konzeptionellen Bezugsrahmens im nationalen Stückgutmarkt

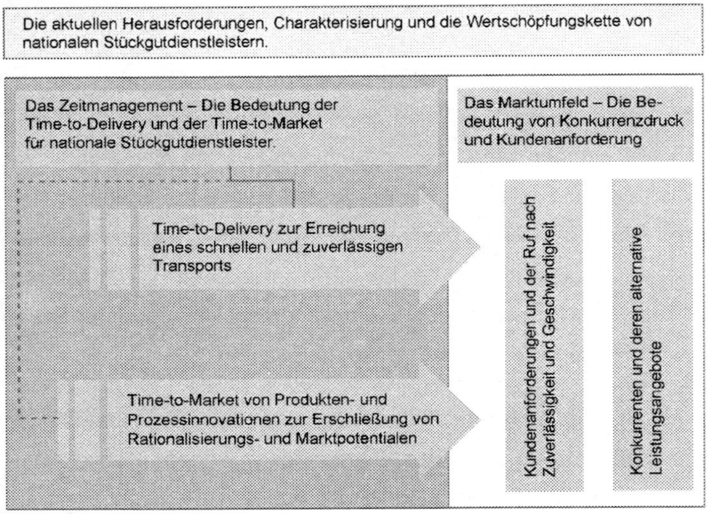

Quelle: Eigene Darstellung

Ziel ist es dabei, ein grundsätzliches Verständnis des nationalen Stückgutmarktes zu gewinnen und die Relevanz des Zeitwettbewerbs an diesem exemplarischen Logistikdienstleistungsmarkt zu unterstreichen. Zum Abschluss des vierten Kapitels werden die Erkenntnisse als Grundlage für die empirische Betrachtung im fünften Kapitel verdichtet dargestellt (Kapitel 4.4).

4.1 Die aktuellen Herausforderungen, Charakterisierung und die Wertschöpfungskette von nationalen Stückgutleistungen

Bevor auf die Bedeutung des Zeitwettbewerbs und des Zeitmanagements im Marktumfeld nationaler Stückgutverkehre eingegangen werden soll, sollen einleitend die Gegebenheiten des nationalen Stückgutmarktes dargelegt werden. Neben den Herausforderungen (vgl. Kapitel 4.1.1) soll auf Charakteristika des nationalen Stückgutmarktes (vgl. Kapitel 4.1.2) eingegangen werden und die grundsätzlichen Elemente der Wertschöpfungskette beim Stückgutumschlag (vgl. Kapitel 4.1.3) erläutert werden. Die Wertschöpfungskette besteht dabei aus mehreren Abwicklungsstufen. In der ersten Stufe – dem Vorlauf – werden die räumlich nahe zusammenliegenden Güter abgeholt und zu einem regionalen Umschlagszentrum (Versanddepot) gebracht. Nach einer empfangsbezogenen Konsolidierung werden die Sendungen auf längere Hauptläufe verteilt. Die Hauptläufe enden in einem Umschlagszentrum (Empfangsdepot), das die Basis für die Zustellungsfahrten – dem Nachlauf – der Transportgüter an die jeweiligen Empfänger darstellt. Durch die Erläuterung der engen Verzahnung und des engen Zusammenspiels der beteiligten Transportakteure sowie der steigenden Kundenanforderungen und des dynamisches Wettbewerbsumfelds werden die spätere Einordnung und das Verständnis erleichtert.

4.1.1 Aktuelle Herausforderungen für nationale Stückgutdienstleister

Die Treiber zum Trend der Beschleunigung[234] (Globalisierung, Wandlung von Verkäufermärkten zu Käufermärkten, Fragmentierung der Nachfrage, Kontraktion der Markt- und Produktlebenszyklen) haben erkennbare Auswirkungen auf den nationalen Stückmarkt. Neben diesen globalen Trends stehen Stückgutdienstleister

- anhaltenden Outsourcingbestrebungen der Industrie- und Handelsunternehmen an Logistikdienstleistungsunternehmen,
- dem Trend vermehrt kleinstückiger, eilbedürftiger Sendungen,
- einem anhaltend hohen Effizienz- und Effektivitätsdruck bei der eigenen Leistungserstellung,
- einer angespannten Kosten- und Ertragslage,
- einem weiterhin preisintensiven Wettbewerb im Stückgutmarkt und den damit verbundenen Bereinigungs- und Konzentrationstendenzen sowie
- einer Notwendigkeit zu europäischen Netzwerken und IT-Strukturen

gegenüber. Durch die **Bestrebungen der Industrie- und Handelsunternehmen,** ihre internen und unternehmensübergreifenden Prozesse bestandsarm sowie reibungslos zu organisieren und an Dienstleister auszulagern, sind die Anforderungen an Logistikdienstleister stetig gewachsen. Mit dem Outsourcing ist in meisten Fällen eine Verringerung der Fertigungstiefe von Industrieunternehmen verbunden. Der verringerte Anteil der Eigenproduktion muss durch eine erhöhte Zukaufsmenge an Bauteilen und Komponenten von Lieferanten ausgeglichen werden. Im Zuge dessen wachsen das

[234] Vgl. Ausführungen in Kapitel 1.

Güteraufkommen und die Anforderungen an die zeitliche Präzision bei der Zusteuerung dieser Komponenten[235] und wirken auf die Struktur der Transportgüter. Dabei ist die Neigung großer Verlader zu beobachten, ihre Auftragspakete nach Möglichkeit bei einem einzigen oder nur wenigen Anbietern zu bündeln, was eine Marktkonzentration auf Dienstleisterseite nach zieht.

Der bestehende Kostendruck auf den Märkten der Verlader wird über verstärkten Preisdruck an die Logistikdienstleistungsunternehmen weitergegeben und der Aufgabenumfang erweitert. Die Erweiterung des Aufgabenumfangs wurde auch durch die stetige Verringerung der Anzahl der beauftragten Logistikdienstleistungsunternehmen notwendig. Es ist zu beobachten, dass das Leistungsspektrum logistischer Dienstleistungen kontinuierlich gewachsen, während das Preisniveau weitestgehend konstant geblieben ist.[236] Grundsätzlich kann von einem anhaltenden Wachstum im Markt für logistische Leistungen ausgegangen werden, der sich sowohl in der Tiefe als auch in der Breite vollzieht. Das Wachstum erklärt sich jedoch nicht in einem wachsenden Markt an sich, vielmehr werden im Hinblick auf Outsourcingbestrebungen des Handels und der Industrie zusätzliche Anforderungen gestellt bzw. die Übernahme zusätzlicher Funktionen gefordert. Es kann von einer Verlagerung von der Industrie in die Dienstleistungsbranche gesprochen werden, die auch künftig hohe Zuwachsraten aufweisen wird. Dem folgend kann konstatiert werden, dass die Umsätze und Beschäftigtenzahlen der Logistikdienstleister zwar wachsen, aber zu Lasten der verladerseitigen Logistikaktivitäten[237], die sich vermehrt als Kunden und weniger als Erzeuger logistischer Leistungen verstehen. Verladende Unternehmen bestimmen dabei als Auftraggeber die zeitliche Taktung und die Güterstruktur der zu transportierenden Sendungen.

Immer heterogenere Transportobjekte sind in **kleineren Mengen mit höheren Frequenzen** über europaweite Netzwerke zwischen einer großen Zahl an Versand- und Empfangsorten schnell und zuverlässig zu befördern. Während früher aufgrund großer Lagerbestände überwiegend Nachschublieferungen im Gewichtsbereich von Ladungs- und größeren Stückguttransporten durchgeführt wurden, so sind heute Pufferbestände in den Lagern kleiner geworden. Dies führt zu einer stetigen Nachbestellung kleinerer Mengen, was erhöhte Sendungsfrequenzen bei reduziertem Einzelsendungsvolumen verursacht.[238]

---

[235] Wlcék (Güterverkehrsnetzen, 1998), S. 17.
[236] Vgl. Fuhrmann/ Filz (Marktgerechte Logistikdienstleistungen, 1990), S. 74.
[237] Vgl. Klaus (Marktforschung für die Logistik, 2004), S. 31.
[238] Vgl. Vastag/ Heinrichmeyer (Servicequalität, 2002), S. 51.

Ohne umfassende und stetige Rationalisierungsmaßnahmen in Richtung schlanker Prozesse, papierloser Administration und EDV-gestützter Disposition wäre das heutige Preis-Leistungsverhältnis nicht denkbar.[239] **Anhaltend hohe Effizienz und Effektivität** im Vergleich zur Konkurrenz sowie im Vergleich zur Eigenerstellung auf Verladerseite, ist auch in Zukunft unabdingbar. Gerade gegenüber der Eigenleistung durch Verlader erlauben Know-how Vorteile bei der effizienten Leistungserstellung, Größenvorteile (economies of scale) durch verbesserte Bündelungsmöglichkeiten und Dichtevorteile[240] (economies of density) bei der Auslastung von Umschlagseinrichtungen geringere Stückkosten. Verstärkt durch ein tendenziell niedrigeres Lohnniveau im Logistikdienstleistungssektor begünstigen diese Faktoren in der Regel die Outsourcingentscheidung von Industrie- und Handelsunternehmen.

Die Ausschöpfung von Kostensenkungs- und Rationalisierungspotenzialen hat daneben ihre Ursache in einer **angespannten Kosten- und Ertragslage**. Der Betrieb von Stückgutnetzen im Sinne einer Flächendeckung und täglichen Bedienung ist mit einem hohen Anteil an Fixkosten für das Depot- und Liniennetz verbunden. Entsprechend sind die Grenzkosten für den zusätzlichen Kunden relativ gering. Daraus ergibt sich, dass der wirtschaftliche Erfolg in extrem hohem Maß von der durchschnittlich erzielten Auslastung abhängig ist. Ein hoher Auslastungsgrad ist ebenso im Interesse der Netzwerkbetreiber wie die Erschließung von Optimierungspotenzialen und die Realisierung von economies of scale.

Während Kosteneinsparungspotenziale beim Transport und Umschlag weitestgehend ausgeschöpft sind, sind durch neue Informationstechnologien bei der administrativen Abwicklung noch Einsparungsmöglichkeiten[241] zu realisieren, die auch dem Service im Sinne einer schnellen Informationsverfügbarkeit und dem internen Controlling zugute kommen. Stückgutdienstleister, die das kritische Netzauslastungsvolumen überschreiten, erwirtschaften Umsatzrenditen von rund 3 Prozent. Andere Konzerne und Partner größerer Kooperationen arbeiten nicht profitabel.[242] Aktuell hat sich die Ertragslage am nationalen Stückgutmarkt leicht entspannt, auch wenn mit der Einführung der entfernungsabhängigen Autobahnnutzungsgebühr im Jahr 2005 neue Belastungen wirksam werden. Durch die LKW-Maut wird vermutlich eine Bereinigung des bestehenden Transportüberangebotes bewirkt, von der gut ausgelastete Stückgutdienstleister jedoch nur eingeschränkt betroffen sind. So wird die voranschreitende Marktkonzentration weiter anhalten und eine Laderaumverknappung ist absehbar.

---

[239] Vgl. Schmidt (Stückgutmarkt wächst, DVZ vom 26.8.2004), S. 3.
[240] Vgl. Bretzke (Vom Make zum Buy?, 2004), S. 30.
[241] Vgl. Tripp (Stückgutkooperationen, 2003), S. 15.
[242] Vgl. Tripp (Stückgutkooperationen, 2003), S. 18.

Die Notwendigkeit Kostenvorteile im Vergleich zur Eigenerstellung des Verladers zu erzielen ist ein Kriterium, funktionierende Prozesse und IT-Systeme ist das andere ausschlaggebende Argument, damit Stückgutdienstleister mit dem Warenumschlag und -transport beauftragt werden. Notwendige Investitionen in Prozesse und IT-Systeme sind für die traditionellen Mittelstandsbetriebe kaum noch zu leisten. Verstärkt durch neue Kreditvergabe-Richtlinien und einen anhaltend **intensiven Preiswettbewerb** in diesem Logistikmarktsegment haben sich leistungsfähige Logistiknetzwerke herausgebildet, die in der Lage sind, logistische Gesamtpakete anzubieten. Umfassende Leistungspakete sind nur durch Konzerne bzw. leistungsfähige Zusammenschlüsse realistisch, die sich in einer spürbaren **Marktkonzentration** auf wenige, große Dienstleister bzw. Stückgutkooperationen widerspiegeln. Der Einsatz moderner Technologien ist mit hohen Investitionen verbunden, die oft nur noch von finanzstarken Konzernstrukturen aufgebracht werden können. Internationale Logistikkonzerne gewinnen an Marktmacht, mittelständische Speditionen oder Kooperationen und auf Branchenlösungen spezialisierte Transporteure behaupten sich, während traditionell aufgestellte Fuhrunternehmen immer stärker unter Druck geraten.

Logistische Gesamtpakete enden dabei nicht mehr an den nationalen Grenzen, sondern müssen auch der **europäischen Ausrichtung** der Industrie- und Handelsunternehmen folgen. Zur Wettbewerbsfähigkeit gehört eine flächendeckende und gleichzeitig anpassungsfähige IT-Struktur, die eine Sendungsverfolgung und Kontrolle der Servicequalitäten jederzeit möglich macht. Gerade durch hohe und flächendeckende Qualitätsstandards ist die Möglichkeit zu vermuten, sich der „Billigkonkurrenz“, die auf den Markt drängt, aus den osteuropäischen Beitrittsländern zu erwehren. Auch in diesem Sinne erlaubt eine Differenzierung über die Logistikleistung nicht nur eine Abhebung zwischen verladenden Unternehmen, sondern auch in Abgrenzung zu konkurrierenden Dienstleistungsanbietern.

Trotz dieses dynamischen Marktumfeldes, das speziell den Mittelstand vor schwierige Aufgaben stellt, kann ein anhaltendes Wachstum des Straßengüterverkehrs konstatiert werden. Die hohe Flexibilität der eingesetzten Straßenverkehrsmittel allgemein und der Güterstruktureffekt in Richtung kleinstückiger Sendungen fördern ein moderates Wachstum des nationalen Stückgutmarktes als einer der Kernbereiche im Straßengüterverkehr.[243]

[243] Vgl. Jünemann (Disziplin für die 90er, 1990), S. 38 ff.

4.1.2 Charakterisierung des Marktes für nationale Stückgutdienstleistungen

Neben den geschilderten aktuellen Herausforderungen beeinflussen auch die Marktgegebenheiten die Markt- und Wettbewerbsperspektive nationaler Stückgutdienstleister. Die Charakterisierung umfasst dabei eine klare Abgrenzung gegenüber anderen Teilmärkten, aussagekräftige Kennzahlen des nationalen Stückgutmarktes sowie eine konzentrierte Branchenstruktur mit den geschilderten Auswirkungen auf die Kosten und Ertragssituation.

4.1.2.1 Abgrenzung, Merkmale und Sendungsbegriff des nationalen Stückmarktes

Der Stückgutmarkt wird in der Regel an der Gewichtsgrenze je Sendung zwischen 31,5 kg und 2.500 kg festgemacht. Die untere Gewichtsgrenze hat ihren Ursprung in Amerika, wo 70 Pfund (dies entspricht 31,5 kg) als Gewichtsgrenze gilt, bei der das Packstück noch durch eine Person handtierbar ist[244], der Gewichtsbereich unterhalb dieser Grenze wird als KEP-Markt bezeichnet. Oberhalb von 2.500 kg beginnt das Segment der Teilladungsverkehre.[245]

Im Vergleich zum Paketgeschäft im KEP-Markt sind die zu transportierenden Güter im Stückgutmarkt sehr heterogen. Es werden Kisten, Kartons und Paletten ebenso als Sendung transportiert und umgeschlagen wie (Teppich-)Rollen oder auch Fässer. Aufgrund dieser Heterogenität ist die Einsatzmöglichkeit von maschinellen Sortieranlagen eingeschränkt. Eine Stückgutsendung kann dabei aus mehreren Packstücken bestehen, die am gleichen Tag von einem Versender an einen Empfänger versendet werden. Für diese Sendung existiert i.d.R. eine Lieferschein- bzw. Auftragsnummer, anhand der sich der Sendungsverlauf ggf. rückverfolgen lässt. Charakteristisch für den Stückguttransport[246] ist

- der Transport von heterogenen Gütern innerhalb einer festgelegten Gewichtsgrenze von 31,5 bis 2.500 kg,
- die Transportumschlag und Feinverteilung über regionalen Sammel- bzw. Verteildepots sowie
- flächige, zeitlich getaktete Fernverkehre, die ggf. die über ein zusätzliches Hub die Verbindung der Sammel- und Verteildepots sicherstellen.

---

[244] Vgl. Mosler (Expreß Mikado, 1987), S. 43.

[245] Das Segment der Teilladungsverkehre zählt zu den Ladungsverkehren. Hier wird die Sendung i.d.R. nicht umgeschlagen und das Fahrzeug nicht vollständig ausgelastet. Im Gegensatz zum Stückgut erfolgt die Abholung vom Versender (bzw. Zustellung beim Empfänger) nicht mit dem Haupttransportmittel. Das Haupttransportmittel kommt zwischen zwei weit voneinander entfernten Umschlagpunkten zum Einsatz. Entfallen Umlade- bzw. Umschlagstätigkeiten, so spricht man vom ungebrochenen Verkehr. Im Gegensatz dazu ist beim Stückgutverkehr von einem gebrochenen Verkehr die Rede.

[246] Siehe auch Ausführungen in Kapitel 4.1.3

4.1.2.2 Kennzahlen, Marktvolumen und Branchenstruktur

Dieser Sendungsbegriff wird auch zugrunde gelegt, wenn man das Sendungsvolumen des nationalen Stückmarktes vermisst. Folgt man der Marktschätzung von Klaus im Rahmen der TOP 100[247], so wurden im Jahr 2002 ca. 104 Mio. Sendungen transportiert. Das durchschnittliche Sendungsgewicht wird mit rund 230 kg angegeben. Das Gesamtmarktvolumen belief sich im Jahr 2002 auf rund fünf Mrd. Euro. Rund vier Mrd. Euro werden durch Stückgutdienstleister abgewickelt, hinzu kommt ein geschätztes Outsourcingvolumen, dass im Moment noch durch Werksverkehrsabwicklungen der Industrie und des Handels erbracht wird.[248] In Anknüpfung daran kann der durchschnittliche Erlös je Sendung mit rund 48 Euro angegeben werden. Die Abbildung 4-2 fasst wesentliche Kennzahlen des Teilmarktes zusammen.

Abbildung 4-2: Wesentliche Kennziffern zum nationalen Stückgutmarkt (Basis 2002)

Transportgüter:	individuell, etikettierte Trocken- und Stapelgüter
Sendungsgewichtsbereich:	zwischen 31,5 und 2.500 kg
Gesamtmarktvolumen:	5 Mrd. Euro, davon 4 Mrd. Euro outgesourct an Dienstleister
Gesamtmarktanteil:	5 Mrd. Euro von 150 Mrd. Euro entsprechend 3,3 Prozent
Outsourcing-Anteil:	80 Prozent
Sendungsanzahl:	104 Mio. Sendungen pro Jahr
Durchschnittserlös pro Sendung:	48 Euro
Durchschnittserlös pro Tonne:	210 Euro
Durchschnittssendungsgewicht:	230 kg

Quelle: Eigene Darstellung, in Anlehnung an Klaus (TOP 100, 2003), S. 103 bzw. Tripp (Stückgutkooperationen, 2003), S. 13

Nicht enthalten sind bei der Zuordnung in dieses Marktsegment Stückgutsendungen, die in separaten, in sich geschlossenen Systemen der Konsumgüterindustrie bzw. der industriellen Produktion befördert werden. Diese Sendungen sind per Definition anderen Teilmärkten zugeordnet. Betrachtet man nur den Marktanteil von 4 Mrd. Euro, der ausschließlich durch Dienstleister erbracht wird, so ergibt sich folgende grundsätzliche Branchenstruktur (vgl. Abbildung 4-3 sowie Anhang 1). Im Stückgutmarkt stehen sich im Wesentlichen Konzerne und Stückgutkooperationen gegenüber. Bei Konzernen handelt es sich um zentral

[247] Vgl. Klaus (TOP 100, 2003), S. 103.
[248] Vgl. Klaus (TOP 100, 2003), S. 102.

gesteuerte Unternehmenseinheiten wie Schenker oder auch DHL Freight, im Gegensatz dazu setzen sich Stückgutkooperationen wie IDS oder System Alliance aus mittelständischen Unternehmen, die für ein regionales Verteilgebiet zuständig sind, zusammen. Gerade mittelständische Unternehmen haben nur noch Marktchancen, wenn die regionalgeprägten Netze zu nationalen bzw. europäischen Netzen zusammengeführt werden können. Mittelstandskooperationen verfügen i.d.R. über eine vergleichsweise starke regionale Marktposition und eine hohe Mitarbeiter-Loyalität. Ungeachtet dessen gewinnen nationale und internationale Konzerne stetig an Marktmacht, da diese anscheinend besser in der Lage sind, erforderliche Investitionen in Netzwerke, IT und Anlagen vorzunehmen und große Sendungspakete der Verlader zu akquirieren.[249]

Abbildung 4-3: Marktanteile nach Umsatz im nationalen Stückgutmarkt – unterschieden nach Kooperationen, Konzernen und Sonstigen

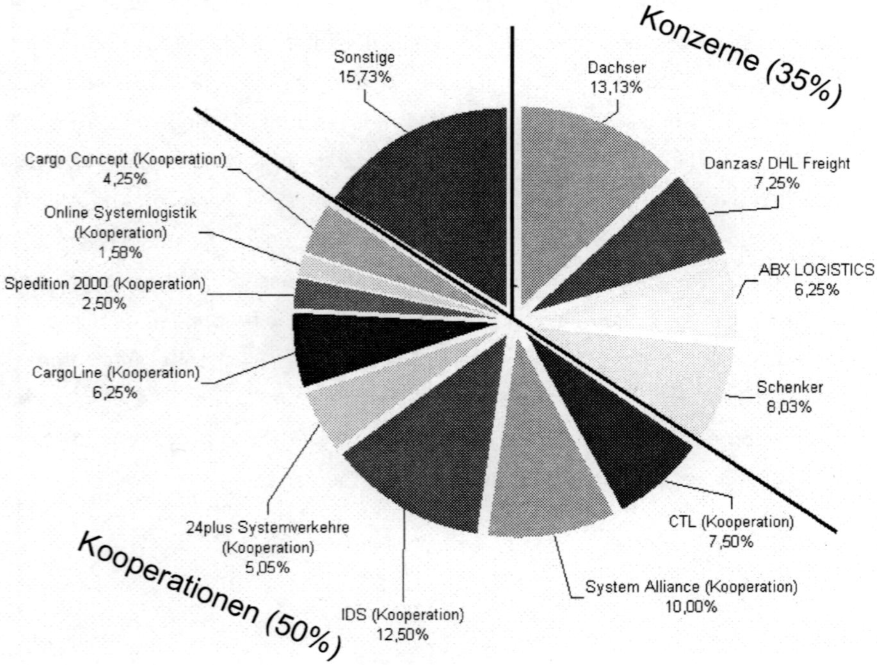

Quelle: Eigene Darstellung, in Anlehnung an Klaus (TOP 100, 2003), S. 105

Nach dieser Aufstellung der TOP 100 wurden im Jahr 2002 rund 50 Prozent des Marktvolumens von Mittelstandskooperationen erbracht, knapp 35 Prozent entfielen auf

249 Vgl. Bundesamt für Güterverkehr (Strukturwandel im Güterverkehr, 2005), S. 14.

Konzerne, zu denen aufgrund ihrer Struktur und Steuerung auch die eigenständige Dachser GmbH & Co. KG. gezählt werden kann. Der verbleibende Rest von etwas mehr als 15 Prozent setzt sich zusammen aus unabhängigen Dienstleistern (z.B. Emons, u.a.) und kleinen Stückgutanbietern, die keinen flächendeckenden Service anbieten und nur regional operieren. Das Marktsegment ist stark mittelstandsgeprägt. Neben den großen Konzernen und Kooperationsverbünden existiert eine Vielzahl an kleineren und mittleren Speditionsbetrieben mit vergleichsweise geringen Umsätzen und meist nur von regionaler Bedeutung.

Diese umsatzmäßige Aufteilung in Abbildung 4-3 der nationalen Stückgutanbieter zeigt, dass rund 3/5 des Marktumsatzes von den zehn führenden Dienstleistern und Kooperationsverbünden erbracht wird. Demnach kann von einem hohen Konzentrationsgrad innerhalb der Branche gesprochen werden. Aufgrund der Konzentrationstendenzen und der hohen Marktdynamik sind vor allem die Konstellationen der Stückgutkooperationen in Bewegung geraten. Partner wechseln den Kooperationsverbund oder werden von ausländischen Dienstleistern bzw. Investoren aufgekauft. Nicht jede Veränderung der Kooperationsverbünde wird hier im Detail wiedergegeben. Entscheidend ist, dass Kooperationen oder Konzerne in der Lage sein müssen, über Partner und Verbünde eine flächendeckende und zuverlässige – also konkurrenzfähige - Stückgutleistung anzubieten. Durch weiterhin aktuelle Fusionen, Kooperationen, strategische Allianzen und Akquisitionen wird versucht, Logistik- und Dienstleistungspakete in einem fragmentierten Markt zu gewinnen, um fixkostenintensive Netzstrukturen besser auszulasten und die Wettbewerbsposition zu sichern. Nutznießer dieser Fusionsbestrebungen sind in erster Linie die Kunden, die durch eine verbesserte Netzdichte, bessere Flächendeckung, Verringerung der Durchlaufzeiten und eine verbesserte IT-Vernetzung profitieren. Wie eine hochwertige Leistungserfüllung und Leistungskontrolle sichergestellt wird, wird anschließend anhand der der Wertschöpfungskette für nationale Stückgutleistungen erläutert.

4.1.3 Die Wertschöpfungskette für nationale Stückgutleistungen

Nachdem auf die Herausforderungen und Marktbedingungen eingegangen worden ist, gilt es sich mit der grundsätzlichen Wertschöpfungskette bei der Leistungserbringung nationaler Stückgutleistungen vertraut zu machen. Die Wertschöpfungskette der Stückgutproduktion setzt sich aus fünf wesentlichen Teilprozessen zusammen:

- Vorlauf (Abholtour der Stückgutsendung im Nahverkehr)
- Sortieren Warenausgang (Konsolidierung von Stückgutsendungen zu einer Sammelsendung)
- Hauptlauf (gebündelter Fernverkehr zwischen zwei Depots, ggf. unterbrochen durch einen zwischengeschalteten Hub-Umschlag
- Sortieren Wareneingang (De-Konsolidierung zu einer Stückgutsendung)
- Nachlauf (Ausliefer- bzw. Zustelltour der Stückgutsendung im Nahverkehr)

Parallel dazu werden Sendungsinformationen übermittelt. Die Abbildung 4-4 veranschaulicht die fünf wesentliche Teilprozesse.

Abbildung 4-4: Struktur eines viergliedrigen Stückgutverkehrssystems

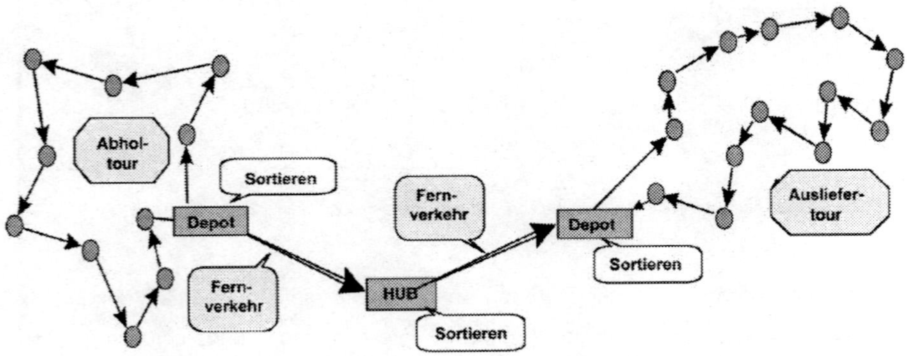

Quelle: o.V. (Danzas Lotse, 2002), S. 21

Organisatorisch sind beim physischen Transport einer Stückgutsendung drei räumlich getrennte Einheiten beteiligt. Ein Versanddepot mit Umschlaghalle, von dem aus Abholtouren im Einzugsgebiet des Depots durchgeführt werden, ein Hub-Standort und ein Empfangsdepot mit Umschlaghalle, von dem aus die Zustelltour in das Einzugsgebiet durchgeführt wird. Daneben müssen administrative Tätigkeiten wie die Auftragserfassung und Disposition erfolgen. Die Kosten eines Stückgutnetzwerkes setzen sich im Wesentlichen zusammen aus Nahverkehrskosten, Kosten für die Fernverkehrsabwicklung, Umschlagskosten und Kosten für die administrative Auftragsabwicklung.[250] Die Nahverkehrsproduktivität wird häufig mit der Kennzahl Kosten je Stopp je Fahrzeugklasse gemessen, im Fernverkehr bestimmt der Auslastungsgrad des Fahrzeugs die Produktivität. Beim Umschlag sind die eingesetzten Personalressourcen entscheidend und bei der Auftragsabwicklung ist die Anzahl der elektronisch übermittelten Aufträge aussagekräftig.[251] Gerade im Nahverkehr kommen fast ausschließlich Subunternehmer zum Einsatz, bei denen der Steuerung und Leistungsvergleiche über Kennzahlen eine wichtige Bedeutung zukommt. Die Prozessstruktur und zeitliche Taktung stellt sich wie folgt (vgl. Abbildung 4-5) dar:

Abbildung 4-5: Grundlegende Prozessstruktur bei Stückgutleistungen mit charakteristischen Zeitfenstern

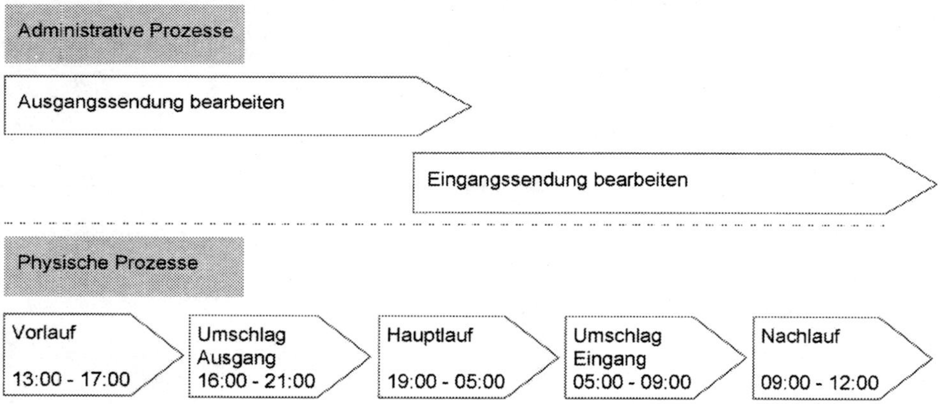

Quelle: Eigene Darstellung, in Anlehnung an Hartmann/ Lohre (Prozesskostenrechung, 2004), S. 191

Während der Auftragsbearbeitung werden Sendungsinformationen erfasst, dokumentiert und übertragen. Durch die enge zeitliche Verzahnung und Nutzung moderner Informationstechnologien war es in den letzten Jahren möglich, die benötige Zeit für physische und administrative Prozesse zu verkürzen bzw. die zur Verfügung stehende Zeit intensiver zu nutzen.

Im gebrochenen Stückgutverkehr wird die Zielsetzung verfolgt, für möglichst lange Strecken möglichst viele Sendungen in einem Fahrzeug zu transportieren und die Transporteinheiten

[250] Vgl. Hartmann/ Lohre (Prozesskostenrechung, 2004), S. 195 ff.
[251] Vgl. Lenz (Kennzahlengestütztes Controlling, 2004), S. 167 f.

erst so spät wie möglich in kundenindividuelle Einzelsendungen aufzubrechen. Stückgutnetzwerke sind offene Netzwerke, d.h. es können jederzeit zusätzliche, heterogene Sendungen in das Netzwerk „eingespeist" werden. Der Schlüssel bei der Stückgutleistung liegt in der Entindividualisierung der Sendung im Sinne einer systematischen Konsolidierung von Einzelsendungen zu gebündelten Sammelgutsendungen. Erreichen diese gebündelten Sammelgutsendungen eine kritische Größe, die darin besteht, dass ein hinreichender Auslastungsgrad erreicht wird, so werden zwei Depots über einen Direktverkehr miteinander verbunden. Bei 30 nationalen Depots würden auf diesem Wege 30 x 30 = 900 Relationsverbindungen nötig, um eine Flächendeckung zu erreichen.

Aufgrund der Tatsache, dass es kaum realistisch ist, dass alle dieser 900 Relationen hinreichend ausgelastet sind[252], betreiben Netzwerkanbieter wie Paket- und Stückgutdienstleister häufig ein zentral gelegenes Umschlagszentrum (Hub).[253] Über das Hub sind alle Depots durch nur noch 30 Relationsverbindungen miteinander verbunden, ohne dass unwirtschaftliche Direktverkehre nötig sind. Voraussetzung für einen Hubbetrieb sind zeitlich eng getaktete Verkehre. In einem Zeitfenster von maximal zwei Stunden findet die Entladung, Umsortierung und Verladung aller das Hub berührender Sendungen statt. Auch wenn durch das Hub längere und zusätzliche Wegstrecken entstehen, so zahlt sich ein Hubsystem dahingehend aus, dass die verbleibenden Relationsverbindungen besser ausgelastet und flexibler abgestimmt werden können.[254] Im Grundsatz arbeitet ein Netzwerk umso wirtschaftlicher, je geringer der Hub-Anteil – bei gleichzeitiger Vollauslastung – der Direktverkehre ist.

Nach diesen notwendigen Vorbemerkungen soll anhand des konzeptionellen Bezugsrahmens das Marktumfeld und das Zeitmanagement für nationale Stückgutdienstleister genauer betrachtet werden.

---

[252] Vgl. Melzer (Kosten optimieren, 1992), S. 224.
[253] Siehe auch die Ausführungen in 4.3.2.1, in denen das Hub&Spoke-System als Prozessinnovation beschrieben wird.
[254] Vgl. Klaus (Nabe-Speiche Konzept, 2005), S. 241.

4.2 Das Marktumfeld – Bedeutung von Konkurrenzdruck und steigenden Kundenanforderungen

Wie aus den Erkenntnissen des dritten Kapitels hervorgeht, umfasst das Konzept des Zeitwettbewerbs das Marktumfeld sowie die Komponenten das Zeitmanagement i.w.S. Die Relevanz des Faktors Zeit für das Marktumfeld im nationalen Stückgutmarkt soll nachfolgend erläutert werden. Bezugnehmend darauf muss zum einen den Kundenanforderungen und zum anderen der Konkurrenzsituation außerhalb der Stückgutbranche Beachtung geschenkt werden. Die Kunden verlangen nach zuverlässigen Zustellzeiten und die Konkurrenten versuchen durch günstigere Preise und/ oder bessere Leistungserfüllung Wettbewerbsvorteile zu erzielen.

4.2.1 Kundenanforderungen und der Ruf nach Zuverlässigkeit und Geschwindigkeit

In den modernen Stückgutnetzen ist von einer 24-Stunden-Regellaufzeit auszugehen. „Unter Regellaufzeiten sind auf Erfahrungswerten beruhende Aussagen über die Dauer des Transportprozesses zu verstehen.“[255] Dabei konnte die Laufzeiterfüllung dieser Regellaufzeit von anfangs 75 Prozent in heutigen Netzwerken auf eine Quote von 95 Prozent verbessert werden. Die Steigerung dieser Quote ist nicht zuletzt in dem Kundenbedürfnis nach Zuverlässigkeit und Geschwindigkeit begründet. Die Ursachen für eine subjektiv hohe Wertschätzung der zeitlichen Leistungserfüllung, die bei der 24-Stunden-Leistung ebenso zur Geltung kommt wie bei zeitdefinierten Stückgutleistungen (vgl. Kapitel 5), sollen nachfolgend erläutert werden.

Den richtigen Belieferungsort vorausgesetzt bekommt der Parameter „vorgegebene Zeit“ eine besondere Bedeutung. Die vorgegebene Zeit muss einen schnellen und zuverlässigen Transport – im Sinne einer Einhaltung der avisierten Ankunftszeit - beinhalten. Diese beiden Zeitaspekte sind damit direkt an das logistische Qualitätsverständnis des Kunden gekoppelt. Folgt man statistischen Erfahrungswerten, so kommt der Zuverlässigkeit eine höhere Bedeutung zu als der reinen Geschwindigkeit oder auch dem Preis des Transports.[256] Dies ist darin begründet, dass Schwankungen der Time-to-Delivery Bestandsaufbau, Kapazitätsleerstände und Umsatzeinbußen zur Folge haben, während bei hoher

[255] Vgl. Wlcék (Güterverkehrsnetzen, 1998), S. 10.
[256] Vgl. stellvertretend Pfohl/ Kleer (Kooperation, 1986), S. 13; Pfohl (Logistiksysteme, 2000), S. 62 ff. und die dort genannten Quellen.

Zuverlässigkeit der Belieferung weitgehend schlupfarm gearbeitet und produziert werden kann.[257]

In Anknüpfung an zeitbezogene Kundenbedürfnisse[258] wie Zeiteinsparung/ Geschwindigkeit, Pünktlichkeit/ Zuverlässigkeit, Aktualität/ Novität und Zeitflexibilität/ Reaktionsschnelligkeit kann die Wertschätzung der Kunden unterschiedlich ausfallen, was sich auch auf die Erbringung der logistischen Dienstleistung auswirkt. Durch die subjektive Wertschätzung und eine damit verbundene unterschiedliche Zeitsensibilität der Kunden können fünf Faktoren angeführt werden, die die Notwendigkeit einer hohen Zuverlässigkeit und eines schnellen Transports – meist innerhalb von 24 Stunden – und der damit verbundenen Standardisierung unterstreichen:

- Wertverlust durch Zeitverzug
- Hohe Bestandskosten/ hohe Kapitalbindung
- Vorgegebene Lieferzeitfenster bei Flächendeckung
- Gefahr des Produktionsausfalls
- Ausgleich von Unregelmäßigkeiten (ad-hoc Notfallverkehre)

Je nach Branche und Kundenanforderung können diese Faktoren unterschiedlich gewichtet werden. Ein Konsumgütertransport ist zwar mit vergleichsweise geringen Bestandskosten verbunden, dennoch werden durch vorgegebene Entladezeiten und die Verderblichkeit der Ware hohe logistische Anforderungen gestellt. Ein schneller, zeitgerechter Transport ist notwendig, wenn durch einen langsameren Transport ein nachweisbarer **Wertverlust der Ware** entsteht. Dies gilt für Frischeartikel, für Presseerzeugnisse oder im Besonderen auch für Elektronikartikel. Der Preis für ein High-Tech-Produkt mit einem Markteinführungspreis von mehreren tausend Euro fällt innerhalb eines Jahres um beispielsweise 20 Prozent.[259] Unter diesem Gesichtspunkt kann es wirtschaftlich durchaus sinnvoll sein, beim Transport dieser Elektronikartikel - in Fernost produziert - der teuren Luftfracht gegenüber dem günstigeren, langsameren Seefrachter den Vorzug zu geben. Ein Preisaufschlag für die Expressbeförderung ist durch den höheren zu erzielenden Absatzpreis gerechtfertigt.

Durch kurze Wiederbeschaffungszeiten können auf Seiten der Kunden Kapitalbindungs- und Lagerraumkosten gesenkt werden. Gerade wertintensive Elektronikartikel verursachen **hohe Lagerbestandskosten.** In einem Marktumfeld mit einer hohen Innovationsrate und einem

[257] Vgl. Ihde (Transport, Verkehr, Logistik, 2001), S. 299.
[258] Vgl. Bitzer (Zeitbasierte Wettbewerbsstrategien, 1991), S. 54 ff.
[259] Vgl. Sussebach/ Willeke (Lohndrücken, DIE ZEIT vom 10.3.2005), S. 16.

erhöhten Absatzrisiko kann durch logistische Zuverlässigkeit und Geschwindigkeit ein Zusatznutzen für den Kunden gestiftet werden. Geringe Lagerbestände gekoppelt mit einer zeitnahen Verfügbarkeit, die durch logistische Dienstleister gewährleistet wird, können höhere Transportaufwendungen rechtfertigen. Ebenso ist es denkbar, dass unter dem Aspekt kurzer Lieferzeiten und geringerer Bestandskosten der kostengünstige Produktionsstandort in Fernost ins Hintertreffen gerät. Nicht zuletzt aus diesem Grunde sehen Verfechter zeitbasierter Strategien im Gewicht kurzer Liefer- und Servicezeiten einen Zugewinn komparativer Standortvorteile für Europa und konstatieren darin ein probates Mittel gegen vermeintliche billige Produktion Fernost.[260]

Auch **vorgegebene Lieferzeitfenster** an Logistikzentren und Werkstoren, die wie in der Automobilindustrie direkt in die Produktionsprozesse angebunden sind, beeinflussen das Bedürfnis nach Zuverlässigkeit und Geschwindigkeit. Durch die enge Verzahnung, zeitliche Taktung und direkte Folgewirkung auf vor- und nachgelagerte Prozesse hat auch hier logistische Zuverlässigkeit einen Wert. In direktem Bezug dazu kann eine verspätete Anlieferung einen Produktionsstillstand bzw. **Produktionsausfall** verursachen. Durch immens hohe Opportunitätskosten kann der Wert der logistischen Zuverlässigkeit nicht hoch genug eingeschätzt werden. Unter diesem Gesichtspunkt ist es nachvollziehbar, dass „one automobile manufacturer [...] charges suppliers a penalty fee of $10.000 per minute for just-in-time deliveries which are late in being delivered directly to the production line"[261], was die Bedeutung der Zuverlässigkeit nochmals unterstreicht.

Daneben können **ad-hoc Notfallverkehre** notwendig werden, um kurzfristig entstandene Fehlmengen auszugleichen, Lieferversprechen einzuhalten und verspätete Produktionsabläufe durch eine beschleunigte Transportabwicklung zu kompensieren. Dabei kann eine garantierte Zustellung bis 8:00 Uhr am Folgetag schon einen Beitrag leisten, um „verlorene" Zeit wieder aufzuholen. Im Extrem sind Sonderprozesse nötig, die nicht zu den Kernkompetenzen der herkömmlichen Logistikanbieter gehören. In diesem Fall kommen Spezialdienstleister zum Einsatz, um extrem kurzfristige und kompetente Hilfestellung zu bieten.[262]

Das Kundenspektrum bei Stückgutleistungen ist heterogen. Stückgutdienstleister bedienen Handelsunternehmen der Konsumgüterindustrie ebenso wie Baubetriebe oder die Automobilindustrie. Stückgutnetzwerke als offene Netzwerke, die eine Vielzahl von Kunden bedienen und heterogene Transportobjekte abwickeln, müssen auch unterschiedlichen

---

[260] Vgl. Bitzer (Zeitbasierte Wettbewerbsstrategien, 1991), S. 174.
[261] Handfield (Time Based Competition, 1995), S. 38.
[262] Vgl. Miller (Nofall-Logistik; DVZ vom 26.4.2005), S. 5.

Zeitsensibilitäten der Kunden gerecht werden. Gerade in Segmenten, in denen mit einer zusätzlichen Zahlungsbereitschaft durch besondere Zeitsensibilität der Kunden zu rechnen ist, sind auch alternative Leistungsanbieter präsent. Diese bieten entweder Dienste, die durch spezielle Zeitanforderungen in einem standardisierten Netzwerk nicht abgebildet werden können oder deren Ressourcen und Infrastruktur besser für den Transport von Sendungen mit speziellen Leistungsanforderungen geeignet sind.

4.2.2 Konkurrenten und deren alternative Leistungsangebote

Ergänzend zur Konkurrenz innerhalb des Stückgutmarktes (vgl. Abbildung 4-3), in dem sich im Wesentlichen Kooperationen und Konzerne gegenüberstehen, stehen alternative Netzwerkbetreiber zur Wahl. Diese stehen insbesondere bei zeitsensiblen Sendungen, aber auch bei Kontraktleistungen im Wettbewerb mit klassischen Stückgutanbietern. Stückgutdienstleister befinden sich im Wettbewerb mit:

- Global operierenden KEP-Diensten
- Spezialisierten Express- und Kurierdiensten
- Geschlossenen Logistiksystemen der Industrie- und Handelsunternehmen

KEP-Dienste (auch „Integrators“ genannt) verfügen über globale, hoch integrierte Netzwerke und sind mit immensen Kapitalressourcen ausgestattet. Die Leistungen beschränken sich dabei nicht auf den klassischen Paketbereich, sondern beinhalten zum Teil auch höhergewichtige Sendungssegmente. Dabei fokussieren sich die KEP-Dienste weniger auf das Stückgutmassengeschäft, sondern richten ihren Vertrieb auf ertragreiche, eilbedürftige Sendungen aus. **Spezialisierte Express- und Kurierdienste** konzentrieren sich nicht nur auf eilbedürftige Sendungen, sondern haben sich mit der Befriedigung spezieller Kunden- und Branchenbedürfnisse am Markt etabliert. Häufig sind Zusatztätigkeiten wie Vormontage oder auch punktgenaue Ersatzteilbelieferung Bestandteil des Leistungsportfolios. Der Kunde kann sich sicher sein, dass seine Sendungen im Vergleich zum Massengeschäft exklusiv versendet werden und dabei häufig besonderen Hygiene- oder Temperaturanforderungen gerecht werden. Daneben existieren in sich **geschlossene Systeme der Industrie- und Handelsunternehmen**. Auf Basis eines ausreichenden Sendungsvolumens sind eigenständige Logistiksysteme entstanden, die auf spezielle Branchen- und Kundenbedürfnisse ausgerichtet sind, die im Rahmen von heterogenen Standardnetzen nicht in ausreichendem Maße abgebildet werden können. In diesem Zusammenhang sind sowohl Gebietsspediteurkonzepte für Beschaffung und Distribution der Automobilindustrie zu nennen als auch Versorgungskonzepte des Handels, bei denen das Handelsunternehmen die Regie über die Versorgung der Outlets und der Märkte übernimmt.

Vergegenwärtigt man sich die Situation einer Verzahnung und Arbeitsteilung der Wirtschaft, der wachsenden Zeitsensibilität der Kunden sowie der Veränderung der Güterstrukturen, so liegt die Vermutung nahe, dass auch Stückgutdienstleister in hohem Maße von dem Bedürfnis nach Zuverlässigkeit und Geschwindigkeit profitieren müssten. Grundvoraussetzung ist die zuverlässige und schnelle Dienstleistung verbunden mit einer zeitnahen Sendungsinformation für den Kunden. Hier wirkt der Ansatz des Zeitmanagements, der gerade im nationalen Stückgutmarkt von Bedeutung ist, was nachfolgend erläutert werden soll.

4.3 Das Zeitmanagement – Bedeutung der Time-to-Delivery und Time-to-Market für nationale Stückgutdienstleister

Zeitmanagement im Stückgutmarkt in dem hier verstandenen weiteren Sinne konzentriert sich auf den ersten Blick auf die Verkürzung und intensive Nutzung der Zeiteinheiten (Time-to-Delivery). Hier wurden in der Vergangenheit durch Standardisierung und Nutzung moderner Informationstechnologie zeitlich messbare Erfolge erzielt. Auf den zweiten, tieferen Blick haben sich in der Vergangenheit auch Möglichkeiten und Wettbewerbsvorteile durch eine durchdachte Time-to-Market-Strategie ergeben. Prozessinnovationen haben die Auftragsabwicklung erleichtert, und durch Produktinnovationen konnten neue Kunden bzw. Marktanteile gewonnen werden. Die beiden Aspekte des Zeitmanagements sind nicht eindeutig zu trennen. Durch den Einsatz von Informationstechnologie konnte sowohl die Time-to-Delivery verkürzt werden (und ein zusätzlicher Kundennutzen geschaffen werden) als auch im Rahmen von Pionierstrategien Standards gesetzt und Wettbewerbsvorteile erzielt werden. Auf diese beiden Aspekte des Zeitmanagements soll im Folgenden eingegangen werden.

4.3.1 Time-to-Delivery zur Erreichung eines schnellen und zuverlässigen Transports

Die notwendige Disziplin bei der Einhaltung der definierten Leistungs- und Qualitätsstandards sowie der vereinbarten Zeitfenster erfordert die konsequente

Aufrechterhaltung der Standardabläufe. Die grundsätzlichen Standardabläufe beim Stückgutumschlag wurden in Kapitel 4.1.3 einleitend vorgestellt. Im Folgenden soll die Wertschöpfungskette unter besonderer Beachtung zeitlicher Aspekte bei der Verwirklichung kurzer Durchlaufzeiten dargestellt werden. Dabei wird unterschieden zwischen der physischen Auftragsabwicklung in industrialisierten Netzen und der administrativen Bearbeitung, bei der der Sendungsverfolgung und vorauseilenden Information eine wichtige Bedeutung zukommt.

4.3.1.1 Industrialisierung und zeitliche Verzahnung der Stückgutnetzwerke

Flächendeckung mit einer hohen Zuverlässigkeit der 24-Stunden-Regellaufzeit setzt eine enge Verzahnung der physischen und administrativen Prozesse voraus. Depots verfügen über die gleichen Abläufe und Methoden, um einen reibungslosen, schnittstellenarmen Ablauf sicherzustellen. Auch durch die Schaffung von Dienstleistungsprodukten mit festen Laufzeiten und Servicestandards kommt die voranschreitende Industrialisierung der Stückgutnetzwerke zum Ausdruck. Die zeitlich strikte Planung und Einhaltung bezieht sich dabei sowohl auf den reinen Transport als auch auf die Umschlagsprozesse. Die zeitliche Taktung der physischen **Transportprozesse** ist Grundvoraussetzung für nationale Netze. So muss z.B. ein LKW aus Süddeutschland, der dort um 17:36 Uhr abgefahren ist, pünktlich um 22:44 Uhr im Hub ankommen, denn die ausgehenden LKWs stehen für die Übernahme der Ware bereit. Diese muss beispielsweise um 06:30 Uhr in der Empfangsniederlassung angeliefert werden. Die dabei zurückgelegte Distanz beträgt u.U. mehr als 900 Kilometer innerhalb einer Nacht. Die minutengenaue Ankunft der Verkehre muss auch bei Stau durch die frühzeitige Wahl von Alternativrouten gewährleistet sein.

Durch Fahrplanverkehre sind zwar die einzelnen Depots über feste Laufzeiten miteinander verbunden, gleichzeitig stellen die fest vorgegebenen Abfahrtzeiten eine Belastung für den Auslastungsfaktor des Fahrzeugs dar. Verspätet angelieferte Sendungen aus dem Nahverkehr ergeben zwangsläufig einen Überhang, der u.U. erst am Folgetag befördert wird. Auch vom geografisch zentral gelegenen Hub weit entfernte Depots (bspw. Freiburg) können nur durch frühe Abfahrten (zwischen 15:00 und 16:00 Uhr) ihre Anschlüsse im Hub realisieren. Zuverlässigkeit und Schnelligkeit geht hier zu Lasten einer ertragskritischen höheren Auslastung. Ein hohes Mengenaufkommen und eine intelligente, computerunterstützte Tourenplanung werden zu Schlüsselgrößen, um die negativen Effekte dieser engen Verzahnung in Grenzen zu halten.

Im Sinne einer ganzheitlichen Transportkette müssen nicht nur die Verkehre optimiert und überwacht werden, auch die **Umschlagsprozesse** an den Depots gilt es zeitgerecht zu gestalten. Grundsätzlich stehen sich zwei konkurrierende Zielsetzungen gegenüber. Auf der einen Seite soll der Umschlag möglichst schnell und effizient erfolgen, auf der anderen Seite sollen die Fernverkehrsfahrzeuge optimal ausgelastet werden. Im Sinne einer Maximierung der Umschlagsproduktivität ist der Verladevorgang möglichst flussorientiert zu gestalten (so genannte Flussorganisation[263]). Die Stückgüter werden nach ihrer Ankunft nicht zwischengelagert, sondern direkt vom Fahrzeug des Fernverkehrs in das Fahrzeug des Nahverkehrs „durchgeladen". Das schnelle, flussorientierte Handling mit hohem Durchsatz und möglichst kurzen Wegen kann in Anlehnung an Verfahren aus dem Handel auch als Cross-Docking bezeichnet werden (vgl. Abbildung 4-6).

Abbildung 4-6: Prinzipielle Darstellung eines Cross-Docking Prozesses

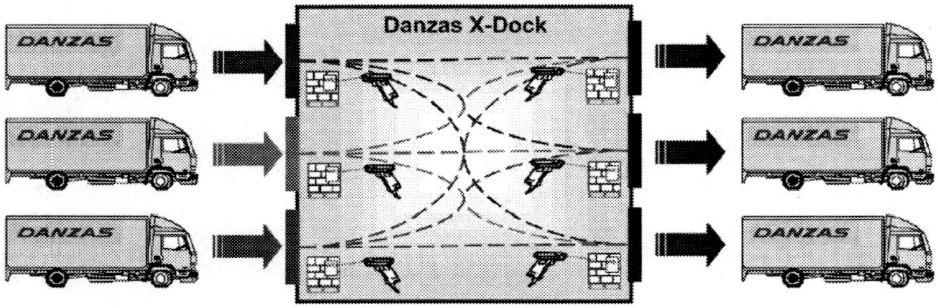

Quelle: o.V. (Danzas Lotse, 2002), S. 30

Dem gegenüber hat die so genannte Vorstauorganisation[264] mit hohen Auslastungsgraden die Minimierung der Fernverkehrskosten zum Inhalt. Hier werden die Stückgüter nach der Ankunft aufgebrochen und vor der Weiterverladung staugerecht und relations- bzw. tourbezogen auf dafür vorgesehene Abstell- und Vorstauflächen vorsortiert. Die Be- und Entladung wird zeitlich entzerrt und es sind im Vergleich zur Flussorganisation weniger Tore notwendig.

Gerade im Hubumschlag oder bei zeitkritischen Verkehrsverbindungen kommt die Flussorganisation zur Anwendung. In diesem Fall wird eine zügige Verladung gegenüber einer möglichen verbesserten Auslastung des Fahrzeugs priorisiert. Durch Abwägung der Umschlagsproduktivität mit den entstehenden Fernverkehrskosten kann die Alternative der Flussorganisation durchaus auch effizienter sein als die Vorstauorganisation. Man erkennt an der Darstellung der Transport- und Umschlagprozesse, dass in den Stückgutprozessen

[263] Vgl. Tripp (Stückgutkooperationen, 2003), S. 11.
[264] Vgl. Tripp (Stückgutkooperationen, 2003), S. 12.

der zeitlichen Verkürzung ein hoher Wert beigemessen wird. Während bei den Transportprozessen der Automatisierungsprozess weitestgehend abgeschlossen ist, liegt die Entwicklung beim Stückgutumschlag noch in den Anfängen.[265] Bei einem hohen Homogenitätsgrad der Stückgüter sind Möglichkeiten der Mechanisierung/ Automatisierung in Form von moderner Umschlagstechnik oder Mehrwegtransportsystemen[266] noch nicht ausgeschöpft.

4.3.1.2 Sendungsverfolgung und die Bedeutung der vorauseilenden Information

Die administrative Bearbeitung der Sendung wird durch leistungsstarke Informationssysteme maßgeblich beschleunigt und unterstützt. Gerade die Beherrschung moderner Informationstechnologien ist beim Management komplexer, zeitlich eng verzahnter Güternetzwerke ein wichtiges Leistungsmerkmal geworden. Grundvoraussetzung sind auch hier klar definierte Schnittstellen und netzweit standardisierte Prozesse. Daneben muss das IT-System des Dienstleisters offen gestaltet sein, damit die Integration mit IT-Systemen von Bestands- und Neukunden jederzeit problemlos möglich ist.

Nachdem Mitte der 1990er Jahre die Expressdienste[267] die Möglichkeiten intelligenter Systeme erkannt haben, haben in den letzten Jahren auch die führenden Stückgutanbieter in diesem Bereich verstärkt Investitionen getätigt und ihre Marktposition damit untermauert. Damit war es möglich, den Verlauf jedes Packstücks anhand eines Barcodes flächendeckend und lückenlos zu verfolgen. Jedes Packstück erhält vor Transportbeginn einen Barcodeaufkleber. Hier sind verschlüsselt alle sendungsrelevanten Daten wie Auftrags- und Kundennummer, Abhol- und Zustellort und Gewichtsangaben enthalten, so dass jedes Packstück eindeutig zu identifizieren ist. (vgl. Abbildung 4-7).

[265] Vgl. Vogler (Wandel der Sammelgutspedition, 2004), S. 178.
[266] Vgl. Schmeling (Boxenstart im Sammelgutverkehr, Int. Transport Zeitschrift 7-8/2005), S. 46 f.
[267] Vgl. Hirsch (Expressdienste, 2001), S. 52.

Abbildung 4-7: „Sprechende“ Barcode-Etiketten

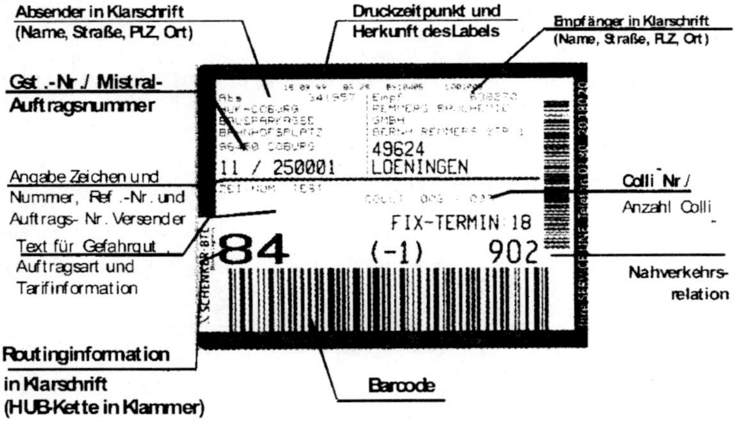

Quelle: Vogler (Wandel der Sammelgutspedition, 2004), S. 174

An den Schnittstellen des Transportes wird das Packstück bei jeder Übergabe gescannt. Auch die Fahrer sind mit modernen Sendungserfassungsgeräten ausgerüstet und scannen den Barcode des Packstücks bei Abholung beim Versender und bei der Auslieferung beim Empfänger. Durch die zeitnahe Übermittlung der Sendungsinformationen können mögliche Verspätungen schnell erkannt werden. Anhand des Barcodelabels ist auch eine automatisierte Sortierung an den Umschlagsdepots möglich. Palettierte Packstücke werden in eine Unterflur-Schleppkette „eingehängt“ und am richtigen Relationsplatz anhand der Routinginformation auf dem Label wieder ausgeschleust. Nicht palettierbare Sendungen werden händisch zum Relationsplatz verbracht. Auch wenn die automatisierte Sortierung i.d.R. etwas langsamer vonstatten geht, so konnte die Quote der menschlich bedingten Fehlverladungen vermindert und Personalressourcen eingespart werden.

Entscheidender Vorteil von Sendungsinformationssystemen bleiben neben Vereinfachungen im operativen Ablauf die zeitnahe Informationsverfügbarkeit und die Vernetzung mit dem Kunden bzw. dem Empfangsdepot. Bereits vor dem Eintreffen der LKWs können alle Sendungen verplant und die Disposition abgeschlossen werden. Die Übermittlung der Sendungsinformationen ist der physischen Transportabwicklung immer einen Schritt voraus. Transportlabels können vom Kunden vorab ausgedruckt werden und nicht zuletzt die Sendungsnachbearbeitung wird durch systemtechnische Unterlegung spürbar erleichtert. Angefangen bei der Rechnungsstellung bis zur Archivierung ist ein zeitnaher Zugriff gewährleistet. Auch die Zollabwicklung kann beispielsweise durch die frühzeitige

Übermittlung der Sendungsinformationen vorab erledigt werden und damit einer der kritischen Laufzeitfaktoren - die administrative Bearbeitung - relativiert werden.

In nahezu allen Branchen sind Sendungsverfolgungssysteme (auch „Tracking&Tracing“ genannt), standardisierter Datenaustausch via EDI mit der verladenden Industrie, die Nutzung des Internets für Marketing, Sendungsstatusmeldungen und Public Relations zu einer Selbstverständlichkeit geworden. Mit der Nutzung der technischen Möglichkeiten können durch Informationsverfügbarkeit in Echtzeit Durchlaufzeiten beschleunigt und gleichzeitig Bestände reduziert werden.[268] Für Verlader und Dienstleister wird die Planungssicherheit erhöht, die Qualitätskontrolle erleichtert und nötige Transparenz geschaffen. Dies sind wichtige Merkmale, um leistungsstarke und komplexe Prozesse zu steuern und zu vermarkten. Eine lückenlose Dokumentation und Qualitätskontrolle kann als Referenz genutzt werden und gibt Aufschlüsse über mögliche Fehlerquellen im Prozessablauf. Auch bei Diebstählen und Haftungsfragen ist eine lückenlose Sendungsdokumentation von Interesse. Auf Basis der erfassten Sendungsinformationen können regelmäßige Qualitätsreports erstellt werden. Diese beinhalten die Versandabwicklungsqualität, die Zustellleistung und geben einen Überblick über Sendungen ohne Erledigungsstatus. Überprüfbare und objektiv messbare Leistungskennzahlen erlauben dem Verlader den Vergleich der Dienstleister, die Dienstleister können sich über gute Zustellungsquoten profilieren. Gleichzeitig ergibt sich durch regelmäßige Qualitätsreports die Möglichkeit, die Niederlassungen miteinander in Beziehung zu setzen. Benchmarking der Erträge zeitdefinierter Sendungsanteile und die eindeutige Zuweisung der Fehlerursache erlauben in diesem Zusammenhang Leistungsprämien bzw. die Verrechnung bei Nichteinhaltung von Leistungsversprechen. Gerade bei kooperierenden Unternehmen wie den Stückgutkooperationen, aber auch in Konzernnetzwerken sind derartige Leistungskennzahlen wichtige Steuerungsinstrumente. Auch wenn Leistungsunterschiede der IT-Systeme für Kunden nicht auf den ersten Blick erkennbar sind, so liegen gerade in diesem Bereich Möglichkeiten, sich positiv vom Wettbewerber zu differenzieren.

Durch pro-aktive Informationsübermittlung kann der Kunde Unregelmäßigkeiten im Sendungsverlauf wie beispielsweise Beschädigungen, Fehlmengen, Ablieferhemmnisse oder Laufzeitüberschreitungen bereits dann erkennen, wenn ein Eingreifen noch möglich ist.[269] Bereits seit Ende 2002 wird bspw. bei Dachser der Sendungsverlauf automatisch überwacht und im Bedarfsfall dem Kunden zeitnah übermittelt.[270] In diesem „Active Report“ können die Informationen über Unregelmäßigkeiten vom Kunden ebenso bestimmt werden wie die Wahl

---

[268] Vgl. Stein/ Krieger/ Pflaum/ Dräger (Sendungsverfolgung, 1998), S. 17.
[269] Vgl. Froschmayer/ Göpfert (Logistik-Bilanz, 2004), S. 65.
[270] Vgl. Froschmayer/Wecker (Logistikdienstleister, 2004), S. 437.

des Übermittlungsmediums. Durch diese Innovation bei der Sendungsverfolgung im Stückgutsektor konnte Dachser ein temporäres Alleinstellungsmerkmal erzielen und die Reaktionszeiten bei den Kunden verkürzen. In diesem Fall ist eine Prozessinnovation mit der Verkürzung der Reaktionszeit direkt verbunden, die sich in den letzten Jahren auch konkurrierende Anbieter zu Eigen gemacht haben.

4.3.2 Time-to-Market – Prozess- und Produktinnovationen zur Erschließung von Rationalisierungs- und Marktpotenzialen

Neben den operativ geprägten Anstrengungen die Time-to-Delivery zu verkürzen, konnten in der Vergangenheit auch durch Prozess- und Produktinnovationen Wettbewerbsvorteile erzielt werden. Durch die jahrzehntelange Regulierung des deutschen Verkehrsmarktes, in deren Rahmen Transportpreise fest vorgegeben waren, kamen die Intensivierung des Wettbewerbs und eine Steigerung der Innovationsdynamik erst in den letzten Jahren in Gang.[271] Bei genauerer Betrachtung haben erreichte Pioniervorteile durch neuartige Prozesse und Produkte eine nicht zu verachtende strategische Bedeutung, die bis heute als eine Begründung für Marktführungspositionen angeführt werden können. Internationale Logistikdienstleistungsunternehmen wie Federal Express und TNT haben es geschafft, durch kontinuierliche Produkt- und Prozessinnovationen auf Basis hoher Investitionen temporäre Alleinstellungsmerkmale in ihren Märkten zu erreichen und neue Märkte zu erschließen.[272] Aber auch nationale Anbieter wie die Dachser GmbH & Co. KG konnten laut eigener Auskunft die Nutzung der Nummer der Versandeinheit (NVE) aus dem europäischen Artikelnummernsystem (EAN 128-Nummernsystem) in Barcode-Darstellung als eindeutiges, „sprechendes" Identifikations-System für jedes Packstück implementieren und als Branchenstandard setzen.[273]

Das oben dargestellte Cross Docking (vgl. Abbildung 4-6) kann ebenso als eine erfolgreiche Prozessinnovation genannt werden, die den Verladevorgang zeitlich verkürzt hat, wie das aktuelle Bestreben RFID-Tags im Stückgutumschlag[274] einzusetzen. Durch sendende Smartlabels an den Packstücken verspricht der Einsatz der RFID-Technologie den Wegfall des manuellen Scannens je Packstück über Barcodes und damit erhebliche Produktivitätssteigerungen. Neben der RFID-Technologie als Beispiel anstehender Time-to-

[271] Vgl. Ihde (Transport, Verkehr, Logistik, 2001), S. 231.
[272] Vgl. Klaus (Marketing für Transport-Dienstleistungen, 1998), S. 1483.
[273] Vgl. Froschmayer (Innovationskraft, 2005), S. 400.
[274] Vgl. Deutscher Speditions- und Logistikverband e.V. (RFID in Spedition und Logistik, 2004) - ohne Verfasser; Kohagen (RFID - Chancen im Stückgutgeschäft, DVZ vom 22.2.2005), S. 5.

Market-Entscheidungen können weitere Beispiele aus der Vergangenheit angeführt werden, die die Relevanz der Time-to-Market-Komponente für nationale Stückgutdienstleister unterstreichen. Hier sind zu nennen:

- Netzwerkpionier: Durch Hub&Spoke zu mehr Netzwerkeffizienz
- Marktpionier: Marktpotenziale in Osteuropa
- Produktpionier: Stückgutleistungen mit zusätzlichen Serviceoptionen

4.3.2.1 Netzwerkpionier: Durch Hub&Spoke zu mehr Netzwerkeffizienz

Als eine der bedeutenden logistischen Prozessinnovationen des letzten Jahrhunderts kann das so genannte Hub&Spoke-System zum flächendeckenden und effizienten Netzwerkbetrieb des US-Expressdienstes Federal Express genannt werden. Federal Express nahm seinen Betrieb 1973 auf und ist heute eines der drei weltweit größten Unternehmen im Logistikdienstleistungssektor. Hier wurde zum ersten Mal das Hub&Spoke-System im Flugbetrieb ausschließlich zum Transport kleiner Pakete angewandt.[275] Das Konzept von Federal Express hatte zum Ziel auch abseits von Hauptstrecken gelegene Orte auf dem US-amerikanischen Festland im Übernachtservice zu verbinden. „Federal Express recognized the need for Just-in-Time inventory procurement on the production side and rapid, random, and time-certain distribution of products and spare parts on the sales side. Federal Express evolved as an unique, integrated transportation system designed specifically to meet those needs."[276] Mit einem zentralen Umschlagflughafen im Memphis (Tennessee), der in der Nacht von allen Flächenstandorten („Spokes") angeflogen wurde, war es möglich, mehr Ziele mit weniger Flugzeugen zu verbinden (vgl. Abbildung 4-8).

Dabei musste in Kauf genommen werden, dass sich die Transportentfernungen erhöhen und auch die Transportzeit negativ beeinflusst wird. Dies kann dadurch veranschaulicht werden, dass eine Sendung von Philadelphia nach New York (Entfernung ca. 200 km) erst nach Memphis (1.800 km) ins Hub und wieder zurück befördert werden muss. Diese negativen Effekte können durch geringeren Sortieraufwand an den Depotstandorten, automatisierte und damit kostengünstige Sortierung am zentralen Hub-Standort und deutlich geringere Kontroll- und Managementkosten nachweislich kompensiert werden.[277]

---

275 Vgl. Hirsch (Expressdienste, 2001), S. 138.
276 Smith (Time flies at Federal Express, 1991), S. 233.
277 Vgl. auch Vor- und Nachteile von Hub and Spoke-Systemen in Aberle (Transportwirtschaft, 2003), S. 534 ff.

Abbildung 4-8: Das Federal Express Hub&Spoke-System

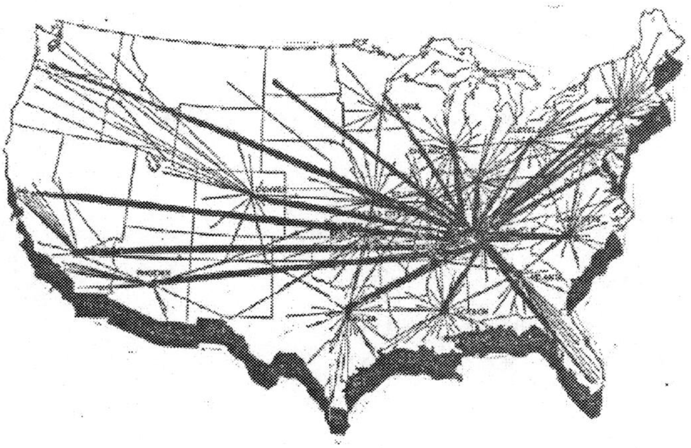

Quelle: Klaus (Nabe-Speiche Konzept, 2005), S. 237

Diese Prozessinnovation wurde von anderen Expressdiensten (UPS, DPD, German Parcel) mit der Zeit übernommen[278] und fand auch Anwendung im nationalen Stückgutnetz Deutschlands. Die Schenker Deutschland AG war der erste Stückgutdienstleister, der das Hub&Spoke-System 1994 im nationalen Stückgutverkehr implementierte.[279] Grundlage dabei war das grundsätzliche Verständnis des Schenker-Managements Herausforderungen „schneller, innovativer und intelligenter zu begegnen als der Wettbewerb".[280] Als Ergänzung zu gut ausgelasteten Direktverkehren sind alle Depots miteinander verbunden und innerhalb des Nachtsprungs zu bedienen. Auch zeitdefinierte Produktvarianten konnten erst durch die Hub-Inbetriebnahme flächendeckend realisiert werden.[281]

Durch die Verwirklichung dieser Prozessinnovation konnten Verkehre besser ausgelastet, das Netzwerk besser kontrolliert und modifiziert sowie die Mengenschwankungen der Depots besser kompensiert werden. Durch die Reduzierung der notwendigen Verkehre konnten Fahrzeugumläufe reduziert und Schadstoffemissionen[282] gesenkt werden. Ein derart strukturiertes Netzwerk kann als Ausprägungsform einer „lean production" bei Stückgutdienstleistern aufgefasst werden[283], was zu einer Verbesserung der Marktposition

[278] Vgl. Blochmann (Kurier- und Expressdienste, 1994), S. 22.
[279] Vgl. Vogler (Wandel der Sammelgutspedition, 2004), S. 167.
[280] Vogler (Wandel der Sammelgutspedition, 2004), S. 169.
[281] Vgl. Vogler (Wandel der Sammelgutspedition, 2004), S. 177.
[282] Verminderung der Emissionen und Straßenbelastung durch die Schenker Fernverkehrs-LKW um ca. 6 Prozent; Vgl. Vogler (Wandel der Sammelgutspedition, 2004), S. 177.
[283] Vgl. Fuhrmann (Logistiksysteme bei Güterverkehrsunternehmen, 1993), S. 181.

führen kann. „Es besteht wenig Zweifel, dass die mengen- und ertragsmäßig überaus erfolgreichen Aktivitäten von Schenker im deutschen Stückgutmarkt wesentlich von dieser Entscheidung [Inbetriebnahme des Hubs in Friedewald] bestimmt waren.“[284] Das Hub in Friedewald ist zum Rückgrat der Europaverkehre geworden, die es Schenker erlauben die Laufzeiten innerhalb Europas weiter zu verkürzen.

Mittlerweile verfügt jedes der führenden nationalen Stückgut- und Expressnetzwerke über ein Hub&Spoke-System. Zum Teil wurde die Zentral-Hub-Lösung um zusätzliche Regionalhubs, die für den Austausch innerhalb einer Region zuständig sind, ergänzt. Anfängliche Erfahrungskurvenvorteile bei den Pionierunternehmen dürften mittlerweile aufgebraucht sein. Dennoch ist davon auszugehen, dass durch die interne Kostensenkung und Produktivitätssteigerung sowie durch Flächendeckung und Zuverlässigkeit temporäre Wettbewerbsvorteile genutzt werden konnten. Diese sind durch tiefes Know-how und Prozessverständnis bedingt nicht kurzfristig zu imitieren.

4.3.2.2 Marktpionier: Neue Märkte in Osteuropa

Mit der EU-Osterweiterung zum 1. Mai 2004 und dem Wegfall von Zoll- und Handelsgrenzen treten nicht nur osteuropäische Spediteure und Logistikdienstleister in Konkurrenz zu etablierten Transportanbietern. Es haben sich auch neue Beschaffungs- und Distributionsstrukturen entwickelt. Industrie- und Handelsunternehmen produzieren in den neuen Beitrittsländern, so dass auch neue logistische Angebote mit hohen Qualitätsstandards gefordert sind. Während zu früheren Zeiten punktuelle Verkehre mit Laufzeiten von 72 Stunden ausreichend waren, ist heute eine Flächendeckung mit Laufzeiten von 24 bis maximal 48 Stunden gefragt. Auch bei den Verkehren von und in die neuen Beitrittsregionen ist die Tendenz weg von Komplett- und Teilladungen hin zum Stückgut- und Paketsendungen festzustellen.[285]

Entsprechend unternehmen nahezu alle namhaften nationalen Stückgutanbieter große Anstrengungen, um in den „Märkten der Zukunft“ präsent zu sein. Grundsätzlich stehen zwei Alternativen zur Auswahl, um eine europäische Flächendeckung zu erreichen. Durch gezielte Akquisitionen und/ oder den Aufbau eigener Niederlassungen bzw. durch die Bildung strategischer Partnerschaften sollen die Bedürfnisse der Kunden nach Zuverlässigkeit und Geschwindigkeit gedeckt werden.

Bei stagnierenden Mengen und Umsätzen auf dem Heimatmarkt bietet die EU-Erweiterung die Chancen zur Verbesserung der Erträge und der eigenen Marktposition. Von der Bildung

---

[284] Klaus (Nabe-Speiche Konzept, 2005), S. 243.
[285] Symanski (EU-Osterweiterung - Veränderung in der Transportbranche, DVZ vom 25.9.2004), S. 11.

leistungsstarker Netzstrukturen versprechen sich die Anbieter nachhaltige Wettbewerbsvorteile. Funktionierende Prozesse mit kurzen Laufzeiten gepaart mit einer guten Auslastung und Flächendeckung sind von Folger-Unternehmen nur schwer zu imitieren. Auch hier hat eine durchdachte Time-to-Market-Strategie positive Wirkungen auf die Unternehmenssituation, die von den führenden Stückgutanbietern erkannt und aktiv vorangetrieben wird.

Mit der Bildung flächendeckender Netzwerke ist die Entwicklung noch nicht beendet. Ein stetiger Ausbau der eigenen Leistungsfähigkeit ist auch weiterhin gefordert. Der Stückgutkooperationsverbund SystemPlus bietet seit dem 1. April 2005 zeitdefinierte Leistungen („Speedtime bis 12 Uhr") für benachbarte europäische Staaten an.[286] Damit positioniert sich dieser Kooperationsverbund als Alternative zu etablierten Expressdiensten wie TNT, UPS oder DHL und nimmt eine Folgerstellung hinter den führenden Anbietern wie Schenker oder Dachser ein.

4.3.2.3 Produktpionier: Stückgutleistungen mit zusätzlichen Serviceoptionen

Nicht nur durch Pionierstrategien im Hinblick auf eine Innovationsführerschaft oder bei der Erschließung neuer Märkte ist der Gedanke einer schnellen Time-to-Market von Relevanz, auch durch die Gestaltung neuer Produkte lassen sich Vorteile gegenüber der Konkurrenz realisieren. Produkte im Dienstleistungssektor sind gekennzeichnet durch fest definierte Leistungsstandards und eine einheitliche Vermarktung. Durch die Industrialisierung bei der Produktion von Stückgutleistungen und die durchgängige Unterstützung durch leistungsstarke IT-Systeme war es möglich, die vom Kunden erwartete Leistung an jedem Ort und zu jeder Zeit innerhalb des Netzwerks sicherzustellen.

Neben dieser Basistransportleistung war es in der Vergangenheit zu beobachten, dass diese Basisleistungen mit zusätzlichen Serviceoptionen gekoppelt sind. Diese Zusatzoptionen beziehen sich i.d.R. auf spezifische Kundenbedürfnisse. Das Bedürfnis der Eiligkeit und Zuverlässigkeit (bis 8:00 Uhr, bis 10:00 Uhr, etc.) wird in den folgenden Kapiteln noch näher behandelt. Daneben sind durch die hohe Wertigkeit einzelner Sendungen Sicherheitspakete entstanden, die nicht nur eine höhere Versicherungsabdeckung beinhalten, sondern sich auch in Form einer durchgängigen Dokumentation und Überwachung der Übergabepunkte (GPS-Ortung) auszeichnen. Pioniere konnten einen Imagegewinn erreichen, der „first in customer's mind" als „besonders zuverlässig" oder „besonders sicher" wahrgenommen wird. Mit der Wahrnehmung beim Kunden sind sowohl zusätzliche Preisprämien als auch eine erkennbare Differenzierung vom Wettbewerber verbunden, die sich positiv auf die Erträge

[286] Vgl. DVZ vom 8.3.2005 (SystemPlus mit neuem Service), S.1 - ohne Verfasser.

auswirken und als Empfehlung für höhere Aufgaben, z.B. Kontraktdienstleistungen, genutzt werden können.

Mit der Einführung von Standardprodukten mit zusätzlichen Serviceoptionen nimmt der Teilmarkt Stückgut allerdings nur eine Folgerposition ein. Etablierte KEP-Anbieter operieren mit zeitdefinierten Standardprodukten beim Paket- und Dokumentenversand und deren einheitlicher Vermarktung seit Mitte der 1980er Jahre am Markt. Die Befriedigung spezieller Zeitbedürfnisse kann als einer der Gründe für die erfolgreiche Entstehung der „schnellen" Branche KEP angeführt werden. KEP-Anbieter profitieren noch heute vom Image des Expressspezialisten und gelten als besonders zuverlässig und flexibel. Ein Vorteil, der für Stückgutdienstleister nicht ohne weiteres aufzuholen ist. Mit dem Produkt „thermoaktiv", bei dem temperatursensible Güter durch den Einsatz von RFID über den gesamten Verlauf der Transportkette überwacht werden, hat die trans-o-flex Schnell-Lieferdienst GmbH den diesjährigen Logistics Service Award gewonnen und damit die Vorreiterrolle der KEP-Branche als Innovationsmotor unterstrichen. Auch Dachser plant die Einführung eines Tracking&Tracing Systems für temperaturgeführte Transporte im Jahr 2006.

4.4 Klarheit über die Bedeutung des Zeitwettbewerbs für nationale Stückgutdienstleister

Auch wenn die Schlagworte des Zeitwettbewerbs in der öffentlichen Diskussion durch „Managing Complexity"[287] oder auch „Managing Diversity"[288] als die anstehenden Herausforderungen in den Hintergrund getreten sind, so sind die grundlegenden Ideen und Ansätze des Zeitwettbewerbs als Bestandteil dieser Konzepte weiterhin relevant und auch für Stückgutdienstleister von Bedeutung. Geschwindigkeit und Zuverlässigkeit bei Produkten und Dienstleistungen sind zur Grundvoraussetzung des wirtschaftlichen Agierens geworden. Der Trend zum Outsourcing, europaweite Beschaffung und Distribution sowie das Streben nach niedrigen Beständen wirkt sich positiv auf die Logistikdienstleistungswirtschaft aus. Zumindest solange, wie die Anbieter in der Lage sind, die Bedürfnisse der Kunden zeit- und kostengerecht zu befriedigen, ohne dabei selbst die Ertragslage aus den Augen zu verlieren. Es werden individuelle, auf Kundenbedürfnisse zugeschnittene Lösungen ebenso verlangt wie Beratungs- und IT-Kompetenz.

[287] Vgl. Hurt (Complexity Challenge, Vortrag auf der CLM, 5.10.2004), ohne Seitenangabe; Klaus (Optimale Komplexität, 2005), S. 363 ff.

[288] Vgl. Barkema/ Baum/ Mannix (Management Challenges, 2002), S. 924.

Die Wirkungen des Zeitwettbewerbs sind für nationale Stückgutdienstleister sowohl im Bezug auf das Marktumfeld als auch beim eigenen Zeitmanagement von Bedeutung. Mit dieser Feststellung sind direkte Folgewirkungen und die Ableitung von Erfolgsfaktoren für Stückgutdienstleister verbunden. Die grundsätzlichen Erfolgsfaktoren im Markt nationaler Stückgutverkehre, um insbesondere Zuverlässigkeits- und Schnelligkeitsanforderungen gerecht zu werden, gehen aus Abbildung 4-9 hervor:

Abbildung 4-9: Grundsätzliche Erfolgsfaktoren für nationale Stückgutdienstleister unter Berücksichtigung des Zeitwettbewerbs

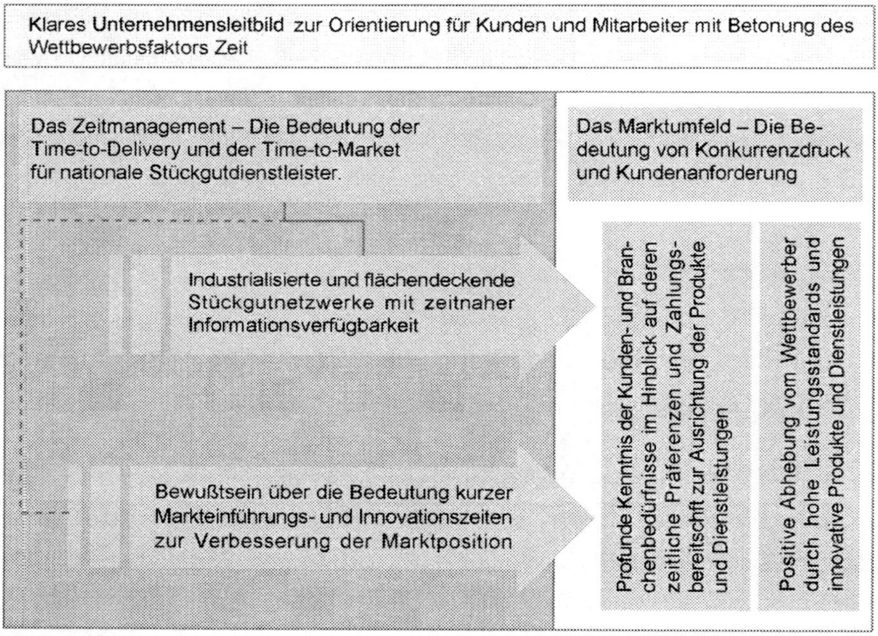

Quelle: Eigene Darstellung

Allen voran die KEP-Branche hat diese Erfolgsfaktoren verinnerlicht und konnte in denletzten Jahren eine Vorreiterstellung in Bezug auf Standardisierung der Abläufe und Marktinnovationen einnehmen. Aber auch die führenden Stückgutanbieter, die ihre Ziele klar formulieren, kommunizieren und umsetzen, konnten in der Vergangenheit Erfolge erzielen. Dachser hat bereits 1998 die Vision ausgegeben, der „leistungsstärkste paneuropäische Logistikdienstleister mit größtmöglicher physischer Leistung und stärkster IT-Kompetenz" zu werden289 und konnte die führende Marktposition beim Umsatz und als Innovationsführer untermauern.

Allerdings sind auch die Stückgutdienstleister mit einer Zeitschere[290] konfrontiert. In Anlehnung an die Ausführungen in Kapitel 3.1.2.3 ist auch hier eine wachsende Komplexität festzustellen. Vor dem Hintergrund einer angespannten Wettbewerbssituation werden die zeitlichen Anforderungen immer anspruchsvoller, gleichzeitig wächst die zu bedienende Fläche innerhalb Europas, das Aufgabenspektrum und der Integrationsgrad in die Prozesse der Verlader.[291] Die zeitlichen Anforderungen setzen eine flächendeckende 24-Stunden-Laufzeit voraus und werden teilweise ergänzt um feste Vorgaben, die das Lieferintervall (von ... bis) betreffen oder die Auslieferung bis zu einem vorgegebenen Zeitpunkt (bis 8:00 Uhr, etc.) garantieren (vgl. Abbildung 4-10).

Abbildung 4-10: Zeitschere in der Logistikdienstleistungswirtschaft

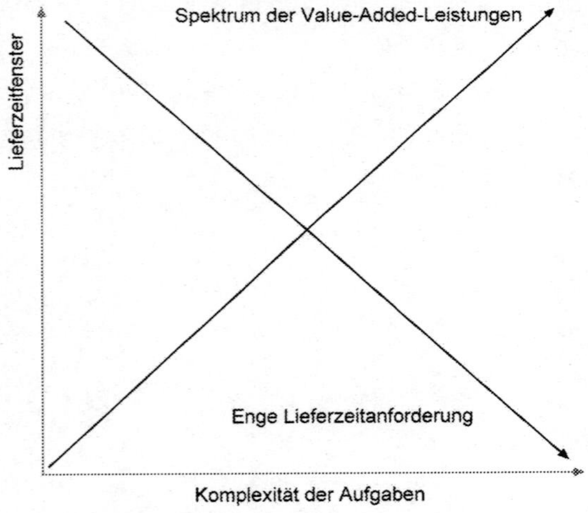

Quelle: Eigene Darstellung

Als ein Marktsegment, in dem die Zeitanforderungen komplexer geworden sind, ist das Teilmarktsegment zeitdefinierter Stückgutleistungen anzusehen. Hierbei handelt es um eine interessante Kombination aus der Time-to-Delivery-Komponente und der Time-to-Market-Komponente, die mit der Einführung zeitdefinierter, garantierter Stückgutleistungen verbunden ist. Dienstleistungsgarantien sind ein probates Mittel zur Verbesserung der

289 Vgl. Froschmayer/ Göpfert (Logistik-Bilanz, 2004), S. 64.
290 Vgl. Kapitel 3.1.2.3.
291 Vgl. Fuhrmann/ Filz (Marktgerechte Logistikdienstleistungen, 1990), S. 2.

Servicequalität und Kundenbindung. In der Regel verpflichten sich die Anbieter zu einer vorbestimmten Wiedergutmachung, dem Garantieversprechen. Diese Wiedergutmachung beinhaltet die direkten Kosten der Dienstleistung sowie andere Kosten und Aufwendungen, die dem Kunden durch Fehlleistung entstehen (z.B. verlorene Zeit und Mühe).[292] Auf der einen Seite werden durch zeitdefinierte Produkte Laufzeiten verkürzt und eine hohe Zuverlässigkeit garantiert. Auf der anderen Seite handelt es sich hierbei um eine Produktinnovation, die vielfältige Wachstumschancen bietet. In Anlehnung an den in Kapitel 3 (vgl. Abbildung 3-18) erarbeiteten konzeptionellen Bezugsrahmen sind zeitdefinierte Stückgutleistungen sowohl unter dem Gesichtspunkt des Zeitmanagements (Time-to-Market und Time-to-Delivery) als auch zur Steigerung des Kundennutzens und der Differenzierung vom Wettbewerber von besonderem Interesse. Während die Erfolge durch die Wahl der Time-to-Market-Strategie im Rahmen dieser Arbeit lediglich auf qualitativer Basis berücksichtigt werden, wird im folgenden eine empirische Marktbetrachtung zeitdefinierter Stückgutleistungen vorgenommen, die in erster Linie unter Time-to-Delivery Gesichtspunkten bei Berücksichtigung des Marktumfeldes von besonderem Interesse sind. Hier ist zu untersuchen, ob durch eine verkürzte bzw. garantierte Laufzeit Wettbewerbsvorteile erzielt werden konnten und welche Preisaufschläge realisierbar sind. Dabei soll auch auf die Entstehung und Ausgestaltung des Teilmarktsegments zeitdefinierter Stückgutleistungen eingegangen werden.

[292] Vgl. Wirtz (Dienstleistungsgarantien als wirksames Mittel, 1998), S. 828.

5 DAS TEILMARKTSEGMENT ZEITDEFINIERTER STÜCKGUTLEISTUNGEN - EINE EMPIRISCHE BESTANDSAUFNAHME ZUR SCHAFFUNG VON TRANSPARENZ ÜBER DAS MARKTVOLUMEN

Während in Kapitel 4 der nationale Stückgutmarkt allgemein anhand von verfügbaren Marktstudien bzw. Literaturquellen beleuchtet wurde und die Bedeutung des Konzeptes des Zeitwettbewerbs nachgewiesen werden konnte, sind die Ausführungen im fünften Kapitel auf zeitdefinierte Stückgutleistungen fokussiert. Bei zeitdefinierten Stückgutleistungen handelt es sich um ein Teilmarktsegment des nationalen Stückgutmarktes. Unter zeitdefinierten Stückgutleistungen können im weiteren Sinne Stückgutleistungen (von 31,5 kg bis maximal 3.000 kg) verstanden werden, bei denen innerhalb Deutschlands ein Zeitservice zugesichert wird, der präziser als die marktübliche 24-Stunden-Regellaufzeit ist. Im Kern handelt es sich dabei um Sendungsversprechen beginnend mit einem garantierten 24-Stunden-Service bis hin zu einer garantierten Zustellung bis 8:00 Uhr am folgenden Tag. In einem engeren Sinne fallen unter zeitdefinierte Stückgutleistungen lediglich Sendungen, die mit einer uhrzeitgebunden Zustellungszeit versehen sind. Darüber hinaus gibt es auch vereinzelt Angebote mit einer Spätabholungsoption (zwischen 18:00 und 22:00 Uhr) bzw. mit einer Zustellung bis 7:00 Uhr oder auch 9:00 Uhr.

Die Ausführungen basieren im Unterschied zum vierten Kapitel auf empirischen Erhebungen, die sowohl qualitative Aspekte als auch quantitative Aspekte zum Inhalt haben. Zu Beginn des fünften Kapitels soll auf die prinzipiellen Bestandteile der Marktbetrachtung eingegangen werden (Kapitel 5.1). Die Entstehung, Motive und Ausgestaltung zeitdefinierter Stückgutleistungen sind auf Basis von Experteninterviews Gegenstand von Kapitel 5.2, die im Rahmen der qualitativen Ergebnisbeschreibung dargestellt werden sollen. Im Anschluss erfolgt die Vorstellung der quantitativen Ergebnisse der empirischen Marktabfrage (Kapitel 5.3), die erstmals Transparenz über das Sendungsaufkommen zeitdefinierter Stückgutleistungen schafft. Sendungsanteile werden hierbei ebenso betrachtet wie realisierbare Preisaufschläge für zeitdefinierte Stückgutleistungen. In Überleitung zu Kapitel 6 werden die Ergebnisse kurz zusammengefasst (Kapitel 5.4) und kritisch hinterfragt. Abbildung 5-1 verdeutlicht den Betrachtungsschwerpunkt der empirischen Bestandsaufnahme:

Abbildung 5-1: Betrachtungsschwerpunkt der empirischen Bestandsaufnahme: Teilmarktsegment zeitdefinierte Stückgutleistungen

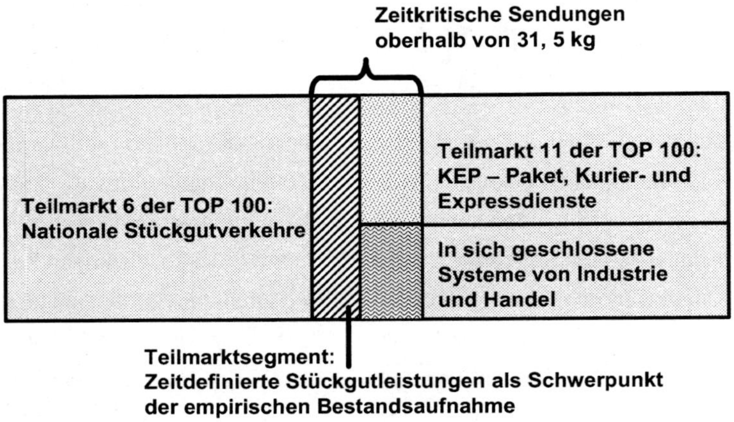

Quelle: Eigene Darstellung

5.1 Grundsätzliche Bestandteile und Vorbemerkungen der Marktbetrachtung

Um ein möglichst realistisches Bild des Teilmarktsegmentes zeitdefinierter Stückgutleistungen zu erhalten, wurden zur qualitativen und quantitativen Absicherung und Erhebung des Teilmarktsegments drei Wege verfolgt:

Im Zeitraum von Januar 2005 bis April 2005 wurden im Rahmen einer **Marktabfrage** die führenden Stückgutdienstleister schriftlich zum Marktvolumen 2004 (Umsatz, Sendungen, Tonnage) befragt (vgl. Abbildung 5-6 sowie Anhang 2). Die empirische Erhebung mit dem Basisjahr 2004 dient der Bestandsaufnahme zur Bestimmung zeitdefinierter Anteile.

Ergänzend dazu erfolgte im April 2005 eine exemplarische Preisabfrage (**Systemprovokation**), bei der Transportpreise und Reaktionszeiten einer beliebigen nationalen Transportrelation abgefragt wurden (vgl. Anhang 6).

Zur Absicherung der Ergebnisse wurden im Jahr 2004 und 2005 begleitende **Experteninterviews** (vgl. Auflistung und Inhalte im Anhang 7 bzw. Anhang 8) mit führenden

Stückgut- und Expressanbietern durchgeführt, deren Einschätzungen in die Ausführungen eingeflossen sind.

Die Kombination aus qualitativen und quantitativen Aspekten bildet einen geeigneten Rahmen, um sich diesem wenig erforschten Teilmarktsegment zu nähern. Bisher existieren nur wage Schätzungen zum Umfang des Teilmarktsegments zeitdefinierter Stückgutleistungen. Klaus geht im Rahmen seiner TOP 100 Studien davon aus, dass der Anteil von Mehrwert- und Nischenprodukten – hierzu zählen neben uhrzeitgebundenen Stückgutleistungen bspw. auch Langgut- und Gefahrgutleistungen – zwar allmählich auf niedrigem Niveau wächst, der Anteil allerdings auf weniger als fünf Prozent des Stückgutgesamtvolumens zu schätzen ist.[293] Detailliertere Zahlen und Abschätzungen sind in dieser und anderen Studien nicht zu finden. Um die Potenziale und Zukunftschancen dieses Teilmarktsegments fundiert zu beurteilen, ist die bisherige Datenbasis unzureichend. Vor diesem Hintergrund leistet diese empirische Bestandsaufnahme einen wichtigen Beitrag, um die zukünftige Entwicklung in diesem Teilmarktsegment besser abschätzen zu können (vgl. Abbildung 5-2).

Abbildung 5-2: Prinzipielle Bestandteile der empirischen Untersuchung

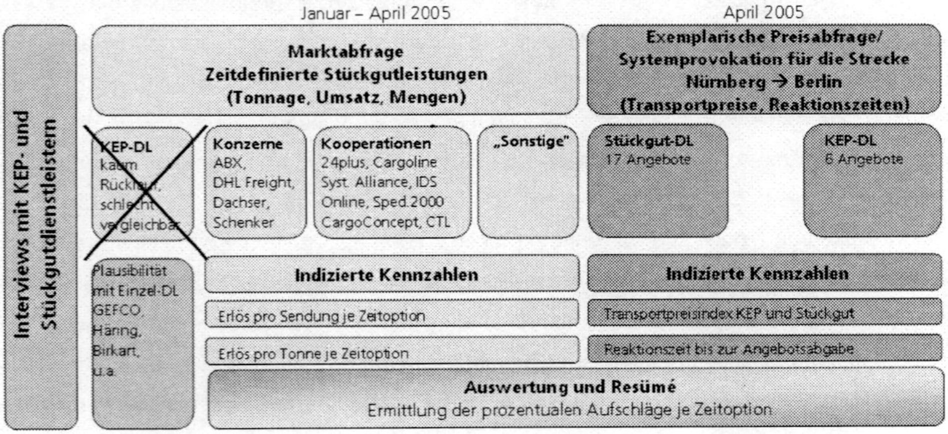

Quelle: Eigene Darstellung

Während im Rahmen der Marktabfrage und unter Rückgriff auf eine Systemprovokation am Markt verfügbare Daten systematisch gesammelt und aufbereitet werden, stützen sich die Experteninterviews auf qualitative, zum Teil subjektive Einschätzungen der interviewten

---

293 Vgl. Klaus (TOP 100, 2003), S. 102.

Praxispartner. Bevor auf die Vorgehensweise sowie auf die qualitativen und quantitativen Ergebnisse der Marktabfrage bzw. der exemplarischen Preisabfrage eingegangen wird, soll kurz die Interviewmethodik erläutert werden. Im Rahmen dieser Arbeit wurden sechs ein- bis dreistündige Interviews mit führenden Stückgutdienstleistern (Konzerne und Kooperationen) geführt und protokolliert. Auch zwei Expressdienste, die im Gewichtsbereich höher als 31,5 kg operieren, wurden interviewt. Daneben fand ein Interview mit einem Beratungsunternehmen statt, das sich u.a. auf Preisstrategien im Logistikdienstleistungssektor spezialisiert hat. Die Protokolle der Gespräche wurden den Gesprächspartnern zur Korrektur zugeleitet und mit der gleichzeitigen Bitte, im Falle von inhaltlichen Missverständnissen die notwendigen Änderungen vorzunehmen und das Protokoll an den Verfasser zurückzusenden. Die Teilnehmer der Interviews stammen bewusst aus unterschiedlichen Unternehmensbereichen, um ein möglichst umfassendes Bild zu erhalten.

Das Segment nationaler Stückgutleistungen ist durch einen hohen Konzentrationsgrad und weitestgehend einheitlicher Produktionsabläufe (vgl. Ausführungen in Kapitel 4.1) geprägt. Es kann davon ausgegangen werden, dass eine höhere Zahl an Interviews den Erkenntnisgewinn nur marginal erhöht hätte. Auch sind keine signifikanten Unterschiede beim Produktionsprozess zwischen Kooperationen und Konzernen festzustellen. Aus diesem Grund ist es vertretbar, die qualitativen Ergebnisse der Interviews in aggregierter Form darzustellen. Anhand eines halbstandardisierten Interviewleitfadens (vgl. Anhang 8) wurden verschiedene Aspekte zeitdefinierter Stückgutleistungen diskutiert. Dabei konnte sowohl die Relevanz der Time-to-Market- als auch der Time-to-Delivery-Komponente verifiziert werden. Der Gesprächsleitfaden gab dabei den Rahmen vor, wobei im Laufe des Gesprächs auch Randaspekte in den Vordergrund rücken konnten. Durch die bewusst offene Gesprächsführung konnten die Gesprächspartner individuelle Schwerpunkte setzen, gleichzeitig wurde sichergestellt, dass ein breites Spektrum abgedeckt wurde. Auch wenn aus Vertraulichkeitsgründen nicht jeder Aspekt in die Ausführungen einfließen konnte, liefern Zusatzinformation und Hintergrundwissen ein wesentliches Fundament, das durch eine reine Fragenbogenaktion nicht zu erreichen gewesen wäre.

Ziel und Inhalt der Gespräche war es, sowohl Details über die Standardabläufe zu erfahren, als auch Besonderheiten bei Abwicklung und Ausrichtung zeitdefinierter Stückgutleistungen zu erfassen. Neben den Ursprüngen zeitdefinierter Stückgutleistungen wurde auch auf Markterfahrungen und Zukunftsaussichten eingegangen. Die Interviews lieferten daneben wichtige Impulse und Hinweise für Erklärungsansätze und Handlungsoptionen für die Marktsituation und -perspektiven, auf die im sechsten Kapitel eingegangen werden soll.

Auf dieser empirischen Basis ist es möglich,

- die Enstehung zeitdefinierter Stückgutleistungen nachzuzeichnen,
- die Motive für das Angebot zeitdefinierter Leistungen zu erörtern,
- auf die Besonderheiten bei der Leistungserstellung und Leistungskontrolle zeitdefinierter Stückgutleistungen einzugehen,
- eine Angebotsübersicht über zeitdefinierte Stückgutleistungen zu erstellen sowie
- das Marktvolumen und realisierbare Preisaufschläge zeitdefinierter Stückgutleistungen als Schwerpunkt der empirischen Erhebung abzuschätzen.

Während sich die Darstellungen im vierten Kapitel auf Standardstückgutleistungen beschränken, konnte – angereichert mit praxisnahen Angaben aus den Experteninterviews – der Zugang zu diesem Premiumsegment erschlossen werden. Dies schafft eine gute Ausgangsbasis, um vor diesem Hintergrund die qualitativen und quantitativen Ergebnisse der Marktbetrachtung vorzustellen.

5.2 Empirische Ergebnisse zur qualitativen Beschreibung des Teilmarktsegments

In den letzten Jahren haben die national operierenden Stückgutdienstleister die Marktpotenziale zeitdefinierter Leistungen erkannt. Sukzessive wurden zeitdefinierte Produkte konzipiert und am Markt eingeführt. Gerade im Hinblick auf die zeitweise boomende KEP-Branche haben die Stückgutdienstleistungsunternehmen mit ähnlichen Standards und Leistungsbestandteilen auch im höher gewichtigen Sendungssegment den Erfolgen und Umsatzzielen der KEP-Branche nachgeeifert. Den Stückgutdienstleistern ist es gelungen, komplexe und anspruchsvolle Leistungspakete mit einem entsprechenden Markenbranding am Markt zu positionieren, deren Wachstum noch keineswegs abgeschlossen sein dürfte.

Einleitend zu der durchgeführten Marktabfrage zeitdefinierter nationaler Stückgutleistungen soll im Folgenden kurz auf die Entstehung zeitdefinierter Stückgutleistungen eingegangen werden. Auch die Motive derartiger Leistungsangebote sollen zum besseren Verständnis und

Überblick ebenso dargestellt werden wie die Besonderheiten bei der physischen und operativen Abwicklung zeitdefinierter Stückgutleistungen. Die Anstrengungen der Stückgutdienstleister spiegeln sich in vielfältigen Angeboten zur Durchführung zeitkritischer Sendungen wider.

5.2.1 Entstehung zeitdefinierter Stückgutleistungen

Während Stückgutdienste schon seit den 1950er Jahren einen wichtigen Bestandteil der Güterverkehrswirtschaft darstellten, sind KEP-Dienste erst Ende der 1970er Jahre entstanden. Trotz dieser Tatsache konnten die agilen KEP-Dienste, deren Ursprünge zum Teil in Stückgutspeditionen liegen, Markt- und Wettbewerbsvorteile im Bereich eiliger Expressfracht erzielen. Ein Grund für die Entwicklung der KEP-Branche kann in der mangelnden Fähigkeit der Stückgutanbieter zeitkritische Kundenbedürfnisse zu erkennen und zu befriedigen, gesehen werden.[294] Etablierte Stückgutanbieter erkannten die Potenziale dieses Marktsegments zu spät. Das Jahr 1976 kann in diesem Zusammenhang als Meilenstein für die privaten Expressfracht- und Paketdienste in Deutschland bezeichnet werden.[295] Hier beginnt die Entwicklung zeitdefinierter Stückgutangebote, die auf Basis der Ergebnisse aus den Experteninterviews ergänzt um verfügbare Literaturquellen nachgezeichnet werden soll.

Der Deutsche Paketdienst (DPD) als Verbund von anfangs 17 renommierten, mittelständischen Speditionsunternehmen wagte 1976 ebenso wie der amerikanische United Parcel Service (UPS) den Schritt in den deutschen Markt, um sich als Konkurrenz zur staatlichen Post als Anbieter beim Paketversand zu positionieren. Zunächst beförderte DPD Paketsendungen in Säcken mit normalem Sammel- bzw. Stückgut. Im Jahr 1977 wurde das Paketgeschäft komplett aus dem Stückgutnetzwerk herausgetrennt. Auch andere Logistikdienstleister erkannten den Trend zu kleinstückigen und eiligen Sendungen und offerierten entsprechende Angebote. Parallel dazu haben sich auch spezialisierte Nischenanbieter herausgebildet, die Branchenlösungen bspw. für High-Tech-Transporte, Bau-, Health-Care- oder Automotivesysteme anbieten.

Im Zuge dessen konnten sich nicht nur Paketdienste am Markt etablieren, sondern auch auf Expressfracht spezialisierte Unternehmen wie trans-o-flex oder auch TNT, deren Leistungsspektrum auch Sendungen oberhalb von 32 kg umfasste. Für die TNT-Ipec

[294] Vgl. Hirsch (Expressdienste, 2001), S. 11 ff.
[295] Vgl. Frahm (Weg zur Liberalisierung, 1998), S. 51 ff.

Organisation wurde eine Marktuntersuchung über eilige Fracht in Europa gestartet. Diese Studie wies aus, dass ein großes Volumen an Expressfracht in Europa vorhanden war und dass der Bedarf für ein Haus-zu-Haus-System ständig wachsen würde.[296] Am Ende des Jahres 1979 übernahm die Ipec die im LKW-Sammelgut erfahrene Gelders-Spetra-Gruppe, womit ein Grundstein für das heutige Expressfrachtsegment gelegt wurde.[297] Erst Mitte der 1990er Jahre trugen etablierte Stückgutkonzerne wie Kühne & Nagel oder Schenker dieser Entwicklung Rechnung und zogen mit Angeboten von schnellen Stückguttransporten nach. Auch die Danzas AG – heute unter dem Dach der Deutschen Post als DHL Freight am Markt operierend – entwickelte ein europäisches Expressfrachtsystem. Unter dem Markennamen „Eurorapid" schlossen sich ausgewählte, europäische Speditionsfirmen über Franchiseabkommen zusammen, um europäische Expressfrachtdienste anbieten zu können. Es entstand ein zeitdefiniertes, auf zeitsensible Kunden gerichtetes Marktsegment, das weder dem KEP-Markt noch dem Stückgutmarkt eindeutig zugeordnet werden konnte. Über eine horizontale Diversifikation[298] wurde das bestehende Leistungsangebot um eine zeitdefinierte Komponente erweitert. Paket-, Express- und Expressfrachtdienste können dabei als ökonomische Weiterentwicklung des Speditionssammelgutverkehrs angesehen werden.[299]

Grundsätzlich können zeitliche Verbesserungen von Stückgutverkehren durch zwei Gestaltungsoptionen erzielt werden. Einerseits haben die Unternehmen die Möglichkeit, vollkommen neue Stückgutleistungen mit neuen Organisationen und in separaten Verkehren durchzuführen. Andererseits besteht die Möglichkeit im Rahmen der Standardnetze zeitdefinierte Stückgutleistungen durch Sonderbehandlung an den Schnittstellen abzuwickeln. FORTRAS, ein Verbund von Zufall, Hellmann und Birkart, bot anfangs ein flächendeckendes 48-Stunden-Regelnetz. Zusätzlich wurde mit SYSTEMGUT ein Premium-Netz mit einer Laufzeit von 24-Stunden entwickelt. Anfangs betrug das Sendungsverhältnis zwischen FORTRAS und SYSTEMGUT 90:10. Im Laufe der Zeit kam es zur Kannibalisierung/ Vermengung der Sendungen, so dass beide Netze von den beteiligten Partnern nicht wirtschaftlich betrieben werden konnten. Zusätzlich konnte ein Großauftrag von Metro akquiriert werden, der eine Verschmelzung der beiden Netze vorantrieb. Es entstand der Kooperationsverbund SYSTEM ALLIANCE mit einem flächendeckenden 24-Stunden-Service. Mit wachsender Marktdynamik und steigenden Kundenanforderungen erwies sich der Betrieb von zwei getrennten Netzen als ebenso wenig konkurrenzfähig wie eine 48-Stunden-Laufzeit. Es entstanden flächendeckende 24-Stunden-Netzwerke als

296 Vgl. Hector (Entstehungsgeschichte, 1987), S. 16.
297 Vgl. Hector (Entstehungsgeschichte, 1987), S. 16.
298 Vgl. Czenskowsky (Marketing für Speditionen, 2004), S. 96 f.
299 Vgl. Schumacher (Reaktion der Speditionen, 1987), S. 84.

Standard im Markt nationaler Stückgutverkehre. Aus den effizienten und funktionierenden 24-Stunden-Netzwerkverkehren heraus konnten Expressfracht und Terminverkehre entwickelt werden.

Grundsätzlich ist dieser verbesserte zeitliche Service keine Marktinnovation, vielmehr war es auch in der Vergangenheit zum Teil möglich, eilige Sendungen mit einer Expresszustellungsanforderung zu versehen. Hierbei handelte es sich aber um informelle, nicht standardisierte Leistungsangebote, bei denen die Sendung manuell mit einem Expressstempel versehen wurde, der keine erhöhten Transportkosten nach sich zog. Mit der Einführung zeitdefinierter Stückgutleistungen und der damit verbundenen Standardisierung der Leistungsangebote kam es zu einer Objektivierung der gängigen Praxis. Es war dem Dienstleister möglich, höhere Preise für Expressleistungen zu erzielen. Letztlich ist der Trend, sich über differenzierte Angebote am Markt zu positionieren dadurch reizvoll, dass für spezialisierte Leistungen höhere Erlöse in Form von Preisaufschlägen zu erzielen sind.[300] Kaum verwunderlich, dass viele Stückgutanbieter, die in der Lage sind, flächendeckende Leistungen anzubieten, mit zeitdefinierten Produkten an den Möglichkeiten zusätzlicher Erträge partizipieren wollen. Das breite Angebotsspektrum (vgl. Kapitel 5.2.4) basiert auf grundlegenden Motiven der Dienstleister, zeitdefinierte Stückgutleistungen anzubieten, die anhand der Erkenntnisse aus den Experteninterviews nachfolgend vorgestellt werden sollen.

5.2.2 Motive für das Angebot zeitdefinierter Stückgutleistungen

Die Motive aus Dienstleistersicht[301] resultieren aus den unter Kapitel 4.2.1 geschilderten Kundenanforderungen nach Zuverlässigkeit und Geschwindigkeit und beinhalten:

- Ertragssteigerung und Gewinnmaximierung durch Preisaufschläge
- Erschließung benachbarter Marktfelder, insbesondere der KEP-Branche
- Empfehlung für höherwertige Kontrakt- und Value-Added Leistungen zur Kundenbindung und Kundenneugewinnung
- Transparenz und Objektivierung über zeitdefinierte Sendungsanteile

Sofern zeitdefinierte Stückgutleistungen im Wesentlichen im Rahmen der Standardnetze abgebildet werden können, kann eine **Ertrags- und Gewinnmaximierung** erreicht werden. Vergleicht man die Aufschläge, die für zeitdefinierte Stückgutleistungen notwendig werden,

300 Vgl. Wlcék (Güterverkehrsnetzen, 1998), S. 23 f.

301 Die Ausführungen stellen eine verdichtete Darstellung der Einschätzungen der durchgeführten Experteninterviews dar.

mit den vergleichsweise geringen Mehrkosten, so kann von einem Überschuss ausgegangen werden. Prinzipiell gilt: Je früher die Anlieferung desto höher die Produktionskosten und infolgedessen desto höher die erhobenen Aufschläge. Dabei bedeutet jeder Prozentanteil zeitdefinierter Leistungen gleich Gewinn, sofern die Preisfestsetzung entsprechend ausgerichtet ist. Bei der Preisfestsetzung besteht grundsätzlich die Möglichkeit, sich an der Preisvorstellung der Nachfrage zu orientieren bzw. die Konkurrenzpreise oder die Kosten der eigenen Leistungserstellung gegenüberzustellen.[302] Für die Ermittlung der Zahlungsbereitschaft auf Nachfrageseite liegen keine verfügbaren Erhebungen aus Kundenbefragungen vor. Im Wesentlichen orientiert sich die Preisfestsetzung an den Preisen der Konkurrenz[303], wobei die eigene Kostensituation bzw. eigenen Erfahrungswerte berücksichtigt werden.

Grundsätzlich ist zu hinterfragen, ob ein Preisaufschlag am Markt durchzusetzen ist. Durch hohe, fixe Systemkosten neigen Unternehmen bei der Gewinnung von Neugeschäften zu defensiven Preiszugeständnissen.[304] Es kann nicht ausgeschlossen werden, dass auch bei im Standardnetz erbrachten zeitdefinierten Premiumleistungen im Sinne einer erfolgskritischen Systemauslastung auf vermeintlich unverhältnismäßige Preisaufschläge verzichtet wird. Betrachtet man die einzige im Internet zugängliche Preistabelle, so scheinen Preisaufschläge zwischen einer garantierten 24-Stunden-Zustellung und einer Zustellung bis 8:00 Uhr von durchschnittlich 136 Prozent als Extremwert realisierbar. Abbildung 5-3 stellt beispielhaft einen Referenztarif dar, der spezifischen vertraglichen Vereinbarungen bspw. in Form von Mengenrabatten nicht gerecht wird. Auch die Transportrelation spielt bei der Preisverhandlung eine Rolle. Auf hoch frequentierten Strecken sind andere Transportpreise denkbar als auf Strecken, auf denen ein geringes Transportangebot vorherrscht: Vereinzelt scheinen nach den Erkenntnissen aus den Experteninterviews auch höhere Preisaufschläge (150 – 180 Prozent) möglich.

[302] Vgl. Czenskowsky (Marketing für Speditionen, 2004), S. 140.
[303] Vgl. Meyer/ Streich (Preispolitik für Dienstleistungen, 1998), S. 847.
[304] Vgl. Klaus (Marketing für Transport-Dienstleistungen, 1998), S. 1484.

Abbildung 5-3: Exemplarischer Frachtsatz in Euro pro Sendung zeitdefinierter Stückgutleistungen

Gewicht	Entfernungen/km											
kg	bis 200 km				bis 400 km				ab 401 km			
	ToP8	ToP10	ToP12	ToP	ToP8	ToP10	ToP12	ToP	ToP8	ToP10	ToP12	ToP
1- 50	86	59	49	35	100	69	57	41	105	73	58	45
51- 100	138	95	65	57	140	96	75	58	156	107	88	64
101- 200	171	117	89	72	186	128	94	78	207	142	101	86
201- 300	210	144	123	87	249	171	131	104	286	196	149	117
301- 500	320	220	149	133	328	225	156	146	343	237	172	155
501- 1.000	419	289	216	188	432	298	238	194	517	356	272	232
1.001- 2.000	614	424	352	276	639	441	372	287	691	476	417	310
2.001- 5.000	1.050	724	596	444	1.215	837	642	485	1.308	903	683	508

Durchschnittlicher Preisaufschlag von 24-Stunden-Garantie auf garantierte 8:00 Uhr Zustellung = 136 Prozent

Quelle: Anonymisierte, frei verfügbare Tarifmatrix aus dem Internet

Exemplarisch abgeleitet ergeben sich aus diesem Referenztarif folgende durchschnittliche Zuschlagssätze in Prozent (vgl. Anhang 4 bzw. Anhang 5):

Von 24-Stunden-Garantieservice auf 8:00 Uhr Zustellung:	136 Prozent
Von 24-Stunden-Service auf 12:00 Uhr Zustellung:	26 Prozent
Von 12:00 Uhr Zustellung auf 8:00 Uhr Zustellung:	88 Prozent
Von 10:00 Uhr Zustellung auf 8:00 Uhr Zustellung:	45 Prozent

Betrachtet man die hier dargestellte Tarifstruktur genauer (vgl. auch Tariftabellen in Anhang 4 und 5), so zeigt sich, dass diese keiner ersichtlichen Systematik folgen. Danach ließe sich keine Regel formulieren wie „je weiter die Strecke, desto höher der Preisaufschlag" oder „je schwerer die Sendung, desto höher der Preisaufschlag". Dies ist einerseits in dem generellen Handlingsaufwand – unabhängig von Gewicht und Entfernung – beim Stückgutumschlag begründet, andererseits lässt sich eine fehlende Systematisierung bei der Entwicklung von Tarifstrukturen vermuten. Alternativ zu diesen typischen Transporttarifen werden bei anderen Stückgutdienstleistern auch feste Zuschlagssätze vereinbart, die unabhängig von Gewicht und Entfernung bestimmt werden. Hierzu sind keine frei verfügbaren Tarifangaben zu erhalten. Auch wenn die Zusatzerträge die zusätzlich notwendigen Produktionsaufwendungen übersteigen, so müssen u.U. auch verschlechterte Auslastungsquoten durch fest vorgegebene Abfahrtszeiten im Rahmen dieser Zuschlagskalkulation kompensiert werden. Der Kunde ist hier bereit, eine hohe und schnelle Laufzeitqualität für ausgewählte Sendungen mit einer zusätzlichen Zahlungsbereitschaft zu honorieren. Durch schnellen und zuverlässigen Lieferservice ist davon auszugehen, dass der Kunde in der Lage ist, seine eigenen Bestandskosten zu senken. Hiervon hat in besonderem Maß die KEP-Branche profitiert.

Nicht zuletzt die ähnlich gelagerten sowie wachstumsstärkeren Geschäfte der KEP-Branche sind ein weiterer Beweggrund in das **benachbarte Geschäft mit eiligen Stückgutsendungen** einzusteigen. Auf diese Art empfehlen sich die Stückgutanbieter neben der Abwicklung von Standardsendungen ganz bewusst auch für Sendungen, die bisher den etablierten KEP-Diensten vorbehalten waren.[305] Ob von Seiten der Verlader eine derartige Vermischung der Dienstleisterstrukturen angestrebt wird, darf zumindest bezweifelt werden. Unbestritten bestehen jedoch Produktionskostenvorteile gegenüber den KEP-Anbietern. Im Rahmen der Experteninterviews wurde der Produktionskostenvorteil von Stückgutdienstleistern gegenüber KEP-Dienstleistern mit dem Faktor 2 bis 3 angegeben. Während im kleinstückigen KEP-Geschäft Pakete maschinell umgeschlagen werden, erfolgt in Stückgutnetzen der Umschlag auf Palettenbasis. Dies erfordert zwar mehr manuellen Aufwand je Packstück, bezogen auf die Anzahl der Einzelsendungen im Packstück sind die Produktionskosten jedoch deutlich geringer.

Nicht jedes Stückgutnetzwerk ist in der Lage, zeitdefinierte Stückgutleistungen anzubieten. Gelingt der Schritt in dieses Premiumsegment, so kann von einer geringeren Wettbewerbsintensität als im Standardsegment ausgegangen werden. Außerdem kann die zuverlässige Abwicklung besonders zeitkritischer Sendungen eine Unterstreichung der eigenen Leistungsfähigkeit und eine Differenzierung vom Wettbewerber bedeuten. Dies stellt nicht nur ein zusätzliches Vertriebsargument dar, sondern ist gleichzeitig eine nicht zu unterschätzende **Empfehlung des Dienstleisters**, wenn es um die Vergabe zusätzlicher Sendungsmengen geht. Auch für die Entscheidung zur Abwicklung von komplexen und anspruchsvollen Kontraktleistungen kann die zuverlässige Abwicklung als Referenz dienen. Zeitdefinierte Stückgutangebote erfüllen den Zweck der Kundenbindung und der Neukundengewinnung gleichermaßen.

[305] Vgl. Sander (Zufall umgarnt die Eiligen, DVZ vom 22.2.2005), S. 4.

Ergänzend dazu hat die Einführung zeitdefinierter Produkte auch **Transparenz und Objektivität** geschaffen. Informelle, persönliche Gefälligkeitslösungen gehören in standardisierten Netzwerken der Vergangenheit an. Das Stückgutgeschäft ist ein Massengeschäft, in dem die Sendungen entindividualisiert durch das Netzwerk fließen. Die Nachfrage wird direkt messbar und ermöglicht so eine verbesserte strategische Ausrichtung. Durch die Bepreisung erfolgt eine Kristallisation in dem Sinne, dass nur noch wirklich eilige Sendungen auch als eilig deklariert werden.

Auch wenn in den geführten Experteninterviews nicht genannt, so können ergänzend dazu weitere positive Wirkungen von Zeitgarantien aufgeführt werden. Neben einer größeren Leistungsverpflichtung der Mitarbeiter, fordern Kunden bei Nichterfüllung eine vordefinierte Kompensation. Durch eine eindeutige Basis für die Leistungsbeurteilung (bspw. Lieferung bis 10:00 Uhr, sonst Geld zurück) verbunden mit einer Kompensation wird die Überzeugung des Kunden in das Leistungsvermögen gestärkt und konstruktive Beschwerden gefördert.[306] Das hilft den Unternehmen, Fehlerquellen zu erkennen und die Kundenbedürfnisse besser zu befriedigen.

Auch wenn eine Differenzierung vom direkten Wettbewerber über zeitdefinierte, nationale Produkte nur noch bedingt möglich ist, so kann zusammenfassend festgehalten werden, das in der Vergangenheit leistungsfähige Netzstrukturen und Produkte entstanden sind, die kosten- und leistungsmäßig mit Angeboten der KEP-Dienste konkurrieren können. Insofern müssten auch die Stückgutdienstleister von der Nachfrage nach kleinstückigen, eiligen Sendungen profitieren. Um zeitsensible Kundenbedürfnisse befriedigen zu können, sind operative und administrative Prozesse bei der Leistungserstellung und Leistungskontrolle auszugestalten. Auf die Besonderheiten bei der Leistungserstellung sollen im Folgenden eingegangen werden.

5.2.3 Besonderheiten bei der Leistungserstellung und Leistungskontrolle zeitdefinierter Stückgutleistungen

Gerade bei der Abwicklung zeitdefinierter Stückgutleistungen werden besondere Anforderungen an die physischen und administrativen Prozesse gestellt. An den Schnittstellen ist es notwendig, die zeitdefinierten Sendungen gesondert zu behandeln. Auch

[306] Vgl. Wirtz (Dienstleistungsgarantien als wirksames Mittel, 1998), S. 834 ff.

die Leistungskontrolle und Informationsverfügbarkeit sind wesentlich erfolgskritischer als im Vergleich zur Standardabwicklung.

5.2.3.1 Leistungserstellung zeitdefinierter Stückgutleistungen

Während im Kapitel 4.1.3 die Wertschöpfungskette beim Stückgutumschlag allgemein dargestellt wurde, soll an dieser Stelle kurz auf die Besonderheiten bei der Erstellung zeitdefinierter Stückgutleistungen eingegangen werden. Nachdem – wie dargestellt – Versuche separate Expressnetze erfolgreich zu betreiben als gescheitert anzusehen sind, sind alle Stückgutdienstleister dazu übergegangen zeitdefinierte Leistungen im Rahmen ihrer standardisierten Regelnetze abzuwickeln. Zeitgarantien setzen den Anbieter unter Zugzwang die Prozesse der Leistungserstellung zu beherrschen, da sonst mit wachsender Kundenunzufriedenheit und steigenden Garantieabfindungen zu rechnen ist.[307] Zuverlässige Strukturen und Mitarbeiter werden zur Grundvoraussetzung, um Serviceverbesserungen zu realisieren.

Um einen verbesserten zeitlichen Service in diesen Rahmennetzen zu ermöglichen, ist beim Umschlag und Transport eine Sonderbehandlung zeitdefinierter Sendungen notwendig. Grundvoraussetzung dafür ist neben der zeitlichen Taktung der Abläufe die klare Kennzeichnung der Sendung (vgl. Abbildung 5-4) und des Datensatzes im IT-System, um die Sendungen speziell zu überwachen und zu „monitoren".

Abbildung 5-4: Beispiel einer Kennzeichnung einer zeitdefinierten Stückgutleistung

Quelle: trans-o-flex Homepage: www.trans-o-flex.de

Die Unterschiede bei der operativen Leistungserbringung (Umschlag und Transport) zwischen den Stückgutdienstleistern – unabhängig ob Konzern oder Kooperation – sind als marginal anzusehen. Im Allgemeinen können während des Vorlaufs, des Umschlags, des Hauptlaufes und des Nachlaufes durch Sonderbehandlung Zeitersparnisse erzielt werden.

[307] Vgl. Wirtz (Dienstleistungsgarantien als wirksames Mittel, 1998), S. 829.

Sollte die Gefahr bestehen, dass wichtige Anschlussfahrten des Fernverkehrs im Rahmen des **Vorlaufes** nicht erreicht werden können, so ist eine gesonderte Abholfahrt durchzuführen. Durch eine frühzeitige Erfassung, elektronische Übermittlung und eine Kennzeichnung des Datensatzes ist für die Empfangsniederlassung und Hauptlaufdisposition die Zeitdefinition ab dem Zeitpunkt der Erfassung ersichtlich und notwendige Sondermaßnahmen können im Vorfeld eingeleitet werden.

Bei der Entladung der Abholtour kann beim Umschlag am Versanddepot die Sendung der ersten bzw. der zuerst am Empfangsdepot ankommenden Fernverkehrstour zugeordnet werden. Gerade bei Verbindungen zwischen Ballungszentren werden während der Nacht häufig mehrere Direktfahrten zwischen zwei Depots durchgeführt. Die Zuordnung der zeitdefinierten Sendung an die frühste Hauptlauftour erweitert den Spielraum in der Empfangsniederlassung bzw. erhöht den zeitlichen Puffer, der u.U. durch Verkehrswidrigkeiten (Wetterbedingungen, Stau) benötigt wird. Durch das Verladen im hinteren Teil des Fernverkehrsfahrzeugs wird der Zugriff beim Empfangsdepot erleichtert und die Zuordnung zum Nahverkehrsfahrzeug verkürzt.

In den meisten Fällen erlaubt auch der zeitaufwendigere **Hauptlauftransport** über das Hub eine fristgerechte Auslieferung im Empfangsdepot. Bei weit entfernten Depots kann eine Einhaltung des garantierten Zeitservices durchaus kritisch werden. In diesem Fall sind im Hinblick auf Zuverlässigkeit und Schnelligkeit Sonderfahrten zu planen. Diese können durch Sprinterfahrzeuge erfolgen, die höhere Geschwindigkeiten erlauben und weiter gefassten gesetzlichen Regelungen unterliegen. Für derartige Sonderfahrten werden häufig kleinere, regional operierende Expressdienste eingesetzt, die als Subunternehmer und Kooperationspartner fungieren. Diese Expressdienste verfügen nicht zwingend über flächendeckende Strukturen, sondern haben sich vielmehr auf lukrative Punkt-zu-Punkt-Verkehre spezialisiert. Der Expressdienst stellt die teuerste und gleichzeitig zuverlässigste Transportoption dar, die nicht als Kernleistung von Stückgutanbietern anzusehen ist.

Durch die optische Kennzeichnung kann der Umschlag im Empfangsdepot beschleunigt werden. Die betreffende Sendung wird nach der Entladung auf einen Express-Relationsplatz verbracht oder direkt in das Zustellfahrzeug verladen. Bei einer Zustellung bis 8:00 Uhr ist eine frühzeitige Avisierung, Disposition und Verladung zwingend erforderlich. Gerade bei einer geforderten Zustellung bis 8:00 Uhr muss der **Nachlauf** zwingend durch eine Sonderfahrt erfolgen. Bei einem Zeitservice bis 10:00 Uhr oder bis 12:00 Uhr kann durch eine intelligente Tourenbildung u.U. eine Zustellung im Rahmen der Standardzustelltour erfolgen. In diesem Fall entstehen dem Stückgutdienstleister keine zusätzlichen Transportkosten. Auch hier gilt, die betreffende Sendung möglichst hinten zu verladen, damit ein leichter Zugriff auf die Sendung erfolgen kann. Durch toolbasierte und reaktionsfähige Tourenplanungssysteme liegen hier noch Rationalisierungspotenziale verborgen, in dem Touren ad-hoc geplant und ggf. geändert werden können.

Nur zeitlich getaktete Fahrplanverkehre mit festen Abfahrts- und Ankunftszeiten erlauben eine genaue Planung der durchzuführenden Verkehre und ermöglichen eine zuverlässige Abwägung, ob Sonderfahrten notwendig werden. Durch die Abwicklung von zeitdefinierten Stückgutleistungen im Rahmen des Regelnetzwerkes halten sich die Zusatzaufwendungen für Personal, Equipment sowie Umschlags- und Transportaktivitäten in Grenzen. Die Dispositionstätigkeiten finden im Rahmen der Standarddisposition statt. Eine separate Sonderdisposition zeitdefinierter Sendungen kommt bei den befragten Dienstleistern nicht zur Anwendung. Allgemein kann konstatiert werden, dass die Unterschiede zur Erstellung der Standardleistung zwischen den Anbietern bzw. die Unterschiede bei der Abwicklung zeitdefinierter Leistungen als gering angesehen werden können.

5.2.3.2 Leistungskontrolle mittels moderner IT-Systeme

Während in Kapitel 4.3.1.2 auf die Bedeutung der IT-Systeme bei der Standardleistung eingegangen wurde, sind im Folgenden die Besonderheiten bei der Abwicklung zeitdefinierter Stückgutsendungen Gegenstand der Ausführungen. Zur Standardisierung der zeitdefinierten Stückgutleistungen gehört in herausragendem Maß die zeitnahe Verfügbarkeit und Kontrolle der Sendungsinformationen. Die Kontrolle der Laufzeiten und Zeitservices erfolgt über leistungsstarke IT-Systeme, die auch bei Standardsendungen zur Anwendung kommen. Sämtliche Erfassungen und Statusabfragen sind in einem integrierten IT-System zu verarbeiten und müssen dem Dienstleister und den Kunden zeitnah zur Verfügung stehen. Unterschiede bei der Leistungsfähigkeit der eingesetzten IT-Systeme können im Rahmen dieser Arbeit nicht im Detail beurteilt werden.

Als Vorreiter bei der Integration und Ausgestaltung von leistungsfähigen IT-Strukturen sind auch hier die KEP-Dienste anzusehen. Der DPD verfügte bereits 1989 über ein europaumspannendes, computergestütztes Sendungsverfolgungssystem.[308] Leistungsfähige und übergreifende IT-Systeme sind Grundvoraussetzung für die Erbringung, Sicherstellung und Kontrolle besonders zeitkritischer Sendungen. Schnelle Informationsverfügbarkeit, vor allem bei auftretenden Unregelmäßigkeiten, erhöht das Reaktionsvermögen. Frühzeitige Verfügbarkeit der Sendungsinformationen eröffnet nicht nur dem Verlader neue Reaktionsmöglichkeiten, auch die Dienstleister selbst können Engpässe bei den Transportressourcen und -kapazitäten rechtzeitig erkennen und notwendige

[308] Vgl. Nolte (DPD als Informationsdienstleister, 1998), S. 145.

Sondermaßnahmen ergreifen.[309] Die Sicherstellung und durchgängige Dokumentation beim Versand zeitdefinierter Sendungen erfordert umfangreiche Investitionen und setzt tiefgehendes Know-how sowie IT-Kompetenz voraus. Jede Schnittstelle beim Umschlag und Transport ist mit der gleichen IT-Infrastruktur zu versehen. Die Kommunikation zwischen den Schnittstellen ist ein entscheidendes Qualitätsmerkmal bei der Versanddokumentation zeitkritischer Sendungen.

Durch eine durchgängige Scannung wird der Sendungsverlauf exakt widergespiegelt und es können zum Online-Zugriff die relevanten Sendungsinformationen zur Verfügung gestellt werden. Besonders leistungsfähige Systeme versetzen den Dienstleister in die Lage, pro-aktiv Unregelmäßigkeiten zeitnah zu visualisieren und den Handlungsspielraum zu erweitern. Nicht nur die Auskunft über den Sendungsverlauf in Form von vorgegebenen Scannpunkten ist von Bedeutung. Auch die genaue Position des Fahrzeugs, in dem sich die Sendung befindet, kann wichtige Zusatzinformationen liefern. Durch Telematikinstrumente, GPS-Ortung und moderne Mobilkommunikation werden Fahrzeugpositionen an eine zentrale Leitstelle übermittelt und die Zusteuerung an die Werks- oder Hubrampe kann zeitlich präzise vorhergesagt bzw. ggf. angepasst werden. Die Bedeutung pro-aktiver Sendungsinformation wird zwar zunehmend von den Dienstleistern proklamiert, es sind jedoch Unterschiede bei der Verwirklichung dieses Leistungsversprechens feststellbar. Während bei einem Dienstleister die Bereitstellung der pro-aktiven Statusinformation vollständig automatisiert abläuft, finden bei anderen Dienstleistern „hinter den Kulissen" noch umfangreiche manuelle Tätigkeiten statt, die für den Kunden zwar nicht erkennbar sind, jedoch deutliche Effizienzvorsprünge des automatisierten Dienstleisters ermöglichen.

Zusammenfassend kann festgehalten werden, dass in den letzten Jahren hochwertige Stückgutleistungsangebote verwirklicht und weiterentwickelt (veredelt) wurden. Bei entsprechenden Sendungsmengen wurde eine Systemproduktionsform für Standard- und zeitdefinierte Leistungen erreicht, die sowohl im operativen als auch im administrativen Bereich zur Geltung kommt.[310] Während sich die Leistungsangebote zeitdefinierter Leistungen kaum voneinander unterscheiden, liegen die Unterschiede in der Qualität der Leistungserbringung und der Leistungsfähigkeit der IT-Strukturen, die für den Kunden nicht auf den ersten Blick erkennbar sind.[311]

[309] Vgl. Wlcék (Güterverkehrsnetzen, 1998), S. 25.
[310] Vgl. Diehl (Angebotsstrategien logistischer Dienstleister, 1996), S. 78.
[311] Vgl. Müller (Kundenservice und seine Zentralisierung, 2005), S. 28.

5.2.4 Angebotsübersicht zeitdefinierter Stückgutleistungen

Mit der Einführung zeitdefinierter Produkte sind feste Leistungsversprechen verbunden, die transparent und vertraglich abgesichert sind. Durch fest vorgegebene Leistungsstandards bekommt die logistische Dienstleistung einen Produktcharakter und reift zu einem Markenartikel.[312] Neben einer fest vereinbarten Geld-zurück-Garantie bei der Nicht-Erfüllung des Zeitversprechens ist die Haftung laut der Allgemeinen Deutschen Spediteursbedingungen (ADSp) geregelt. Im Bedarfsfall können darüber hinausgehende Haftungsregeln vereinbart werden. Diese gewährleisten eine Kompensation für durch bei Nicht-Erfüllung entstandene Schäden (bspw. Produktionsausfälle). Um die Versicherungsprämien in Grenzen zu halten, sind die Haftungsregeln i.d.R. mit Haftungsobergrenzen versehen. In den Geschäftsbedingungen für den Versand einschränkend ausgeschlossen werden Inselregionen, bestimmte Gefahrgutklassen sowie zollpflichtige Sendungen. Weiterhin wird im Rahmen der Geschäftsbedingungen auf die Voraussetzung geordneter Verkehrsverhältnisse, eine ordnungsgemäße Verpackung sowie die Annahmebereitschaft des Empfängers verwiesen. Einheitliche Qualitätsstandards, die in einer DIN ISO 9000 ff. Zertifizierung zum Ausdruck kommen, vervollständigen das Bild von leistungsfähigen und standardisierten Netzwerkstrukturen. Abbildung 5-5 gibt einen Überblick über die zeitdefinierten Leistungsangebote der führenden Stückgutdienstleister. Dabei wurden die Unternehmen berücksichtigt, die sich im Rahmen der TOP 100 Studie als bedeutend erweisen und bei denen Informationen zum Produktangebot im Internet zur Verfügung stehen.

[312] Vgl. Knop (Komplettes Paket für Kunden, 1992), S. 67.

Abbildung 5-5: Überblick über zeitdefinierte Stückgutleistungen

Unternehmen	24-Regel-service	24-Garantie	Bis 12 garantiert	Bis 10 garantiert	Bis 8 garantiert	im Angebot seit	Sonstige Zeitoptionen	Geld-zurück-Garantie	Gewichts-begrenzung	Proaktive Information
DACHSER	✓	✓	✓	✓	O	1967	18 Uhr, fix/flex.Lieferdatum	k.A.	k.A.	Ja
IDS (Kooperation)	✓	✓	✓	✓	✓	1995	keine	k.A.	bis 2.500 kg	Nein
SYSTEM ALLIANCE (Kooperation)	✓	✓	✓	✓	O	2001	Samstag-Service	k.A.	k.A.	Ja
SCHENKER	✓	✓	✓	✓	✓	1996	keine	✓	bis 3.000 kg	Nein
CTL (Kooperation)	✓	✓	✓	✓	O	2002	bis 14 Uhr	k.A.	k.A.	Nein
DHL Freight – Danzas/ DHL Freight	✓	✓	✓	✓	O	k.A.	bis 9 Uhr, Sonn-/Feiertag-Service	✓	k.A.	Nein
ABX LOGISTICS	✓	✓	O	✓	O	1997	keine	✓	1.200 kg	Ja
CargoLine (Kooperation)	✓	✓	✓	✓	✓	1993	von 18 bis 22 Uhr	✓	bis 3.000 kg	Ja
24plus (Kooperation)	✓	✓	✓	✓	✓	2000	keine	k.A.	bis 2.500 kg	Nein
hellmann *(in System Alliance)*	✓	✓	✓	✓	O	2001	keine	k.A.	k.A.	Ja
Cargo Concept (Kooperation)	✓	✓	✓	✓	✓	2001	keine	k.A.	bis 2.500kg	Nein
Emons Spedition	✓	✓	✓	✓	✓	1989	keine	k.A.	k.A.	Ja
Spedition 2000 (Kooperation)	✓	✓	✓	✓	O	2004	keine	k.A.	bis 2.500 kg	Ja
BIRKART GLOBISTICS *(in System Alliance)*	✓	✓	✓	✓	O	2001	Samstag-Service	k.A.	k.A.	Ja
Cds&Simon *(in System Alliance)*	✓	✓	✓	✓	O		Samstag-Service	k.A.	k.A.	Ja
WM GROUP *(in IDS)*	✓	✓	✓	✓	✓	1995	keine	k.A.	k.A.	Nein
STEINLE *(in IDS)*	✓	✓	✓	✓	✓	1995	keine	k.A.	k.A.	Nein
SÜDKRAFT *(in 24plus)*	✓	✓	✓	✓	✓	2000	keine	k.A.	k.A.	Nein
NAGEL-GRUPPE *(in IDS)*	✓	✓	✓	✓	✓	1995	keine	k.A.	k.A.	Nein
IHG *Interspe Hamann (in System Alliance)*	✓	✓	✓	✓	O	1986	keine	k.A.	k.A.	Ja
vormals P&O Trans European	✓	k.A.	k.A.	k.A.	k.A.	k.A.	k.A.	k.A.	keine	Nein
Online Systemlogistik (Kooperation)	✓	✓	✓	✓	O	1995	Samstag-Service	✓	k.A.	Nein
GEFCO *(in Cargo Concept)*	✓	✓	✓	✓	✓	2001	keine	✓	bis 2.500kg	Nein
LEBERT *(in CargoLine)*	✓	✓	✓	✓	✓	1993	bis 18 Uhr	k.A.	k.A.	Ja
(in IDS und 24plus)	✓	✓	✓	✓	✓	k.A.	keine	k.A.	bis 2.500kg	Nein
ZUFALL *(in System Alliance)*	✓	✓	✓	✓	O	2001	Samstag-Service	bis 2.500€	k.A.	Ja
HÄRING *(in IDS)*	✓	✓	✓	✓	✓	1989	keine	k.A.	k.A.	Nein

Quelle: Eigene Darstellung, Internet-Recherche ✓ = im Angebot O = nicht im Angebot k.A. = Keine Angabe

In Orientierung an den gängigen Produkten wie 24-Stunden-Standard, 24-Stunden-Garantie etc. konnte eine Überprüfung des Angebotsspektrums vollzogen werden. Ergänzend dazu wurde der Markteintrittszeitpunkt genauso erfasst wie zusätzliche Zeitoptionen, Gewichtsbeschränkungen, Geld-zurück-Garantien und weitere Servicefeatures. Nahezu alle Stückgutdienstleistungsunternehmen offerieren zeitdefinierte Leistungen. Durch die Einbeziehung der zeitlichen Komponente vieler Markakteure eignet sich eine **Differenzierung über Zeit** nur begrenzt als strategischer Erfolgsfaktor. Eine Differenzierung vom Wettbewerber ist in diesem Stadium nicht mehr möglich, vielmehr scheinen zeitdefinierte Angebote zur Grundvoraussetzung[313] am Markt geworden zu sein. Aktuell gehen die Anstrengungen der Dienstleister in die Richtung, zeitdefinierte Produkte auf das benachbarte europäische Ausland auszuweiten.

Betrachtet man den **Markteintrittszeitpunkt**, so offeriert Dachser bereits seit 1967 zeitdefinierte Produkte.[314] Seit Ende der 1990er Jahre folgen sukzessive weitere Anbieter, so dass erst Mitte der 1990er Jahre von einem flächen- und marktdeckenden Angebot auszugehen ist. Bis ins Jahr 2004 wurden noch zeitdefinierte Angebote am Markt platziert. Abgesehen von dem weiten zeitlichen Vorsprung von Dachser ist kein Unterschied zwischen Konzernen und Kooperationen zu erkennen. Nicht nur die Einführung von zeitdefinierten Produkten, sondern auch darüber hinausgehende Prozessinnovationen wie pro-aktive Sendungsinformationen können in diesem Zusammenhang genannt werden. Die Bereitstellung von pro-aktiven Sendungsinformationen scheint erst langsam als Grundvoraussetzung bei der Leistungserbringung heranzureifen. Nach den Ausführungen, die für das weitere Verständnis von Nutzen sind, soll im Folgenden im Rahmen einer durchgeführten Marktabfrage untersucht werden, welche Anteile am Gesamtmarktvolumen zeitdefinierte Stückgutleistungen beinhalten und wie sich dieses Teilmarktsegment nationaler Stückgutverkehre im Moment darstellt.

[313] Bitzer spricht in diesem Zusammenhang von Zeit als „Hygienefaktor", vgl. Bitzer (Zeitbasierte Wettbewerbsstrategien, 1991), S. 307.

[314] Die Angaben des Markteintritts wurden im Rahmen der Marktabfrage (Vgl. Kapitel 5.3) erhoben.

5.3 Empirische Ergebnisse zu quantitativen Marktgrößen

Im Zeitraum von Januar bis März 2005 wurden basierend auf den Erhebungen der TOP 100 die jeweils dreißig führenden Dienstleister des Teilmarktes sechs „nationale Allgemeine Stückgutverkehre" und des Teilmarktes elf „KEP – Paket-, echte Kurier- und spezialisierte Expressdienste" angeschrieben mit der Bitte um Mitteilung der Umsatz-, Sendungs-, Tonnagedaten für das Jahr 2004. Parallel dazu wurde im April 2005 eine „Systemprovokation" (vgl. Anhang 6) durchgeführt, in der die Reaktionszeit der Angebotsabgabe und die Transportpreise auf zwei beliebig gewählten Transportrelationen mittels Anfrage via Internet exemplarisch abgefragt wurden. Auch wenn die Ergebnisse dieser Systemprovokation nicht repräsentativ sind, so erreicht dieses Vorgehen doch das Ziel, einen guten Eindruck von dem tatsächlichen Preisniveau sowie den am Markt üblichen Reaktionszeiten zu erhalten und sichert daneben die Plausibilität der Marktabfrage. Auf Basis dieser empirischen Erhebung konnten als Kernleistung dieser Arbeit

- das Marktvolumen zeitdefinierter Stückgutleistungen aufgeschlüsselt nach den Zeitoptionen als Ergebnis der Marktabfrage bemessen,
- rechnerische Preisaufschläge als Ergebnis der Marktabfrage bzw. der Systemprovokation ermittelt sowie
- Reaktionszeiten als Erkenntnis der Systemprovokation gemessen werden.

Die Erhebungen münden in die Abschätzung des Marktes zeitdefinierter Stückgutleistungen und die Ableitung aussagekräftiger Kennzahlen zu den Erlösen, Transportpreisen und Reaktionszeiten. Eine verdichtete Ergebnispräsentation wurde den teilnehmenden Unternehmen zur Plausibilitätssicherung im Mai 2005 zur Verfügung gestellt und korrigierende bzw. ergänzende Angaben ggf. eingearbeitet (vgl. Anhang 3).

Gegenstand dieser empirischen Erhebung war weder die Abschätzung des Bedarfs nach zeitdefinierten Stückgutleistungen von Seiten der Industrie- und Handelsunternehmen, noch die primäre Ermittlung des Sendungsaufkommens der KEP-Unternehmen. Die systematische Abfrage der relevanten Industrie- und Handelsunternehmen hätte die Identifizierung der wesentlichen Branchen zur Bedingung gehabt und eine branchenindividuelle Analyse war im Rahmen dieser Arbeit nicht zu leisten. Die Erhebung der Daten der KEP-Dienste dienten lediglich der Plausibilitätssicherung bzw. als Vergleichsbasis für weiterführende Überlegungen. Auch die Sendungsanteile spezialisierter Nischenanbieter wurden aufgrund begrenzter Überschaubarkeit und daraus resultierender mangelnder Datenverfügbarkeit nicht berücksichtigt.

Es sei somit unterstrichen, dass der Fokus auf national operierenden Stückgutdienstleistern liegt und deren Anteil im Teilmarktsegment zeitdefinierter Stückgutleistungen genauer beleuchtet werden soll. Mit der Abfrage der von den Dienstleistern abgesetzten Mengen bzw. erzielten Umsätzen kann davon ausgegangen werden, dass auch die Präferenzen und die Nachfragesituation in ausreichendem Maß zum Ausdruck kommen. Bevor auf die Ergebnisse näher eingegangen wird, sollen nachfolgend die Vorgehensweise der quantitativen Erhebung, Datenquellen und Datenlücken kurz erläutert werden.

5.3.1 Vorgehensweise der Marktabfrage: Datenquellen, Datenlücken und Grenzen der Aussagefähigkeit

Die Abfrage des Umsatz-, Mengen- und Tonnagevolumens war aufgeschlüsselt in Gesamtzahlen sowie unterschieden nach einzelnen Zeitservices (24-Garantie, bis 12:00 Uhr, etc.). Um die Erhebung nicht zu sehr zu zerstückeln, wurden vereinzelt vorkommende, zusätzliche Zeitoptionen bis 7:00 Uhr, bis 9:00 Uhr oder auch Spätabholungsoptionen vernachlässigt bzw. unter gängigen Zeitoptionen subsummiert. Auch das Jahr, in dem zeitdefinierte Stückgutleistungen von den Unternehmen erstmals angeboten werden, wurde im Zuge der Marktabfrage untersucht. Erhebungen aus vorhergehenden Jahren, die eine Entwicklungslinie ermöglicht hätten, waren nicht Bestandteil der Untersuchung, da hier von einer erschwerten Datenbeschaffung ausgegangen werden kann. Auch Unterschiede bei der Quote der Laufzeiterfüllung zeitdefinierter Stückgutleistungen wurde nicht detaillierter hinterfragt. Vielmehr wurde bei zeitdefinierten Leistungen eine 100prozentige Laufzeiterfüllung unterstellt, da andernfalls mit hohen, auf Dauer nicht tragbaren Ausgleichzahlungen zu rechnen ist. Abbildung 5-6 gibt den Erhebungsbogen der empirischen Erhebung zum besseren Verständnis wieder.

Abbildung 5-6: Erhebungsbogen zur Marktabfrage zeitdefinierter Stückgutleistungen

Fraunhofer Arbeitsgruppe für Technologien der Logistik-Dienstleistungswirtschaft ATL
Sebastian Herr
Nordostpark 93
90411 Nürnberg
oder per Fax an 09 11/ 58 06-5 99

Nürnberg, Januar 2005

ZEITDEFINIERTE NATIONALE STÜCKGUTLEISTUNGEN
von 32 kg bis 2.500 kg mit einem vereinbarten Zeitversprechen

Unternehmen ______ in ______
Straße ______ Nr.
Ansprechpartner Name ______
Telefon ______
Email ______
PLZ ______ Ort

Zeitdefinierte Stückgutleistungen werden von Ihrem Unternehmen in Deutschland angeboten seit ______ Jahr

Umsatz 2004 "national"	Anzahl Sendungen* 2004 "national"	beförderte Tonnage 2004 "national"
€	Sdg.	to

	Umsatzanteil		Anteil Sendungen*		Anteil beförderte Tonnage	
	absolut	in Prozent	absolut	in Prozent	absolut	in Prozent
24h Regellaufzeit						
24h garantiert						
garantiert bis 12:00						
garantiert bis 10:00						
garantiert bis 08:00						
		100%		100%		100%

*Sendungsbegriff: Kundenauftrag am selben Tag zum selben Empfänger, z.T. bestehend aus mehreren Packstücken

Quelle: Eigene Darstellung

Insgesamt wurden die 30 führenden nationalen Stückgutdienstleister laut der TOP 100 angeschrieben. Davon sind 20 Antwortbögen von Stückgutdienstleistern eingegangen (vgl. Abbildung 5-7) (Rücklaufquote 66 Prozent), die alle in die Erhebung einfließen konnten. Darunter sind die führenden zehn Stückgutanbieter des Teilmarktes sechs (vgl. Anhang 1) vertreten. Darüber hinaus haben sich bedeutende Einzeldienstleister an der Marktabfrage beteiligt, was auf ein hohes Interesse der Dienstleister schließen lässt. Im Gegensatz dazu haben lediglich zwei KEP-Dienste von ebenfalls 30 angeschriebenen KEP-Diensten an der Befragung teilgenommen, wobei die Angaben unvollständig und damit nicht vergleichbar waren. Einige KEP-Dienstleister bieten zwar auch zeitdefinierte Leistungen oberhalb von 31,5 kg an, so dass die Angaben von Interesse gewesen wären, allerdings werden diese i.d.R. gemeinsam mit Paketsendungen transportiert, so dass sich aufgrund eines abweichenden Sendungsbegriffs stark abweichende Kennzahlen ergeben. Aus diesen Erklärungen ergibt sich die in Abbildung 5-7 dargestellte Übersicht über den berücksichtigten Rücklauf der Erhebungsbögen:

Abbildung 5-7: Übersicht über den Rücklauf der Erhebungsbögen

Angeschriebene Unternehmen, davon Rücklauf von:	30	TOP 30 aus der TOP 100 der Logistik, Teilmarkt 6
Organisationsform	**Anzahl**	**Stückgutdienstleister**
Konzern	4	ABX Logistics, Dachser, DHL Freight Schenker
Kooperation	8	24plus, CargoLine, CargoConcept, CTL, IDS, Syst. Alliance, Sped. 2000, Online System.
Einzeldienstleister (meist Partnerunternehmen einer Kooperation)	8	Axtheim Zufall, Birkart, Emons, Gefco, Hellmann, Häring, IHG, Zufall

Quelle: Eigene Darstellung

Durch den hohen Konzentrationsgrad in diesem Teilmarkt „nationale Stückgutverkehre" und der Tendenz der zunehmenden Marktkonzentration bilden die Angaben dieser führenden Unternehmen ein gutes Fundament, um eine Beurteilung dieses Marktsegments vorzunehmen. Legt man die Angaben der TOP 100 zugrunde, so repräsentieren diese Unternehmen rund 80 Prozent des Marktes „nationale Stückgutverkehre". Die Angaben der Erhebung stammen ausschließlich von den befragten Stückgutdienstleistern. Zur Plausibilisierung wurden ggf. Daten der TOP 100 bzw. Informationen aus Fachmedien herangezogen, die aber nicht direkt in die Ergebnisdarstellung eingeflossen sind. Auf dem Erhebungsbogen wurde ein einheitlicher Sendungsbegriff definiert. Eine Sendung setzt sich demnach aus einem Kundenauftrag zusammen, der am selben Tag zum selben Empfänger (evtl. bestehend aus mehreren Packstücken) ausgeliefert wird. Sofern keine Ausreißer erkennbar waren, wurden die Angaben der Unternehmen nicht detaillierter hinterfragt, sondern als gegeben vorausgesetzt. Zum Teil ist es nicht auszuschließen, dass Teilladungsmengen, d.h. größer als 2.500 kg, in die Erhebung mit eingeflossen sind. Dies entspricht zwar durchaus der Praxis, war jedoch im Rahmen der Marktabfrage nicht beabsichtigt. Aus Vertraulichkeitsgründen wurden die Unternehmen bzw. Kooperationen nicht namentlich genannt, es erfolgte lediglich eine Zuordnung zu den Kategorien Konzern, Kooperation bzw. Einzeldienstleister.

Bei den Angaben der Stückgutdienstleister wurden nicht alle Felder gefüllt. Bei den Sendungsangaben waren über alle Rückläufe gesehen die durchgängigsten Angaben aufgeführt. Bei den Rückläufen, bei denen auch die Umsatz- und Tonnagespalten gefüllt waren, konnten die Kennzahlen Erlös pro Sendung bzw. Erlös pro Tonne aufgeschlüsselt nach den Zeitservices gebildet werden. Auch wenn nicht für jedes Unternehmen die Kennzahlen ermittelt werden konnten, so erlaubt die Bandbreite dieser Kennzahlen Rückschlüsse auf die Bandbreite der Zusatzerlöse, die am Markt für zeitdefinierte Leistungen zu erzielen sind. Es kann nicht vollends ausgeschlossen werden, dass zeitdefinierte Sendungen in Stückgutnetzen befördert werden ohne dass diese in den Datenangaben der führenden Dienstleister enthalten sind. Daneben ist es auch möglich, dass nicht jede zeitdefinierte Premiumleistung auch als solche entlohnt wird. Es ist denkbar, dass in Rahmenverträgen bestimmte Quoten für den Expressversand vereinbart sind, ohne dass diese in besonderem Maße vergütet werden.

Weiterhin musste das Problem von Doppelerfassungen der Mengen, Umsätze und Tonnagen in den Fällen gelöst werden, bei denen mehrere Logistikdienstleister in einer „Kunden-Lieferantenbeziehung" zueinander stehen. Die Göttinger Unternehmensgruppe Zufall hat beispielsweise eigene Angaben geliefert. Gleichzeitig ist Zufall ein Partnerunternehmen in der Stückgutkooperation System Alliance. Auch die Kooperation System Alliance hat das Formblatt entsprechend ausgefüllt, so dass hier zum Teil von doppelten Erfassungen auszugehen ist. Für die Abschätzung des Gesamtmarktvolumens auf Sendungsbasis wurden lediglich die zentral verfügbaren Angaben der Kooperationen bzw. Konzernen berücksichtigt. Dieses Vorgehen hat sich bereits im Rahmen der TOP 100 Studien bewährt. Zur Ableitung charakteristischer Kennzahlen wurde auf die Daten der beteiligten Partnerunternehmen zurückgegriffen.

Erschwerend für die Auswertung kommt die Tatsache hinzu, dass bei den Stückgutkooperationen die Umsätze dezentral von den einzelnen Partnerunternehmen erzielt und die Preise zum größten Teil auch dezentral verhandelt und fakturiert werden. Durch die Konstellation der Kooperationen wird eine Flächendeckung erreicht und ein einheitlicher Markt- und Markenauftritt ermöglicht, die Ergebnisverantwortung verbleibt jedoch beim regionalen Kooperationspartner. Somit sind kaum Umsatzzahlen der Kooperationen in die Betrachtung eingeflossen. Kennzahlen konnten jedoch auf Basis der Angaben der Partnerunternehmen errechnet werden.

Auf dieser aussagekräftigen Basis der Angaben gilt es zunächst, das Marktvolumen nationaler Stückgutleistungen abzuschätzen und einen direkten Bezug zu den Erhebungen im Rahmen der TOP 100 Studie herzustellen. Unschärfen und Fehleinschätzungen können nicht vollends ausgeschlossen werden. Im Interesse des Zieles einer geschlossenen Gesamtübersicht über das Teilmarksegment zeitdefinierter nationaler Stückgutleistungen sind diese Unschärfen vertretbar. Die Angaben der Einzeldienstleister, die zum Teil bereits in den Mengen der Kooperationen enthalten sind, stellen eine gute Vergleichs- und Plausibilitätsbasis dar. Die Angaben der Dienstleister können auf dieser Datengrundlage den angebotenen Zeitoptionen zugeordnet werden. Daraus ergeben sich mittlere Prozentanteile je Zeitoption. Zur Plausibilitätsprüfung und besseren Aussagefähigkeit der Erhebung können Kennzahlen gebildet werden. Über die Kennzahlen erfolgt ein direkter Vergleich mit den Ergebnissen der Systemprovokation, bei der Stückgut- und KEP-Anbieter zur Angebotsabgabe aufgefordert wurden.

5.3.2 Abschätzung des Marktvolumens

Ergänzend zu den Angaben der bedeutenden Stückgutdienstleister mussten die Mengen der vielen kleinen Dienstleister geschätzt werden, um ein Gesamtbild zu erhalten. Im Rahmen der TOP 100 wurde das Gesamtmarktvolumen für nationale Stückgutleistungen auf fünf Mrd. Euro bzw. auf 104 Mio. Sendungen geschätzt. Es wird davon ausgegangen, dass davon vier Mrd. Euro durch Stückgutdienstleister erbracht werden. Die Differenz von einer Mrd. Euro wird im Gesamtmarkt durch Werksverkehre erbracht und ist in dieser Aufstellung nicht enthalten. Zu diesem Umsatzvolumen von 4 Mrd. Euro liegen keine aggregierten Angaben in Bezug auf Sendungszahlen und Tonnage vor. Unterstellt, dass sich das Verhältnis von 4/5 des Umsatzes auch in 4/5 des Sendungsvolumens widerspiegelt, ergibt sich ein Referenzwert von ca. 80 Mio. Sendungen, die ausschließlich von nationalen Stückgutanbietern abgewickelt werden. Der Markt kann grundsätzlich als stagnierend angesehen werden, in dem weder großes Mengenwachstum noch wesentliche Ertragssprünge im Vergleich zur Erhebung der TOP 100 aus dem Jahr 2003 zu erwarten sind. Folglich werden diese 80 Mio. Sendungen mit einem Volumen von 4 Mrd. Euro – einen weitestgehend stagnierenden Stückgutmarkt unterstellt – als Ausgangsbasis zur Einordnung der Einträge auf den Erhebungsbögen angesehen. Durch die hohe Dichte bei Angaben der Dienstleister sind im Rahmen der durchgeführten Erhebung die Angaben der Sendungszahlen eine geeignete Ausgangsbasis.

5.3.2.1 Marktschätzung des Gesamtmarktvolumens „nationale Stückgutverkehre"

Ausgehend von den Angaben auf den Erhebungsbögen und der Basis von 80 Mio. Sendungen werden rund 80 Prozent der Stückgutleistungen durch Konzerne und Kooperationen erbracht. In Anlehnung an die Zuordnung aus vorhergehenden Marktstudien[315] wurden zu den Konzernen im Rahmen dieser Erhebung die Unternehmen Dachser, DHL Freight, Schenker und ABX gezählt. Als Kooperationen sind folgende Verbünde eingeflossen: System Alliance, IDS, CargoLine, Spedition 2000, Online Systemlogistik, CTL, 24plus Systemverkehre und CargoConcept. Alle hier erwähnten Dienstleister sind in die Betrachtung direkt eingeflossen. In Summe werden laut der hier dargestellten empirischen Erhebung rund 30 Mio. Sendungen durch Konzerne und rund 35 Mio. Sendungen durch Kooperationen abgewickelt.

Daneben wurden auch die Angaben von bedeutenden Einzeldienstleistern berücksichtigt. Da nur Angaben der führenden Dienstleister eingeflossen sind bzw. abgefragt wurden, musste ausgehend vom Referenzwert von 80 Mio. Sendungen der TOP 100 Studie das Sendungsvolumen im Segment „Sonstige" ergänzend geschätzt werden. Abbildung 5-8 gibt die auf Basis der Marktabfrage ermittelte Aufteilung des Marktes nationaler Stückgutverkehre wieder:

Abbildung 5-8: Marktanteile aus der Markterhebung auf Sendungsbasis in Prozent

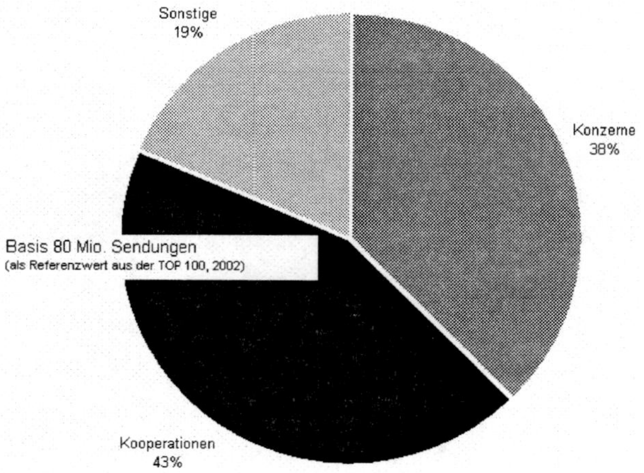

Quelle: Eigene Darstellung

[315] Vgl. Tripp (Stückgutkooperationen, 2003).

Im Vergleich zu den Erhebungen der TOP 100 (vgl. Kapitel 4.1.2.2) sind die Anteile der Konzerne (von 28 auf 38 Prozent) gestiegen, während die Anteile der Kooperation (von ca. 50 auf 43 Prozent) gesunken sind. Die Verschiebung in Richtung Konzerne kann auf die verstärkte Vergabe von Großaufträgen an Konzerne zurückgeführt werden. Großaufträge der jüngsten Vergangenheit von BMW[316] und der Bundeswehr an DHL Freight im Jahr 2005 als ein Beispiel von vielen unterstreichen diese für den Mittelstand bedenkliche Entwicklung. Die leichte Steigerung des Anteils der sonstigen Anbieter ist auf die lediglich näherungsweise Erfassung zurückzuführen. Mit einem Anteil von knapp 20 Prozent der kleinen Dienstleister bewegt sich dieser im Rahmen der Erwartungen von Marktforschern der Fraunhofer Arbeitsgruppe für Technologien der Logistikdienstleistungswirtschaft ATL. Die Verschiebungen bei der Marktposition der einzelnen Anbieter halten sich in Grenzen und können aus Vertraulichkeitsgründen nicht im Detail wiedergegeben werden. Es kommt zwar zu Positionswechseln, es kann jedoch nicht ausgeschlossen werden, dass diese in einer unterschiedlichen Erhebungsmethodik bzw. in abweichenden Angaben der Dienstleister begründet sind.

5.3.2.2 Aufteilung nach Zeitoptionen

Um einen Überblick über zeitdefinierte Stückgutleistungen zu erhalten, sind alle bereitgestellten Angaben zu Sendungen der Konzerne, der Kooperationen und der bedeutenden Einzeldienstleister eingeflossen. In Summe konnte auf die Ausgangsbasis von 67 Mio. hinterlegten Sendungen zurückgegriffen werden. Die Mengen und Anteile von kleineren Einzeldienstleistern wurden nicht erhoben, die Anteile zeitdefinierter Leistungen dürften hier noch deutlich geringer sein. Abbildung 5-9 veranschaulicht die grundsätzliche Verteilung der Zeitoptionen im nationalen Stückgutmarkt.

[316] Vgl. DVZ vom 2.6.2005 (DHL übernimmt Belieferung der BMW-Standorte), S. 1 - ohne Verfasser.

Abbildung 5-9: Anteil zeitdefinierter Stückgutleistungen in Prozent

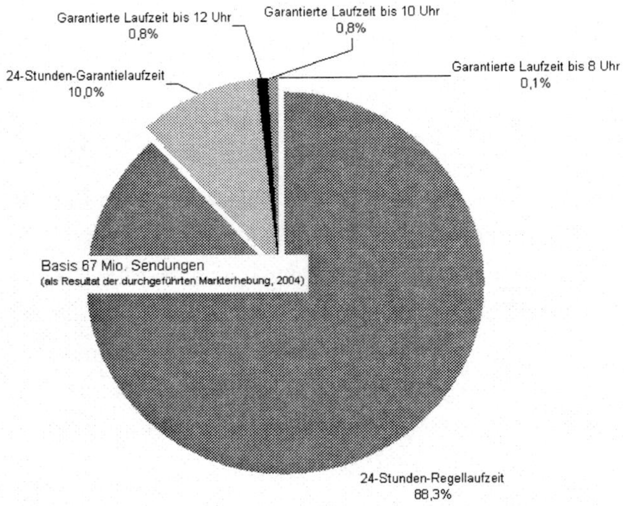

Quelle: Eigene Darstellung

Nahezu 90 Prozent der Sendungen sind mit keiner zusätzlichen Zeitdefinition versehen. Danach verbleiben rund 12 Prozent der Sendungen, die als zeitdefiniert einzustufen sind. Bei 10 Prozent der Sendungen besteht die Anforderung garantiert am nächsten Tag die Sendung zuzustellen (6,7 Mio. Sendungen). Knapp 1 Prozent entfällt auf das Intervall garantierte Zustellung bis 12:00 Uhr (670.000 Sendungen), kaum abweichend davon sind 0,8 Prozent mit einem Zeitversprechen bis 10:00 Uhr versehen (536.000 Sendungen). Bei lediglich 0,1 Prozent der Sendungen wird eine Zustellung bis 8:00 Uhr gefordert (67.000 Sendungen).

Wenn man ein enges Verständnis zeitdefinierter Stückgutleistungen zugrunde legt, so beläuft sich der Anteil uhrzeitgebundener (bis 8:00, bis 10:00, bis 12:00 Uhr) Leistungen auf weniger als 2 Prozent vom Gesamtvolumen. Von diesem engeren Verständnis ausgehend sind demnach rund 1,3 Mio. Sendungen als zeitkritisch zu betrachten. Obwohl auch eine 8:00 Uhr-Zustellung von einigen Dienstleistern angeboten wird, werden Leistungen mit einer Zustellung bis 8:00 Uhr so gut wie nicht nachgefragt. Bei der Aufteilung nach Zeitoptionen bestehen nur geringe Unterschiede zwischen Konzernen, Kooperationen und Einzeldienstleistern. Tendenziell ist der Anteil bei Konzernen etwas höher als bei Kooperationen und mittelständischen Unternehmen.
Bei einem weiter gefassten Verständnis zeitdefinierter Leistungen können auch 24-Stunden-

Garantiesendungen als zeitdefiniert angesehen werden. Insbesondere hier zeigt sich, dass je ein Konzern und eine Kooperation im Vergleich zu den anderen Stückgutdienstleistern einen deutlich höheren Anteil bei zeitdefinierten Leistungen aufweisen. Bei diesen beiden beläuft sich das Verhältnis für eine 24-Stunden-Regellaufzeit auf rund 60 Prozent und einem entsprechend höheren Anteil im Segment 24-Stunden-Garantie (knapp 40 Prozent). Aufgrund dieser hohen Marktanteile bei garantierten 24-Stunden-Leistungen sind diese beiden Dienstleister Marktführer im Teilmarktsegment zeitdefinierter Stückgutleistungen. Von den rund 6,7 Mio. Sendungen mit einer reinen 24-Stunden-Garantie werden etwa 80 Prozent allein von diesen beiden Dienstleistern erbracht (vgl. Abbildung 5-10). Durch die Tatsache, dass sowohl ein Konzern als auch eine Kooperation die Spitzenposition innehaben, darf vermutet werden, dass die Unternehmensform keinen direkten Einfluss auf die Wahl des Dienstleisters beim Versand zeitdefinierter Sendungen ausübt. Die Ursachen dieser hervorgehobenen Marktstellung können – trotz Nachfrage bei den Dienstleistern – nicht abschließend ermittelt werden. Mögliche Erklärungsansätze sollen im sechsten Kapitel formuliert werden. Ohne diese hohen Marktanteile der beiden führenden Stückgutdienstleister würde der Anteil am Gesamtmarkt deutlich geringer ausfallen. Abbildung 5-10 veranschaulicht die Aufteilung der 24-Stunden-Garantiesendungen (6,7 Mio. Sendungen) als das aufkommensstärkste Subsegment im Teilmarktsegment zeitdefinierter Stückgutleistungen:

Abbildung 5-10: Aufteilung der 24-Stunden Garantiesendungen in Prozent

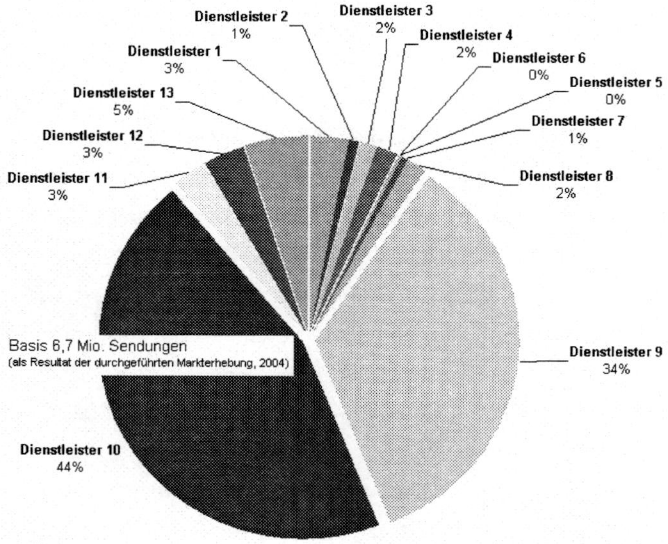

Quelle: Eigene Darstellung

Über die Angaben aller Dienstleister hinweg kann festgestellt werden, dass nicht zwingend die führenden Anbieter im Standardmarkt auch die Spitzenpositionen im Teilmarktsegment zeitdefinierter Leistungen innehaben. Es gibt Spezialisten, die sich auf das Massengeschäft konzentrieren, andere haben die neuen Möglichkeiten im Markt zeitdefinierter Leistungen für sich genutzt, um hier ertragreiche Sendungsgrößen zu generieren. Betrachtet man den Zeitpunkt des Markteintritts in diesem Segment, so ist dieser Markteintrittszeitpunkt für den Markterfolg nicht das ausschlaggebende Kriterium. Unternehmen, die frühzeitig in diesem Segment aktiv waren, konnten sich nicht grundsätzlich durch besonders ausgeprägte Marktanteile hervorheben. Auch für die Zukunft kann aufgrund des geringen Marktniveaus noch von Marktanteilsverschiebungen ausgegangen werden.

5.3.3 Darstellung von Kennzahlen zeitdefinierter Stückgutleistungen

Zur Überprüfung, Plausibilisierung und besseren Vergleichbarkeit sollen im Folgenden ermittelte Kennzahlen aus den Erhebungen dargestellt werden. Als Orientierungsgröße dienen auch hier die Erhebungen der TOP 100. Folgende Kennzahlen sind ermittelt worden:

- Rechnerisch ermittelte Erlössteigerung je Zeitoption pro Sendung
- Rechnerisch ermittelte Erlössteigerung je Zeitoption pro Tonne
- Reaktionszeiten und rechnerisch ermittelte Preisaufschläge je Zeitoption der Preisabfrage beim Stückgutversand
- Reaktionszeiten und rechnerisch ermittelte Preisaufschläge je Zeitoption der Preisabfrage beim KEP-Versand

Durch den hohen Konkurrenzdruck darf unterstellt werden, dass die Bandbreite der Kennzahlen relativ gering ausfallen muss. Bei einem geringen Teil wurden wenige, extreme Ausreißer vernachlässigt, um die Ergebnisse nicht unnötig zu verfälschen. Aus Vertraulichkeitsgründen mussten die Preise über Preisindizes anonymisiert werden. Die Verwendung der Preisindizes ist dahingehend unproblematisch, da davon auszugehen ist, dass die Aufschläge mittelfristig weniger schwanken als das Preisniveau. Außerdem erleichtert die Verwendung von Indizes die Nachvollziehbarkeit bei den Dienstleistern, in dem die prozentualen Angaben auf die eigene Tarifstruktur übertragen werden können. Entscheidend für die Verwendung der Indizes sind jedoch Vertraulichkeitszusicherungen im Vorfeld der Marktabfragen, denen von Seiten des Verfassers eine hohe Bedeutung beigemessen wurde. Auf Basis von Mittel-, Maximal- und Minimalwerten können prozentuale Aufschläge ermittelt werden, die hinreichend die Gegebenheiten am Markt widerspiegeln. Basis für die Indizierung bildet der mittlere Erlös bei einer 24-Stunden-Regellaufzeit. Anhand dieses Basiswertes können prozentuale Steigerungen im Vergleich zu diesem Mittelwert angegeben werden, die im Folgenden erläutert werden sollen.

5.3.3.1 Rechnerisch ermittelte Erlössteigerung je Zeitoption pro Sendung

Während in der TOP 100 der Durchschnittserlös mit 48 Euro je Sendung angegeben wird (vgl. Abbildung 4-2), konnte im Rahmen dieser Erhebung eine leichte Steigerung auf 50 Euro pro Sendung mit einer 24-Stunden-Regellaufzeit festgestellt werden. Dieser Mittelwert wurde im Folgenden als Basiswert mit einem Index von 100 verwendet. Die leichte Steigerung im Vergleich zur TOP 100 deckt sich mit der Einschätzung aus den Expertengesprächen, in denen eine leichte Entspannung der Ertragssituation erkennbar war. Der minimale Erlös wurde mit ca. 40 Euro, der Maximalwert wurde mit 60 Euro für den Versand mit einer 24-Stunden-Regellaufzeit ermittelt. Das Durchschnittsgewicht ergibt sich aus der Division der

Tonnage und der Anzahl der transportierten Sendungen. Mit 292 kg ist dieser Wert tendenziell etwas höher als in der TOP 100 angegeben.[317] Prinzipiell kann nicht ausgeschlossen werden, dass sich das Durchschnittsgewicht tatsächlich erhöht hat, vielmehr jedoch ist zu vermuten, dass zum Teil von den Dienstleistern transportierte Teilladungsverkehre mit angegeben wurden. Eine Bereinigung bzw. detaillierte Überprüfung um diese Sendungsanteile war im Rahmen dieser Erhebung jedoch nicht möglich. Eine Durchschnittsentfernung oder Unterschiede je Kilometerintervall wurden in diesem Zusammenhang nicht erhoben.

Es zeigt sich, dass mit erhöhten Zeitservices auch erhöhte Sendungserlöse zu erzielen sind. Hier bestätigt sich, dass je höher dieser Zeitservice ist, desto höher sind auch die realisierten Erlöse. Einschränkend angemerkt werden muss, dass bei der Zeitoption bis 8:00 Uhr nur noch sehr wenige Werte der Dienstleister vorlagen, eine allgemeingültige Aussagefähigkeit ist hier zumindest in Frage zu stellen. In Abbildung 5-11 sind die rechnerisch ermittelten Preisaufschläge dargestellt. Zur Veranschaulichung und Wahrung der Vertraulichkeit wurde der Mittelwert gleich einem Index von 100 gesetzt. Die Nachfrage nach einem garantierten 24-Stunden-Service ist mit einer Erlössteigerung von 36 Prozent verbunden. Geht man von einem Durchschnittserlös je garantierter 24-Stunden-Sendung von rund 70 Euro aus, so beläuft sich das Umsatzvolumen auf Basis von 6,7 Mio. Sendungen auf rund 470 Mio. Euro. Im Vergleich zur 24-Stunden-Standardsendung kann mit einer 10:00 Uhr-Zustellung eine Erlössteigerung von 108 Prozent erreicht werden, was mehr als einer Verdopplung entspricht. Mit einer Zustellung bis 8:00 Uhr erscheint mindestens eine Erlössteigerung von etwas mehr als 185 Prozent realisierbar.[318]

---

[317] In der TOP 100 wird das Durchschnittsgewicht mit 230 kg angegeben.

[318] Diese errechneten Werte decken sich mit Schätzungen aus den Experteninterviews bzw. sind Ergebnis der exemplarischen Tarifbetrachtung (vgl. Abbildung 5-3).

Abbildung 5-11: Rechnerisch ermittelte Erlössteigerung pro Sendung in Prozent je Zeitoption

	Kennzahlen - in Prozent	Minimalwert	Mittelwert	Maximalwert	Anzahl der Datensätze	Durchschnitts-gewicht
Erlös pro Sendung à 291 kg	24-Stunden Regellaufzeit	80	100	117	13	273
	24-Stunden Garantie-Zustellung	94	136	178	12	334
	Garantierte 12 Uhr Zustellung	130	192	291	12	344
	Garantierte 10 Uhr Zustellung	135	208	359	12	317
	Garantierte 8 Uhr Zustellung	187	322	457	2	338

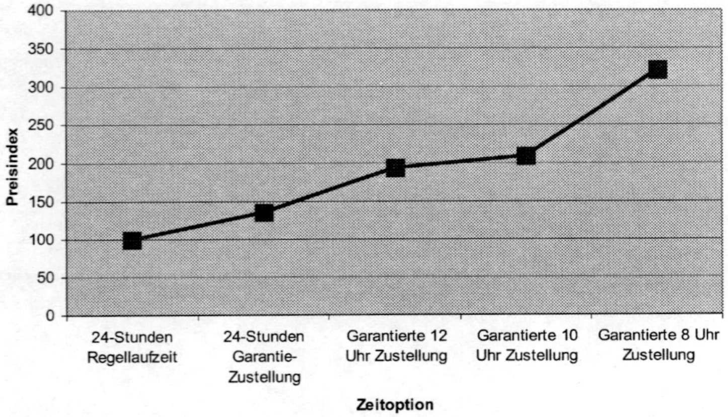

Quelle: Eigene Darstellung

Der errechnete Preisunterschied zwischen einer 10:00 Uhr- und 12:00 Uhr-Zustellung ist als eher gering einzustufen, was sich auch in unwesentlich abweichenden Produktionsprozessen widerspiegelt. Im Extrem scheint im Vergleich zwischen einer 24-Stunden-Regellaufzeit und einer 10:00 Zustellung im Einzelfall eine Verdreifachung der Sendungserlöse möglich. Entgegen der Erfahrungen im KEP-Segment, in dem tendenziell eilige Sendungen eher kleingewichtig sind, scheinen zeitdefinierte Stückgutleistungen gewichtiger zu sein als eine Sendung mit einer 24-Stunden-Regellaufzeit. Auch wenn es den aufmerksamen Leser überraschen sollte, so untermauern Vergleiche mit Angaben in der Fachpresse zumindest diese überraschende Tendenz der steigenden Durchschnittsgewichte.

5.3.3.2 Rechnerisch ermittelte Erlössteigerung je Zeitoption pro Tonne

In der TOP 100 wird der Durchschnittserlös je transportierter Tonne mit 210 Euro angeben. Auch dieser Wert ist bei der vorgestellten Erhebung im Mittel mit 265 Euro deutlich höher und entspricht dem Index von 100. Die realisierten Mehrerlöse bei aufsteigenden Zeitoptionen finden sich auch hier wieder (vgl. Abbildung 5-12). Auch hier ist die Aussagefähigkeit bei einer 8:00 Uhr Zeitoption aufgrund mangelnder Datenqualität stark eingeschränkt.

Abbildung 5-12: Rechnerisch ermittelte Preisaufschläge pro Tonne in Prozent je Zeitoption

	Kennzahlen - in Prozent	Minimalwert	Mittelwert	Maximalwert	Anzahl der Datensätze	Durchschnitts-gewicht
Erlös pro Tonne	24-Stunden Regellaufzeit	75	100	130	13	1000
	24-Stunden Garantie-Zustellung	75	122	154	12	1000
	Garantierte 12 Uhr Zustellung	107	147	221	12	1000
	Garantierte 10 Uhr Zustellung	129	167	256	12	1000
	Garantierte 8 Uhr Zustellung	152	254	356	2	1000

Quelle: Eigene Darstellung

Pro Tonne steigt der Erlös demnach bei einer garantierten Zustellung bis 10:00 Uhr gegenüber der 24-Stunden-Standardsendung um knapp 70 Prozent. Folgt man dieser Kennzahlenbildung, so konnte auch hier im Mittel bei einer 8:00 Uhr-Zustellung eine Steigerung von 154 Prozent gegenüber der 24-Stunden-Standardsendung verzeichnet werden.

5.3.3.3 Systemprovokation: Transportpreise und Reaktionszeiten

Im Vorangegangenen wurden die Kennzahlen anhand der Marktabfrage ermittelt. Als Ergänzung dazu wurden im April 2005 Stückgut- und KEP-Dienstleister aufgefordert, Angebote für die willkürlich gewählten Transportrelationen von Nürnberg nach Berlin bzw. von Nürnberg nach Duisburg abzugeben (vgl. Anhang 6). Da die Transportpreisangebote für beide Relationen nicht stark voneinander abwichen, sollen die Ergebnisse der Systemprovokation im Folgenden ausschließlich anhand der Relation Nürnberg – Berlin verdeutlicht werden. Zum einen sollte auf diesem Wege das Preisniveau ermittelt werden, zum anderen konnte ein Eindruck über die Reaktionszeiten bis zur Angebotsabgabe gewonnen werden. Die Ergebnisse dieser Systemprovokation sind nicht repräsentativ. Zum einen wurden lediglich zwei Relationen abgefragt, zum anderen fand die Erhebung nur im

April statt. Durch Zufälle und Unregelmäßigkeiten könnten bei einer ähnlichen Systemprovokation andere Reaktionszeiten zustande kommen. Das Preisniveau für eine hier unterstellte Einzelversendung dürfte relativ konstant bleiben. Bei Transporten auf anderen Relationen könnten aber auch abweichende Transportpreise entstehen. Im Rahmen dieser Systemprovokation wurden auch KEP-Unternehmen mit einbezogen. Auf Nachfrage der KEP-Dienstleister war es möglich, die Sendung von 350 kg in 10 Pakete á 35 kg zu teilen. Dadurch können Rückschlüsse auf u.U. abweichende Reaktionszeiten und ein höheres Preisniveau gezogen werden, die auch hier keinen Anspruch auf Allgemeingültigkeit aufweisen.

Die Stückgut- und KEP-Dienstleister wurden über die „info@....Email-Adresse" aufgefordert, für eine Palette mit einem Gewicht von 350 kg Transportangebote, aufgeschlüsselt nach den beschriebenen Zeitoptionen, abzugeben. Fand auf der Homepage ein direktes Routing zum verantwortlichen Depot statt, so wurde diese Adresse verwendet. Das Routing der Email hat direkte Wirkung auf die zu erreichende Reaktionszeit. In einem Fall wurde die Email direkt an den Geschäftsführer einer Stückgutkooperation geleitet, was durch eine automatische Rückantwort deutlich wurde. Andere Dienstleister gaben kein Angebot ab. Insgesamt konnten 17 Angebote von Stückgutdienstleistern und sechs Angebote von KEP-Dienstleistern berücksichtigt werden. Auf dieser Basis konnten Preisaufschläge ermittelt und Reaktionszeiten gemessen werden. Auch wenn diese Erhebung nicht repräsentativ ist, so sind doch ansatzweise Rückschlüsse auf die Reaktionszeiten bis zur Angebotsabgabe, die am Markt zu erzielenden Preisaufschläge sowie das unterschiedliche Preisniveau zwischen dem Stückgut- und KEP-Segment möglich (vgl. Abbildung 5-14). Dies dient der Fundierung und Absicherung der bisherigen Ausführungen aus der Marktabfrage.

Die abgefragten Transportpreise beinhalten bereits Zusatzkosten, die durch die Maut entstehen bzw. wurden auf Basis der Mautsätze der Dienstleister hinzugerechnet. Es wurde darauf geachtet, dass es sich um Nettopreise handelt und eine Vergleichbarkeit gewährleistet ist. Inwieweit unterschiedliche Mengenrabatte im Stückgut- bzw. KEP-Segment zum Tragen kommen, kann vor dem Hintergrund dieser einmaligen Abfrage nicht abschließend beurteilt werden. Auch hier wurde der Durchschnittspreis aus Vertraulichkeitsgründen mit einem Index von 100 versehen. Wenn man davon ausgeht, dass die ermittelten Zusatzerlöse aus der Marktabfrage sich auch in den Preisen je Transportrelation niederschlagen, so können die prozentualen Aufschläge nur bedingt miteinander in Beziehung gesetzt werden. Die Ursache ist in der unterschiedlichen Datenbasis zu sehen. Bei der Marktabfrage handelt es sich um errechnete Zusatzerlöse, bei der Systemprovokation sind lediglich die realen Preise einer Transportrelation hinterlegt. Das Durchschnittsgewicht beträgt 292 kg bei der Marktabfrage, während bei der

Systemprovokation das Gewicht mit 350 kg vorgegeben war. Die Reaktionszeiten waren nicht Gegenstand der Marktabfrage, sondern lediglich Bestandteil der exemplarischen Preisabfrage.

Beim **Vergleich der Preisaufschläge und Reaktionszeiten der exemplarischen Systemprovokation beim Stückgutversand** werden die Angebote der Dienstleister miteinander in Beziehung gesetzt. Betrachtet man die Reaktionszeiten, so lag bei einem Dienstleister ein Angebot bereits nach 3 ½ Stunden schriftlich vor. Im Mittel konnte auf ein Angebot nach einem halben Tag zurückgegriffen werden. Sofern die Dienstleister nicht die Angebotsabgabe verweigerten, erreichte das letzte schriftliche Angebot nach mehr als 24-Stunden die „virtuelle" Versandstation. In unserem Fall bestand genügend Vorlauf, so dass eine Reaktionszeit von einem Tag nicht kritisch war. Bei einem Versandauftrag für den Folgetag kann eine Reaktionszeit von 13 und mehr Stunden aber durchaus ein K.O.-Kriterium der Auftragsvergabe darstellen.

Die Bandbreite der offerierten Transportpreise weist eine große Streuung auf. Bei der 24-Stunden-Standardleistung ist der günstigste Anbieter um 35 Prozent günstiger bzw. der teuerste Anbieter 61 Prozent teurer als der Mittelwert. Aufgrund der Sendungsstruktur und der regionalen Stärken der Anbieter kommt es zwangläufig zu unterschiedlichen Produktionskosten, die auch in den Preisangeboten der Dienstleister zum Ausdruck kommen. Dass die Bandbreite auf einer hoch frequentierten Strecke wie Nürnberg – Berlin derart schwankt überrascht den mit der Branche vertrauten Leser. Auch hier ist eine Zustellung bis 8:00 Uhr mit einer Preissteigerung von 150 Prozent verbunden. Die Abweichung mit den Ergebnissen der Marktabfrage sind mit unterschiedlichen Gewichtsangaben[319] und der Einbeziehung der Entfernung im Fall der Preisanfrage zu erklären. Wie schon bei den Erhebungen der Marktabfrage, so sind keine signifikanten Unterschiede zwischen Konzernen und Kooperationen feststellbar. Zur Übersicht sind die Ergebnisse der Systemprovokation beim Stückgutversand in Abbildung 5-13 zusammengefasst.

[319] Das Durchschnittsgewicht der Marktabfrage lag zum Zeitpunkt der exemplarischen Preisabfrage noch nicht vor. Eine Vereinheitlichung der Gewichte war aus diesem Grund nicht möglich.

Abbildung 5-13: Preisaufschläge und Reaktionszeiten im Stückgutversand

	Kennzahlen - in Prozent	Minimalwert	Mittelwert	Maximalwert	Anzahl der Datensätze	Durchschnitts-gewicht
Preis pro Sendung á 350 kg	24-Stunden Regellaufzeit	65	100	161	10	350
	24-Stunden Garantie-Zustellung	81	122	167	8	350
	Garantierte 12 Uhr Zustellung	87	140	186	10	350
	Garantierte 10 Uhr Zustellung	97	171	256	10	350
	Garantierte 8 Uhr Zustellung	146	247	370	6	350
	Reaktionszeit bis zur Angebotsabgabe	3h 35min	13h 12min	1t 3h 51min		

Quelle: Eigene Darstellung

Auf dieser Basis kann ein **Vergleich der Reaktionszeiten und Preisaufschläge der exemplarischen Systemprovokation zwischen KEP und Stückgutversand** (vgl. Abbildung 5-14) vorgenommen werden. Vergleicht man das Preisniveau für diese Sendung und gewährt den KEP-Diensten die Möglichkeit 10 Pakete á 35 kg zu befördern, so lassen sich Rückschlüsse auf die Preisunterschiede gewinnen. Wie in Abbildung 5-14 deutlich wird, ist die 24-Stunden-Standardsendung um das zweifache teurer als die vergleichbare Stückgutsendung. Dies deckt sich mit Einschätzungen aus den Experteninterviews.[320] Mit zunehmender Zeitoption werden die Preisunterschiede zwischen KEP- und Stückgutversand geringer, was im Rahmen dieser Erhebung mit geringeren Preisaufschlägen je Zeitoption für den KEP-Versand zu erklären ist: Ursache ist die Tatsache, dass sich die individuelle Auftragsbearbeitung zeitkritischer Sendungen in den Prozessen von KEP- und Stückgutdienstleistern weniger stark unterscheidet als bei der Standardabwicklung.

[320] Vgl. Ausführungen in Kapitel 5.2.2.

Abbildung 5-14: Preisaufschläge und Reaktionszeiten KEP-Versand im Vergleich zum Stückgutversand [LDL]

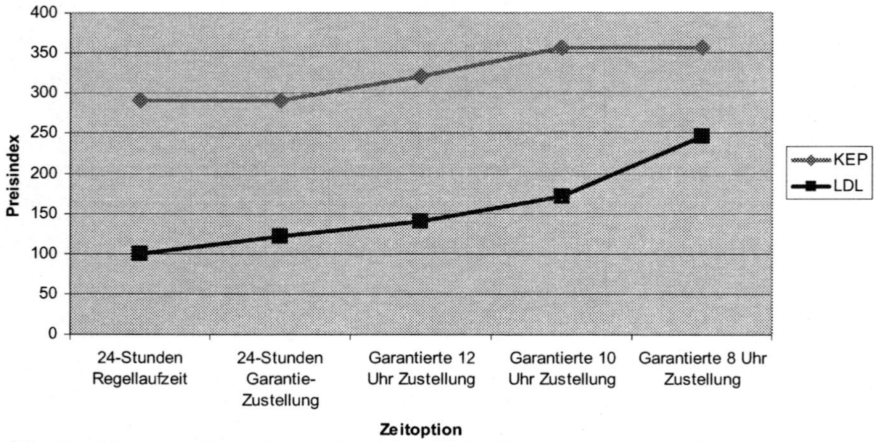

Reaktionszeiten	Minimalwert	Mittelwert	Mazimalwert
Reaktionszeit bis zur Angebotsabgabe Stückgutanbieter	3h 35min	13h 12min	1t 3h 51min
Reaktionszeit bis zur Angebotsabgabe KEP-Anbieter	3h 27min	8h 54min	23h 43min

Quelle: Eigene Darstellung

Stellt man die in diesem Fall ermittelten Reaktionszeiten gegenüber, so sind die Spitzenwerte in beiden Segmenten auf einem Level von gut drei Stunden. Beim Mittelwert reduziert sich die Reaktionszeit bei den KEP-Diensten um 4 Stunden. Es scheint, als ob KEP-Dienstleister die Bedeutung kurzer Reaktionszeiten bei der Angebotsabgabe besser erkannt und umgesetzt haben als die einbezogenen Stückgutanbieter. Als eine Ursache kann die regelmäßige Überprüfung der Reaktions- und Servicezeiten der führenden KEP-Dienste angeführt werden.[321] Die Angebotsabfrage ist bei den in der Fachpresse nachzulesenden Marktstudien wesentlich komplexer als im Beispiel der hier durchgeführten Systemprovokation, so dass diese Ergebnisse als repräsentativ eingestuft werden können. TNT nimmt danach bei den Kriterien Erreichbarkeit, Problemlösungsorientierung, Ehrlichkeit, Qualität der Mitarbeiter und Freundlichkeit eine Spitzenstellung ein. Ähnliche Erhebungen für den nationalen Stückmarkt sind nicht bekannt, insofern ist die hier durchgeführte Systemprovokation ein erster Schritt, um auch in diesem Segment die Vertriebsqualität

---

[321] Vgl. Luber/ Sutter (Kundenservice der Expressdienste; DVZ vom 19.6.2003), S. 3; Bensing/ Helmlinger (Vertriebsqualität der Expressdienstleister, DVZ vom 1.3.2005), S. 3.

kritisch zu hinterfragen. Neben einer kurzen und zuverlässigen physischen Auftragsabwicklung gehört auch der Zeitbedarf bei der administrativen Auftragsbegleitung zu den kritischen Faktoren. Es entscheiden u.U. nur wenige Stunden bei der Auftragsvergabe eiliger Sendungen, unabhängig, ob es sich um eine höhergewichtige Stückgutsendung oder um eine Expresssendung handelt.

5.4 Zusammenfassender Überblick über das Teilmarktsegment zeitdefinierter Stückgutleistungen

Erstmals fand im Rahmen dieser empirischen Bestandsaufnahme eine Abschätzung zeitdefinierter Stückgutleistungen und der damit verbundenen Preisaufschläge aus Anbietersicht statt. Die Transparenz des nationalen Stückgutmarktes, insbesondere quantitatives Wissen über Umsätze, Marktanteile führender Wettbewerber, Elastizitäten der Teilmärkte gegenüber Preis- und Wettbewerbsmaßnahmen ist vor dem Hintergrund einer lange Zeit regulierten Transportwirtschaft weiterhin als ausbaufähig anzusehen.[322] Gerade in einem der Segmente, in denen hohe Wachstumsraten in Aussicht stehen, ist eine fundierte Bestandsaufnahme ein wichtiges Ausgangsstadium, um die zukünftige Entwicklung besser abschätzen und beurteilen zu können. Auf Basis von Sendungsanteilen je angebotener Zeitoption und der verdichteten Marktdaten sowie auf Basis von Mittelwerten der realisierten Erlöse kann eine Einstufung der Marktpositionierung der Wettbewerber erfolgen, auf die im Rahmen dieser Arbeit aus Vertraulichkeitsgründen verzichtet werden musste. Abschließend zum fünften Kapitel sollen die Ergebnisse der bisherigen empirischen Betrachtung zusammengefasst (vgl. auch Anhang 3) werden.

Danach können rund zwölf Prozent des Sendungsaufkommens bei einer weitgefassten Definition zeitdefinierter Stückgutleistungen als solche angesehen werden. Würde man die überdurchschnittlichen Anteile der beiden führenden Dienstleister vernachlässigen, so wäre der Anteil am Gesamtmarkt wesentlich geringer. Je anspruchsvoller das Zustellversprechen ist, desto geringer fällt der Anteil am Sendungsaufkommen aus. Der Anteil für das Segment garantierte 24-Stunden Laufzeit beträgt noch knapp 10 Prozent (6,7 Mio. Sendungen), während eine Zustellung bis 8:00 Uhr kaum relevant ist. Wenn man die empirisch ermittelten Sendungsanteile je Zeitoption mit den empirisch ermittelten Durchschnittserlösen je Sendung

[322] Vgl. Klaus (Marketing für Transport-Dienstleistungen, 1998), S. 1478.

je Zeitoption multipliziert und daneben unterstellt, dass die sonstigen Dienstleister lediglich branchenübliche Durchschnittserlöse erzielen, so ergibt sich folgende Verteilung des Umsatzvolumens (vgl. Abbildung 5-15). Das Gesamtmarktvolumen beträgt etwas mehr als 4,2 Mrd. Euro, was eine Verifizierung der Angaben in der TOP 100 Studie darstellt. Davon sind rund 600 Mio. Euro dem Teilmarktsegment zeitdefinierter Stückgutleistungen zuzuordnen.

Abbildung 5-15: Verteilung der Umsatzvolumen im nationalen Stückgutmarkt

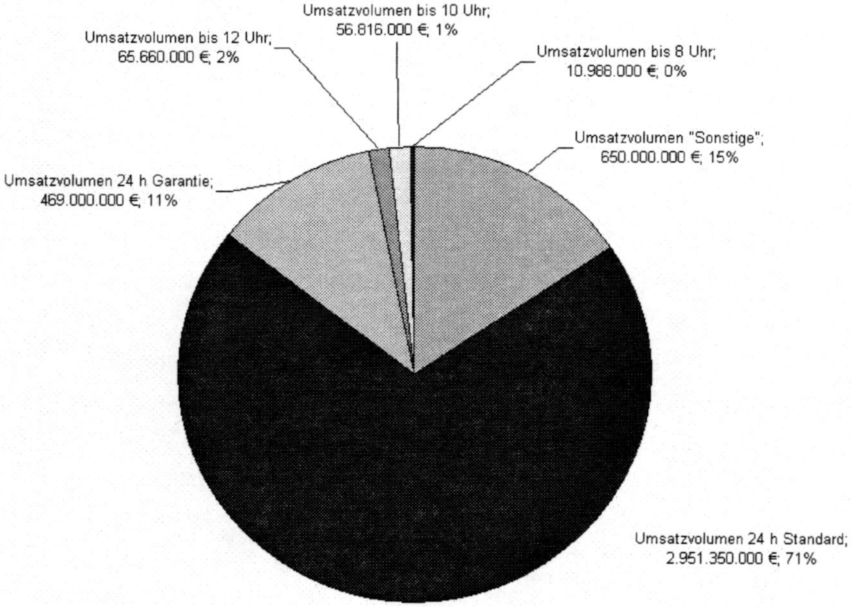

Quelle: Eigene Darstellung

Trotz nachweislich zu erzielender Preisaufschläge und trotz hoher Erwartungen Mitte der 1990er Jahre, die hohe Zuwachsraten bei zeitkritischen Verkehren prognostizierten[323], haben sich die Hoffnungen der meisten Stückgutanbieter (noch) nicht bewahrheitet oder machen sich zumindest im Stückgutsegment nicht entscheidend bemerkbar. Die zu verzeichnenden Sendungsanteile bewegen sich vergleichsweise auf einem niedrigen Niveau.

In Anlehnung an die Gefahr der Zeitfalle in Industrieunternehmen (vgl. Abbildung 3-11) hat es den Anschein als wären die Stückgutanbieter in eine ähnlichgelagerte „Zeitfalle" getappt. Dem Trend und der unterstellten boomenden Nachfrage nach zeitkritischen Lösungen

[323] Vgl. Diez/ Hocke (Added Value beim Logistik-Service, 1996), S. 169.

folgend sind leistungsintensive Netzwerkstrukturen entstanden. Zeitgarantien und die damit verbundenen Abfindungen bei Nichterfüllung haben zu einer Stabilisierung der Prozesse und Leistungsverpflichtung der Mitarbeiter geführt. Die Perspektive durch schnelle Serviceoptionen die Ertragslage zu verbessern und neue Markt- und Ertragsfelder zu erschließen, haben jedoch eine Sogwirkung in Richtung breit ausgerichteter zeitdefinierter Angebote entfacht, die von Kunden nur in sehr eingeschränktem Maße nachgefragt wird. Durch die hohe Dichte an zeitdefinierten Angeboten wird es daneben immer schwieriger Preisaufschläge durchzusetzen. In der Vergangenheit war der direkte Wettbewerber in Bezug auf Produktausrichtung und Preisgestaltung der Gradmesser, inwieweit die Kunden bereit sind, zeitdefinierte Leistungen nachzufragen und durch Preisaufschläge zu entlohnen, erscheint aus Sicht der operierenden Dienstleister eher zweitrangig.

Eine der zentralen Thesen der bisherigen Ausführungen ist die Vermutung, dass neben den KEP-Diensten auch Stückgutdienstleister vom Trend vermehrt kleinstückiger und zunehmend zeitkritischer Sendungen[324] überproportional profitieren. Es kann nicht ausgeschlossen werden, dass es zwar zu einer Verlagerung aus dem Teilladungs- und Ladungssegment gekommen ist. Diese Verlagerung ist möglicherweise durch eine Verlagerung aus dem Stückgutgeschäft in das KEP-Segment abgeschwächt oder kompensiert worden.[325] Diese unterstellten Verlagerungstendenzen konnten im Rahmen dieser Arbeit nicht näher bestimmt werden. Folgt man den dargestellten empirischen Erhebungen, so ist weder der relative Anteil an uhrzeitgebundener Sendungen am Gesamtsendungsaufkommen - trotz erwiesener Kostenvorteile gegenüber der KEP-Anbieter - als bedeutend anzusehen, noch konnte der nationale Stückgutmarkt an sich von einer Veränderung der Güterstrukturen[326] in besonderem Maße profitieren. Ausgehend von diesem vergleichsweise niedrigen Marktniveau und in Anbetracht der herausragenden Stellung von zwei Stückgutdienstleistern haben zeitdefinierte Stückgutleistungen im Gegensatz zu standardisierten 24-Stunden-Linienverkehren weiterhin Wachstumschancen, während der Gesamtmarkt nationaler Stückgutleistungen auch in Zukunft eher zu stagnieren scheint. Unabhängig vom potenziell vermehrten Absatz zeitdefinierter Sendungen ist die Frage nach realistischen Preisaufschlägen für diese Premiumleistung noch nicht abschließend geklärt. Anhand der Abbildung 5-16 soll die Einordnung exemplarischer, logistischer Leistungen, wie z.B. Expressfrachtleistungen, in dem klassischen Produktlebenszyklus veranschaulicht werden.

[324] Vgl.Diez/ Hocke (Added Value beim Logistik-Service, 1996), S. 169.
[325] Vgl. Klaus (Marketing für Transport-Dienstleistungen, 1998), S. 1480.
[326] Vgl. Aberle (Transportwirtschaft, 2003), S. 94 ff.

Abbildung 5-16: Relative Marktreife ausgewählter logistischer Dienstleistungen

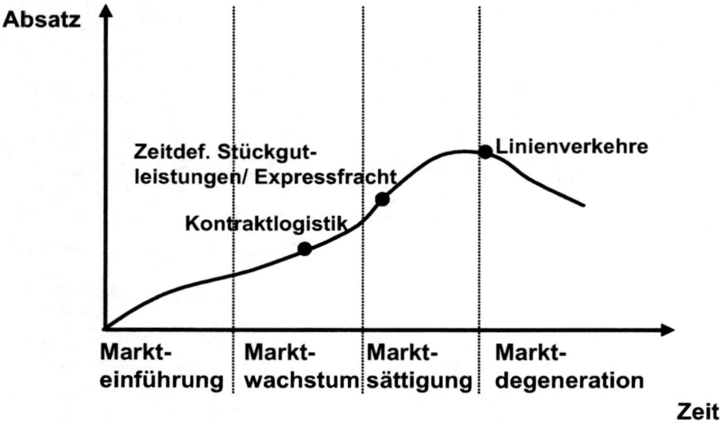

Quelle: Eigene Darstellung, in Anlehnung an Ihde (Transport, Verkehr, Logistik, 2001), S. 47

Zusammenfassend können folgende, aus den bisherigen Ausführungen abgeleitete, Erkenntnisse zum Teilmarktsegment zeitdefinierter Stückgutleistungen konstatiert werden:

Im Markt nationaler Stückgutleistungen wurden 2004 ca. 80 Mio. Sendungen befördert, dies lässt auf ein konstantes Umsatzvolumen von ca. 4 Mrd. Euro schließen. Rund 38 Prozent werden durch Konzerne, 43 Prozent werden durch Kooperation erbracht.

Alle bedeutenden Stückgutdienstleister offerieren im Rahmen ihrer Standardnetze zeitdefinierte Leistungen, die zeitlich präziser als die übliche 24-Stunden-Regellaufzeit sind. Lediglich 12 Prozent des hier hinterlegten nationalen Stückgutaufkommens von 67 Mio. Sendungen sind mit einer Zeitgarantie versehen. Je früher die zeitlichen Anforderungen liegen, umso geringer ist der Sendungsanteil. Das Aufkommen bewegt sich mit rund 8 Mio. Sendungen (entspricht einem Umsatz: 600 Mio. Euro) auf einem vergleichsweise niedrigen Niveau.

Das Teilmarktsegment zeitdefinierter Leistungen wird von zwei Dienstleistern (ein Konzern und eine Kooperation) dominiert, die rund 80 Prozent des Marktes abdecken. Die Marktanteile der Anbieter stehen in keinem direkten Zusammenhang mit dem Markteintrittszeitpunkt.

Mit der Erfüllung zeitdefinierter Leistungsversprechen sind Preisaufschläge von mehr als 180 Prozent zu realisieren. Eine Steigerung des Anteils zeitdefinierter Leistungen ist mit einer Verbesserung der Erlössituation verbunden.

Während das Leistungsvermögen und das Preisniveau im Vergleich mit den namhaften KEP-Dienstleistern als absolut wettbewerbsfähig einzustufen sind, besteht noch Nachholbedarf bei der Reaktionszeit auf Kundenanfragen.

In Anbetracht der herausragenden Anteile von zwei Stückgutdienstleistern bietet das Teilmarktsegment zeitdefinierter Stückgutleistungen grundsätzlich weiterhin Wachstumschancen für die Mehrzahl der Stückgutdienstleister. Allein durch die Orientierung an den beiden führenden Stückgutdienstleister, aber auch im Hinblick auf das hier nicht näher bestimmte Sendungsaufkommen in benachbarten logistischen Netzen ergeben sich für einen Großteil der Stückgutdienstleister Chancen Marktanteile auszubauen. Welche Erklärungsansätze bestehen und welche Handlungsoptionen aufgezeigt werden können, soll im folgenden Kapitel erläutert werden.

6 ERKLÄRUNGSANSÄTZE UND HANDLUNGSOPTIONEN ZUR VERBESSERUNG DER WETTBEWERBSFÄHIGKEIT

Nachdem der Anteil zeitdefinierter Stückgutsendungen als eher bescheiden einzustufen ist, soll das Ausgangsstadium kritisch beleuchtet und mögliche Handlungsoptionen aufgezeigt werden, die es ermöglichen, Marktchancen besser als in der Vergangenheit zu nutzen. In Bezug auf die in Kapitel 3 erarbeiteten konzeptionellen Grundlagen sollen mögliche Erklärungsansätze formuliert werden (Kapitel 6.1). Die Erklärungsansätze ergeben sich zum einen aus der kritischen Betrachtung der bisherigen Ergebnisse, zum anderen aus der Orientierung an den beiden führenden Stückgutdienstleistern bzw. den benachbarten Logistikanbietern. Innerhalb des nationalen Stückgutmarktes konnte der Vorsprung der führenden Stückgutanbieter auf Basis von Sendungszahlen direkt beziffert werden, unter Einbeziehung möglicher Marktanteilsgewinne von benachbarten logistischen Anbietern müssen qualitative Überlegungen ausreichen. Vor diesem Hintergrund können Handlungsoptionen erschlossen werden, die Stückgutdienstleister in die Lage versetzen, erfolgreicher im Teilmarktsegment zeitdefinierter Leistungen agieren zu können (Kapitel 6.2) und das Teilmarktsegment auszubauen. Im Anschluss werden die Ergebnisse zusammengefasst (Kapitel 6.3).

6.1 Vier Thesen als Erklärungsansätze für ungenutzte Potenziale im Teilmarktsegment zeitdefinierter Stückgutleistungen

Die im Vergleich zu den Marktführern im nationalen Stückgutmarkt bei zeitdefinierten Stückgutleistungen geringen Anteile am Sendungsvolumen lassen darauf schließen, dass für einen Großteil der Anbieter die Marktpotenziale im Sinne von Erlössteigerungen und Marktanteilsgewinnen noch nicht ausgeschöpft sind. Laut der dargestellten Erhebung lassen sich im Vergleich zur Standardsendung mit einer 24-Stunden-Garantie die Erlöse pro Sendung um 36 Prozent steigern. Hinzu kommen zeitkritische Sendungen, die im Moment noch in konkurrierenden Systemen abgewickelt werden, potenziell aber auch von Stückgutanbietern abgedeckt werden könnten.

Um neue Ertragschancen zu erschließen, ist es in einem ersten Schritt notwendig, mögliche Erklärungsansätze für das bescheidene Niveau aufzuzeigen. Der Systematik des konzeptionellen Bezugsrahmens (vgl. Abbildung 3-18) folgend können sich die

Erklärungsansätze zum einen auf das Marktumfeld in Bezug auf Kunden und Konkurrenten beziehen, zum anderen kann die Leistungserstellung der Time-to-Delivery bzw. der Markteintrittszeitpunkt (Time-to-Market) als mögliche Ursache angeführt werden. Dabei stehen die aufgezeigten Erklärungsansätze nicht für sich, vielmehr ist von einer Kombination mit unterschiedlichen Ausprägungen je Dienstleister auszugehen. Im Folgenden sollen mögliche Erklärungsansätze aufgezeigt und in Ableitung dazu Thesen formuliert werden, die die Basis für die anschließenden Handlungsoptionen bilden.

6.1.1 Erklärungsansätze im Marktumfeld

Wenn man unterstellt, dass grundsätzlich Markt- und Wachstumspotenziale bei zeitdefinierten Sendungen für die meisten nationalen Stückgutanbieter bestehen, kann man darauf schließen, dass entweder die Kundenbedürfnisse nicht in ausreichendem Maße abgedeckt oder die Konkurrenten besser aufgestellt sind bzw. besser wahrgenommen werden. Die Konkurrenz kann zum einen durch konkurrierende Stückgutanbieter, aber zum anderen in alternativen Logistiknetzwerken zum Ausdruck kommen. Die Betrachtung der Kunden- und Konkurrenzsituation ist Gegenstand der folgenden Ausführungen.

6.1.1.1 Fehlende Systematisierung bei der Bewertung der Kundenbedürfnisse

Das Spektrum der bedienten Kunden im nationalen Stückgutmarkt ist traditionell mittelstandsgeprägt. Eine Vielzahl an heterogenen Gütern wird von Stückgutdienstleistern transportiert. In Ableitung dazu sehen sich die Dienstleister mit unterschiedlichen Anforderungen der Kunden in Bezug auf Zeit, Preis und Integrationsbedürfnis konfrontiert. In der Vergangenheit sind viele kundenindividuelle Lösungen und Vereinbarungen entstanden, die ein „gewachsenes Sammelsurium von undifferenzierten, nicht aufeinander abgestimmten Leistungen, Branchenangeboten, eingesetzten Betriebsmitteln und organisatorischen Abläufen“[327] darstellen. Stückgutdienstleister haben in der Vergangenheit große Anstrengungen unternommen, Prozesse zu standardisieren und starke Marken zu schaffen. Die Dienstleister folgen damit dem Trend, dass starke Marken bei austauschbaren Leistungsangeboten die Auftragsvergabe maßgeblich beeinflussen. Laut einer Studie der Miebach Logistik GmbH[328] haben die Logistikdienstleister im Allgemeinen, die Stückgutdienstleister im Speziellen, ihr Marketing und ihren Markenauftritt in den letzten Jahren deutlich verfeinert, jedoch besteht in vielen Feldern noch Nachholbedarf beim Kundenbindungsmanagement, der Erfolgsmessung und dem Markenmanagement. Bei einer fehlenden Individualisierung der Hauptleistung wird Kundenservice und Kundenorientierung

[327] Fuhrmann (Logistiksysteme bei Güterverkehrsunternehmen, 1993), S. 124.
[328] Vgl. Miebach Logistik (Studie Markenmanagment, 2005).

zum wichtigen Differenzierungskriterium.[329] Um das Angebot nach dem Kundenbedürfnis auszurichten, ist die regelmäßige Erfassung der Kundenpräferenzen und systematische Ausrichtung der Produktpolitik[330] eine Grundbedingung am Markt. Stückgutdienstleister stehen vor der Notwendigkeit der

- stärkeren Kundenorientierung und -wahrnehmung,
- der regelmäßigen und systematischen Erforschung der Kundenpräferenzen sowie
- der konsequenten Ausrichtung der Vertriebs- und Marketingmaßnahmen

Mit der Bildung von Marken und standardisierten Produkten wurde Vertrauen beim Kunden geschaffen und ein Schritt in die Richtung einer **stärkeren Kundenorientierung und -wahrnehmung** unternommen. Betrachtet man den relativ geringen Anteil bei der Nachfrage nach zeitdefinierten Stückgutleistungen und führt sich die Entstehung dieses Segments vor Augen, so sind zeitdefinierte Produkte weniger aus der Erforschung der Kundenanforderung entstanden, sondern vielmehr durch die Orientierung an der KEP-Branche bzw. direkten Konkurrenten im Stückgutmarkt. Markt- und Wettbewerbsanalysen stützten sich in der Vergangenheit nach der Studie der Miebach Logistik stark auf Sekundärquellen anstatt eigene Erhebungen zu initiieren.[331]

Die Pioniere in diesem Segment konnten sich anfangs erfolgreich vom Wettbewerber differenzieren und neue Ertragsfelder erschließen. Dies war für viele Dienstleister Motiv genug, ebenfalls zeitdefinierte Produkte am Markt einzuführen. Durch verstärkte Präsenz am Markt schwindet zum einen die Möglichkeit der Differenzierung, zum anderen zeigt die geringe Nachfrage nach Stückgutsendungen, die bis 8:00 Uhr ihr Ziel erreichen müssen, dass andere Bedürfnisse vorliegen oder die Stückgutanbieter als Alternative beim Expressversand (noch) nicht ausreichend wahrgenommen werden. Durch die Vielzahl an zeitdefinierten Leistungsangeboten verblasst die Möglichkeit der Differenzierung. Durch die Marken- und Produktinflation der letzten Jahre wird die Glaubwürdigkeit der Stückgutdienstleister und das Wahrnehmungsvermögen des Kunden strapaziert.[332] Eine gute Marke erfordert nicht nur funktionierende Prozesse und reibungslosen Informationsaustausch, sondern auch den stetigen Dialog mit den Kunden über Anforderungen und Defizite der Vergangenheit.

329 Vgl. Müller (Kundenservice und seine Zentralisierung, 2005), S. 5.
330 Vgl. Fuhrmann/ Filz (Marktgerechte Logistikdienstleistungen, 1990), S. 7.
331 Vgl. Miebach Logistik (Studie Markenmanagment, 2005), S. 9.
332 Vgl. Fuhrmann (Logistiksysteme bei Güterverkehrsunternehmen, 1993), S. 143.

Luftfrachtunternehmen und KEP-Dienste sind dazu übergegangen, Managementinstrumentarien wie bspw. Conjoint Measurement oder Industry Management bei der Produktgestaltung und der Analyse der Kundenpräferenzen einzusetzen.[333] Im Gegensatz dazu werden die Kundenbedürfnisse im Stückgutmarkt wenig standardisiert und eher unregelmäßig abgefragt. Es finden zwar regelmäßige Treffen über die Performance des Dienstleisters und Preisverhandlungen statt, eine **regelmäßige und systematische Erforschung der Kundenpräferenzen** ist jedoch eher die Ausnahme. Laut der bereits zitierten Miebach-Studie führen nur 30 Prozent der Logistikdienstleister regelmäßige Marktanalysen und Kundenbefragungen durch.[334] In den im Rahmen der Arbeit durchgeführten Interviews der Stückgutdienstleister konnte keiner der Interviewpartner Angaben zur Nutzenmessung zeitdefinierter Produkte und Zahlungsbereitschaften der Kunden machen. Die Ausrichtung der Produkte und Preise orientiert sich weiterhin mehr am Bauchgefühl der Entscheider als an belastbaren bzw. kosten- und zeitintensiven Analysen. Es besteht damit aus Sicht der Stückgutdienstleister keine gesicherte Basis für den Nutzen, der mit zeitdefinierten Angeboten erreicht wird. Durch die systematische Ermittlung der Zahlungsbereitschaften könnte eine zielgerichtete Kunden- bzw. Branchensegmentierung[335] erfolgen und die Preise von Stückgutleistungen in Loslösung der üblichen Gewichts- und Entfernungstarife gebildet werden. Die Kundensegmentierung orientiert sich an unterschiedlichen Leistungsanforderungen der Kunden. Ziel einer Segmentierung ist es, die Gesamtheit der Kunden in Teilsegmente aufzuspalten, dass jeweils ein Segment bezüglich der Bedürfnisse und des Verhaltens der Kunden homogen ist und sich diesbezüglich von den anderen Segmenten unterscheidet.[336] Wie in Abbildung 6-1 deutlich wird, kann auf Basis von Kundenzufriedenheits- und Kundennutzenanalysen die Preisbildung auf Basis der Nutzenbewertung und weniger auf Basis von intransparenten Preisen der Konkurrenz erfolgen.

---

[333] Vgl. Mengen (Gestaltung von Dienstleistungsprodukten - Conjoint-Analyse im Lauftfrachtmarkt, 1993); Schöber (Global Customer Definite Solutions, 2004);
Kruse (Die Branchen fest Blick, DVZ Sonderbeilage vom 31.5.2005), S. 40.

[334] Vgl. Miebach Logistik (Studie Markenmanagment, 2005), S. 9.

[335] Vgl. Porter (Wettbewerbsvorteile, 2000), S. 133 ff.

[336] Vgl. Hungenberg (Strategisches Management, 2000), S. 122 ff.

Abbildung 6-1: Nutzen unterschiedlicher Produktalternativen

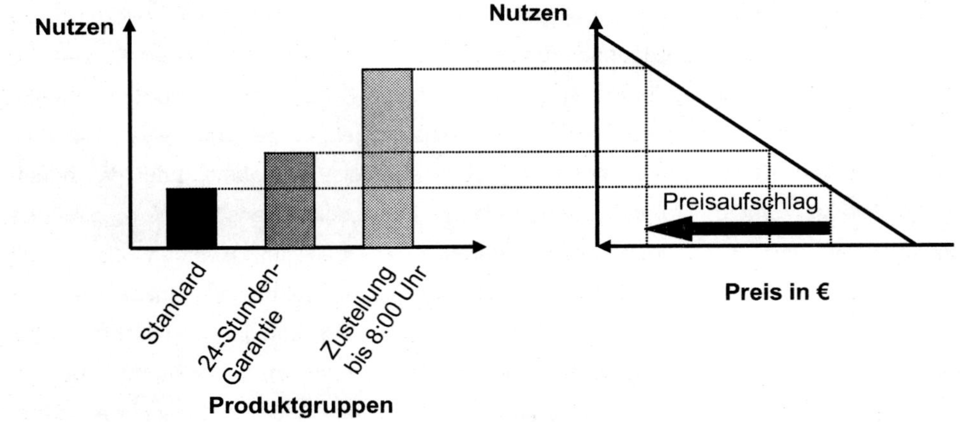

Quelle: In Anlehnung an Engelsleben/ von Wichert/ Zimmermann (Pricing-Chancen für Speditionen, 2004), S. 5

In eine ähnliche Richtung zielt auch die bisherige Verkennung von Beschwerdemanagement und Kundenbindungsinstrumenten.[337] Zeitdefinierte Leistungen sind in den meisten Fällen mit einer Geld-zurück-Garantie versehen. Dies ermöglicht den Kunden den monetär klar bemessenen Anspruch bei Nicht-Einhaltung. Ein Garantieversprechen zwingt den Logistikdienstleister zur durchgängigen Konzentration auf die Kundenerwartung bzw. das Kundenbedürfnis. Dienstleistungen, die nicht mit den Kundenbedürfnissen Schritt halten, führen zu Unzufriedenheit und steigenden Garantieabfindungen.[338] Mit der Geld-zurück-Garantie erfolgt lediglich eine unterproportionale Kompensation möglicher Produktionsausfälle. Auch wenn in der Vergangenheit zusätzliche Versicherungsmaßnahmen getroffen wurden, so decken diese nicht das 100prozentige Sicherheitsbedürfnis des Kunden, der sich bei Nicht-Einhaltung des Lieferzeitversprechens weitreichenden Konsequenzen gegenüber sieht. Durch den Anspruch auf eine Geld-zurück-Garantie werden Beschwerden kanalisiert und ermöglichen dem Dienstleister zusätzliche Erkenntnisse, die sonst u.U. verborgen geblieben wären. Laut der Miebach-Studie nutzen nur 44 Prozent der Logistikdienstleister das Beschwerdemanagement aktiv als Instrument der Kundenbindung, auch hier liegen noch Potenziale zu mehr Kundenorientierung verborgen. Gerade bei zeitkritischen Sendungen, denen der Kunde eine hohe Bedeutung zumisst, ist eine reibungslose Auftragsabwicklung in Verbindung mit stetigem Kontakt zwischen Dienstleister und Versender, vertrauensbildenden Maßnahmen bzw. einer reibungslosen Beschwerdebearbeitung unabdingbar.

[337] Vgl. Beispiele von Kundenbindungsinstrumenten in Miebach Logistik (Studie Markenmanagment, 2005), S. 25.
[338] Vgl. Wirtz (Dienstleistungsgarantien als wirksames Mittel, 1998), S. 829.

Nicht zuletzt liegt in der Zentralisierung und Standardisierung der Kundenkommunikation eine der Herausforderungen gerade für mittelständische Kooperationen. Während Produkte und Marketingaktivitäten häufig zentral geplant und koordiniert werden, verbleibt der Kundenservice und Vertrieb einschließlich der Preisgestaltung in dezentraler Verantwortung. Auf Basis von fest definierten nach Kundenpräferenzen ausgerichteten Segmentierungen können **Vertriebs- und Marketingmaßnahmen** konsequent vorangetrieben werden. Schon heute verfügen die meisten Stückgutdienstleister über ein zentrales Key-Account-Management. In Verbindung mit den richtigen Instrumentarien der Kundenanalyse und entsprechenden Entscheidungsbefugnissen lassen sich Kunden gezielter ansprechen und Anteile zeitdefinierter Stückgutsendungen steigern. Ein wesentlicher Schwachpunkt in der Vergangenheit lag in der unkoordinierten Vermarktung zeitdefinierter Produkte. Laut Aussage der Interviewpartner liegt der Vertrieb von zeitdefinierten Leistungen i.d.R. in regionaler Verantwortung. Die Vertriebsqualität vor Ort hat damit direkte Erfolgswirkung auf den Anteil zeitdefinierter Leistungen, mit denen sich der Ertrag unter Nutzung bestehender Strukturen nachweislich steigern lässt. In der aktiven Vermarktung und zentralen Kontrolle liegt auch eine der Ursachen für die hohen Anteile der Marktführer im Segment zeitdefinierter Leistungen verborgen. Neben funktionierenden Prozessen und einer durchgängigen IT-Vernetzung konnten die Anteile durch zielgerichtete Schulung und Briefing des Vertriebspersonals ausgebaut werden. Nicht zu verkennen sind die Effekte in Bezug auf Prozesssicherheit und Mitarbeitermotivation, die durch zuverlässige zeitdefinierte Leistungen erreicht werden können. Gerade im Vertrieb und Marketing besteht noch Nachholbedarf gegenüber etablierten Expressdiensten, die Kundenbedürfnisse systematischer erforschen und am Markt als Expressspezialist präsenter sind.

Neben leistungsstarken, zuverlässigen und schnellen Prozessen spielt bei der Kundenorientierung und -wahrnehmung die Wahl der richtigen Marken- und Produktdifferenzierung eine wichtige Rolle. Um Marken und Produkte in der Wahrnehmung des Kunden zu verankern, sind regelmäßige und systematische Befragungen der Kunden notwendig. Die ausbaufähige Kundenorientierung im nationalen Stückgutmarkt soll in der These 1 zusammengefasst werden.

These 1: Die Bewertung des Kundennutzens und der damit verbundenen Zahlungsbereitschaft für zeitdefinierte Premiumleistungen erfolgt im klassischen Stückgutsegment wenig strukturiert und systematisch.

6.1.1.2 Spezialisierte Leistungsangebote der Konkurrenten

Neben den auf Zeitbedürfnisse zugeschnittenen Angeboten der Stückgutdienstleister existieren alternative Netzstrukturen. DHL betreibt bspw. neben dem Stückgutnetz („Freight") auch ein Expressnetz („Express") mit zum Teil eigenständigen Terminals und einem eigenen Hub bei Kassel. Gerade bei breit aufgestellten Logistikdienstleistern kann nicht ausgeschlossen werden, dass zeitbezogene Kundenbedürfnisse nicht im Rahmen von Stückgutdiensten befriedigt werden, aber alternative Strukturen[339] bereitstehen, die kundenindividuelle Lösungen ermöglichen. Hierzu sind zum Teil alternative Netzstrukturen notwendig, die unterhalten und betrieben werden müssen. Auch wenn führende Stückgutdienstleister in den letzten Jahren spezielle Branchenlösungen entwickelt haben, so bleibt das Rückrat i.d.R. ein flächendeckendes 24-Stunden-Netz mit standardisierten Abläufen beim Stückgutumschlag. In Konkurrenz dazu existieren alternative logistische Systeme wie:

- Geschlossene Systeme von Industrie- und Handelsunternehmen mit hohem Individualisierungs- und Spezialisierungsgrad
- Global ausgerichtete KEP-Netzwerke mit weit reichenden Infrastruktur- und Kapitalressourcen
- Spezialisierte Branchenlösungen mit einer exklusiven Befriedigung der zeitbezogenen Kundenbedürfnisse

Die Übergänge zwischen den Netzen der Anbieter sind nicht trennscharf, vielmehr ergeben sich Überlappungen. So werden geschlossene Systeme auch durch spezialisierte Nischenanbieter bereitgestellt. Nicht zuletzt aus Gründen der Zuordnung und der Erhebungskomplexität war es im Rahmen der empirischen Erhebung (vgl. Kapitel 5, insbesondere Abbildung 5-1) nicht möglich, das Gesamtaufkommen zeitdefinierter Transportleistungen über alle Anbieter hinweg fundiert zu schätzen. Es darf unterstellt werden, dass nur ein bestimmter Anteil im Rahmen von Stückgutnetzen abgewickelt und die verbleibende Menge durch alternative Anbieter abgedeckt wird.

Aufgrund der nachgewiesen geringen Anteile im Stückgutsegment scheint es, als ob je dringender die Ware am Ziel sein muss, desto eher wird einer der auf Express ausgerichteten Anbieter mit der Transportabwicklung beauftragt. Den Stückgutanbietern verbleiben tendenziell eher die weniger zeitkritischen Sendungen.[340] Die alternativen Systeme sind besser auf zeitbezogene Bedürfnisse ausgerichtet und versprechen dem

---

[339] Z. B. Dachser betreibt ein Netzwerk für Frischelogistik; Schenker entwickelt und betreibt eigenständige Automotive-Lösungen.

[340] Vgl. Vastag/ Heinrichmeyer (Servicequalität, 2002), S. 52.

Kunden eine exklusive, zum Teil kundenindividuelle Auftragsbearbeitung. Gerade bei für den Kunden besonders zeitkritischen Sendungen geben Exklusivität und kundenindividuelle Behandlung den Ausschlag den Auftrag an Konkurrenzanbieter zu vergeben oder eigene logistische Strukturen zu schaffen.

Geschlossene Systeme von Industrie- und Handelsunternehmen werden von unternehmenseigenen Dienstleistern und/ oder von exklusiv beauftragten Dienstleistern bereitgestellt. Je mehr große Verlader die Vorherrschaft bei der Gestaltung und Steuerung ihrer Logistiksysteme wahrnehmen, desto mehr tendieren diese zu geschlossenen Systemen, für die der Dienstleister individuell zugeschnittene Leistungen anbietet.[341] Bekannt sind in diesem Zusammenhang Beispiele aus der Automobilindustrie, in denen einzelne oder nur wenige Dienstleister im Rahmen von Gebietsspediteurkonzepten die Belieferung und Distribution der Produktionsstätten übernehmen. Mit JIT oder auch JIS-Lieferungen bestehen zeitlich exakte Lieferzeitanforderungen, die eine passgenaue Integration erfordern. Diese können in dieser zeitlichen Präzision von Stückgutnetzen nicht immer bedient werden.

In den 1990er Jahren hat die mittelständische Spedition Daufenbach für acht ausländische Automobilhersteller die Ersatzteilversorgung für deren Werkstätten übernommen und dafür ein geschlossenes Netzwerk mit speziellen Transportbehältern betrieben.[342] Während das Ersatzteilgeschäft gerade im Hinblick auf voluminöse Karosserieteile eher Spitzen in den Monaten mit schlechtem Wetter aufgrund vermehrter Auffahrunfälle aufweist, stellt die Distribution der Getränkeindustrie wie im Fall der Spedition Daufenbach einen sinnvollen saisonalen Ausgleich dar. In diesem Zusammenhang wäre es denkbar, dass ein Ausgleich bzw. eine Steigerung der Auslastung durch Stückgutmengen erreicht wird. Dabei gilt es zu beachten, dass gerade bei der Ersatzteilversorgung eine kurzfristige Reaktion und eine Versorgung innerhalb von wenigen Stunden entscheidend sind. Bei einem Vertragsgroßhändler der Automobilzulieferindustrie starten die ersten Belieferungsfahrten mit besonders dringenden Bestellungen um 10:00 Uhr. Spätestens um 13:00 Uhr sind alle Teile vor Ort, die von den Kunden bis 10:00 Uhr geordert wurden. Wer um 12:00 Uhr bestellt, kann damit rechnen, dass die Ware innerhalb von drei Stunden angeliefert wird. Bestellungen, die über Nacht eingehen, werden per Nachtexpress an die Kunden versandt.[343] Auch wenn die Versorgung in dieser Taktung und Flexibilität nicht durch Stückgutdienstleister übernommen werden kann, so besteht durchaus die Möglichkeit, einen Teil der Versorgung des Großhändlers oder Großverladers im Rahmen der Stückgutwertschöpfungskette abzuwickeln. In

[341] Vgl. Fuhrmann (Logistiksysteme bei Güterverkehrsunternehmen, 1993), S. 188.
[342] Vgl. Fuhrmann (Logistiksysteme bei Güterverkehrsunternehmen, 1993), S. 149 f.
[343] Vgl. Buchholz (Kernkompetenz Schnelligkeit, LOGISTIK inside von 04/2005), S. 40.

einem Projekt der Fraunhofer ATL wurde die Implementierung eines geschlossenen nationalen Gebietsspediteurkonzeptes in der Automobilzulieferindustrie begleitet. Während die erste Versorgungstour bis 7:00 Uhr an der Produktionsstätte eintreffen muss, finden die weiteren Touren in Zeitfenstern statt, die potenziell durch Stückgutanbieter zu bewältigen sind. Die Beispiele zeigen die besondere Taktung und Präferenzen, die die Auftraggeber fordern. Dennoch sind nationale Stückgutdienstleister nicht per se ungeeignet, um entsprechende Lösungen zu offerieren. Der Automobilhersteller BMW hat im Jahr 2005 die Belieferung der 14 europäischen Produktionsstandorte an einen Stückgutdienstleister vergeben. BMW trennt sich hier ganz bewusst von den geschlossenen Gebietsspediteurkonzepten der Vergangenheit und geht mit der Vergabe an ein offenes Stückgutnetz von DHL Freight neue Wege.[344] Auch hier gilt es Vertrauen und Glaubwürdigkeit in die Leistungsfähigkeit der Stückgutdienstleister zu schaffen und sich neue Ertragspotenziale zu erschließen.

Betrachtet man **global ausgerichtete KEP-Anbieter** in Bezug auf Glaubwürdigkeit und Image, so liegen hier Vorteile der bekannten Marktakteure. Einer Studie der Zeitschrift LOGISTIKinside zufolge sind in einem Imageranking „Logistikdienstleister“ auf den ersten vier Plätzen ein Luftfahrtfrachtunternehmen und drei namhafte KEP-Dienstleister zu finden.[345] Erst danach folgen führende Anbieter wie Schenker oder Dachser. Mittelständische Stückgutkooperationen sind auf den ersten zehn Plätzen nicht vertreten. In Zeiten, in denen das Leistungsvermögen nahezu deckungsgleich ist, entscheidet Image und Glaubwürdigkeit beim Kunden in zunehmendem Maß. KEP-Dienstleister, die auch höhergewichtige Sendungsgrößen transportieren, profitieren von ihrer Bekanntheit aus dem klassischen Paketgeschäft und erwecken den Eindruck, über hoch integrierte und internationale Netzwerke zu verfügen. Ihnen ist es gelungen, eine profilierte, unverwechselbare Dienstleistung mit einem positiven und prägnanten Image in eine konsistente Markenstrategie einzubetten.[346]

Obwohl die Produktqualität einen der wichtigsten Einflussfaktoren darstellt und auch die Stückgutdienstleister eine leistungsfähige Produktpalette anbieten, haben laut dieser Kundeneinschätzung die Stückgutanbieter das Nachsehen. Unterstellt man, dass bei zeitkritischen Sendungen keine großen Leistungsunterschiede zwischen KEP-Diensten und Stückgutanbietern bestehen, so haben es die KEP-Dienste in der Vergangenheit besser verstanden, ein Image und eine starke Marke zum Kunden zu transferieren. Dies bestätigt sich in plakativen Werbeanzeigen (vgl. Abbildung 6-2) und einem professionellen bzw.

344 Vgl. DVZ vom 2.6.2005 (DHL übernimmt Belieferung der BMW Standorte), S. 1 - ohne Verfasser.
345 Vgl. LOGISTIKinside Studie (Image-Ranking, 2004) - ohne Verfasser.
346 Vgl. Fuhrmann (Logistiksysteme bei Güterverkehrsunternehmen, 1993), S. 213.

einheitlichen Internetauftritt, der laut der genannten Studie das Image maßgeblich beeinflusst. Hier wird die Kernkompetenz Schnelligkeit betont, die durch eine langjährige Tätigkeit mit eilbedürftigen Sendungen untermauert wird. Während Stückgutanbieter erst seit Ende der 1980er Jahre ihre eigene Leistungsfähigkeit beim Expressversand erkannt haben, agieren die namhaften KEP-Anbieter schon seit den 1970er Jahren und werden dem Kundenbedürfnis nach Schnelligkeit und internationaler Ausrichtung gerecht.

Abbildung 6-2: Exemplarische Werbeanzeigen von DHL aus den Jahren 1987 und 2003

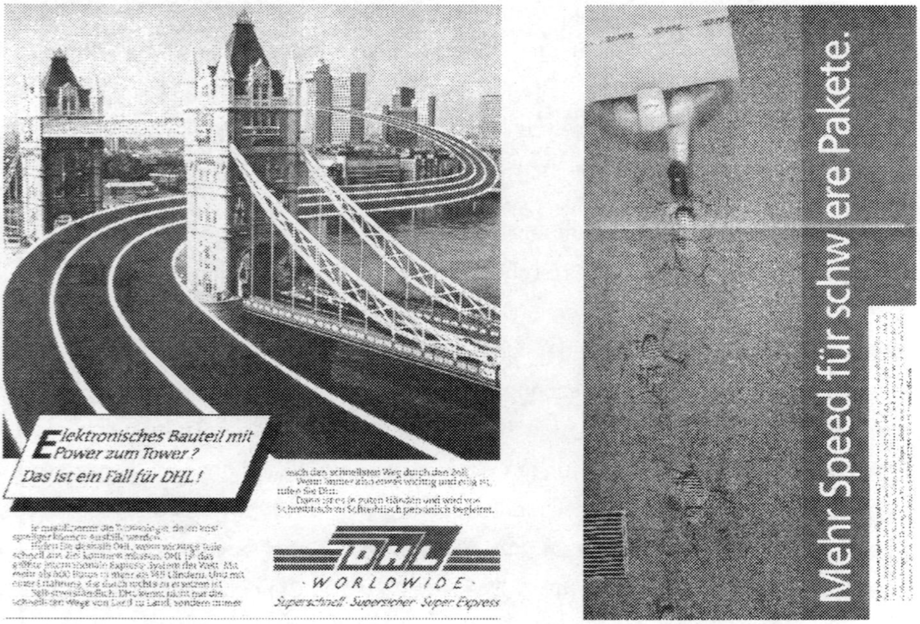

Quelle: Werbeanzeigen aus Fachmagazinen aus den Jahren 1987[347] (links) und 2003 (rechts)

Neben industrialisierten Landverkehrsnetzen verfügen die KEP-Anbieter über eigene Expressnetze, die europaweit zum Teil per Lufttransport einen schnellen Transport gewährleisten. Während Stückgutanbieter durch Kooperationen mit Expressdiensten und Luftfrachtunternehmen eine zeitgerechte Abwicklung sicherstellen, halten die KEP-Anbieter unternehmenseigene Netze und Ressourcen bereit. Gerade bei zeitkritischen Sendungen schaffen frei disponierbare und frei zugängliche Netzressourcen Vertrauen beim Kunden. Der ausgewählte Dienstleister verfügt „zur Not" über Ressourcen das zu transportierende Gut ohne Schnittstellenübergänge ans Ziel zu bringen. Der Kunden kann wählen, ob eine Sendung aus Madrid in ein bis zwei Tagen nach Moskau fliegt oder fünf bis sechs Tage auf

[347] Vgl. Spiegelverlagsreihe (Hrsg.) (Märkte im Wandel, 1987), ohne Seitenangabe.

der Straße unterwegs ist. Der Wechsel einer Sendung von der Straße in die Luft ist dabei prinzipiell möglich. Dieses Maß an Adaptivität und europäischer Flächendeckung ist bei den klassischen Stückgutanbietern bisher noch nicht ausreichend ausgeprägt.

In Situationen mit hoher Eilbedürftigkeit, in denen z. B. hohe Ausfallkosten drohen, sind hohe Transportkosten bei der Dienstleisterwahl eher zweitrangig. Genau auf dieses Segment zielen die agierenden KEP-Dienste ab. In gewissem Sinne betreiben die KEP-Dienste eine Art von „Rosinenpicken“, indem sie das Massengeschäft den Stückgutanbietern überlassen und mit wenigen zeitkritischen Sendungsmengen einen ähnlichen Umsatz erzielen. Mit der Fokussierung auf zeitkritische und ertragsreiche Sendungsmengen verbunden mit einem aggressiven Marktauftritt erzielen die KEP-Dienste in Bezug auf Kundenorientierung und Dienstleistungsbereitschaft Vorteile gegenüber der Stückgutbranche.[348] Laut einer Studie der Mercer Management Consulting[349] schlägt sich dies auch in einer höheren Profitabilität im Vergleich zu den Stückgutdienstleistern nieder.

Weniger aggressiv im Marktauftritt, aber mindestens ebenso spezialisiert und leistungsstark sind **spezialisierte Branchenlösungen.** Dabei konzentrieren sich diese Anbieter neben zeitkritischen Sendungssegmenten auf die speziellen Bedürfnisse eilbedürftiger Branchen. Der trans-o-flex Schnell-Lieferdienst agiert seit der Gründung im Jahr 1971 (!) als Spezialist der Pharmaindustrie. Neben besonderen zeitlichen Anforderungen bestehen besondere Anforderungen an Hygiene- und Temperaturbedingungen. Trans-o-flex kann auf gewachsene und dauerhafte Kundenbeziehungen zurückgreifen und im engen Dialog Produkte weiterentwickeln, Zusatzdienste konzipieren und neue Branchen erschließen. Dabei ist das trans-o-flex-System nur Kunden mit Regelversand zugänglich. Ad hoc Anfragen von Neukunden mit unregelmäßigem Sendungsaufkommen sind im Geschäftsmodell von trans-o-flex nicht vorgesehen. Durch die im Vergleich zum Stückgutgeschäft geschlossene Kundenstruktur sind auch die zu transportierenden Sendungen homogener und systemfähiger als die heterogene Güterstruktur im Stückgutgeschäft. Daneben gilt die Anbieterstruktur als weniger zersplittert als im klassischen Stückgutmarkt. Eine 24-Stunden-Garantielaufzeit zählt in diesem Segment nicht als Premium-, sondern als Standardleistung. Laut Angaben aus der Markterhebung in Kapitel 5 erreichen bei spezialisierten Diensten 95 Prozent der Sendungen ihr Ziel garantiert am nächsten Tag. Darüber hinaus werden von den Expressspezialisten auch zusätzlich Value-Added-Services wie Montage oder Ersatzteilversorgung übernommen.

---

[348] Vgl. Diez/ Hocke (Added Value beim Logistik-Service, 1996), S. 170.
[349] Vgl. Mercer Managment Consulting (Erfolgreiche Geschäftsmodelle der Logistik, 2005).

Unternehmen wie trans-o-flex, Night Star Express oder RS Logistik konnten sich erfolgreich von der mächtigen Konkurrenz der KEP-Konzerne differenzieren. Während sich das Wachstum im KEP-Markt allgemein etwas verlangsamt hat, konnten sich Nachtexpress-Anbieter mit Lieferzeiten bis spätestens 8:00 Uhr am nächsten Tag neue Marktpotenziale erschließen[350] und sich als die Spezialisten für Terminsachen am Markt etablieren. Hier hat sich eine Marktnische gebildet, in der auch mittelständische Dienstleister und Verbünde gute Überlebenschancen haben. Durch konsequente Service- und Kundenorientierung verbunden mit einer exklusiven Behandlung der zeitkritischen Sendungen sind Netzwerke entstanden, deren Nachahmung finanzielle Ressourcen, umfangreiches Branchen Know-how und eine langfristige Strategie erfordern. Auch hier stoßen die Netzwerke der Stückgutdienstleister mit ihrem heterogenen Kundenportfolio an ihre Grenzen. Dennoch verbergen sich auch in diesem spezialisierten Bereich neue Ertragspotenziale für zeitkritische Sendungen.

Unbestritten sind leistungsstarke Stückgutnetze nicht dafür geschaffen, jedes Zeitbedürfnis des Kunden zu befriedigen. Es gilt die Stückgutanbieter entsprechend ihres Leistungsvermögens in die Logistikkonzepte einzubetten. Wie die Praxis zeigt, ist es durchaus denkbar, leistungsstarke Stückgutanbieter auch in komplexe logistische Anforderungen wie die Werksversorgung der Automobilindustrie einzubinden. Durch Synergien und ausgeschöpfte economies of scale können Kostenvorteile entstehen, die sich sowohl für den Verlader als auch für den Netzwerkbetreiber positiv bemerkbar machen. Bis die kreative Einbindung und Synergieerschließung vollends gelingt, lässt sich der Erklärungsansatz für ein bescheidenes Niveau zeitdefinierter Stückgutleistungen durch Konkurrenz alternativer Leistungsanbieter in These 2 wie folgt zusammenfassen:

These 2: Spezialisierte Expressanbieter und geschlossene Systeme der Industrie und des Handels sind besser auf zeitbezogene Kundenbedürfnisse ausgerichtet als nationale Stückgutdienstleister und können diese Kompetenz besser zum Kunden transferieren.

[350] Vgl. Kierdorf (Nachtexpress bleibt Wachstumsmarkt, DVZ vom 18.10.2004), S. 6.

6.1.2 Erklärungsansätze im Zeitmanagement

Neben den auf das Marktumfeld gerichteten Erklärungsansätzen gibt es Restriktionen bei der Ausrichtung der Time-to-Delivery und Time-to-Market-Komponente, die die Erfolgspotenziale im Markt zeitdefinierter Stückgutleistungen beeinträchtigen. Die Gestaltung dieser beiden Komponenten ist maßgeblich für die Abgrenzung vom Wettbewerber, die eigene Effizienz bei der Abwicklung und den gestifteten Zusatznutzen beim Kunden.

6.1.2.1 Begrenzter Spielraum bei der Ausgestaltung der Time-to-Delivery-Komponente

Die Regelnetzwerke der national operierenden Stückgutdienstleister bilden den Rahmen für die Produktion zeitdefinierter Premiumleistungen. In der Regel erfahren zeitdefinierte Leistungen lediglich eine Sonderbehandlung bei der Abholung und Zustellung im Nahverkehr. Der Hauptlauf erfolgt durch fahrplanmäßige Hauptlaufverkehre. Sobald auch im Hauptlauf ein Expressdienst als Subunternehmer oder unternehmenseigener Sprinter eingesetzt werden muss, um das Zeitversprechen einzuhalten, gehört dieser Service nicht mehr zum Kernleistungsbereich nationaler Stückgutdienstleister. Durch den hohen Standardisierungs- und Industrialisierungsgrad der Netzwerke, der für die effiziente Abwicklung des Massenproduktes „Stückgut" zwingend erforderlich ist, besteht ein enges Planungs- und Gestaltungskorsett für die Abwicklung zeitkritischer Leistungen. Erklärungsansätze für ein geringes Marktaufkommen zeitdefinierter Leistungen sind sowohl in dem

- hohen Standardisierungsgrad der operativen Leistungsprozesse als auch
- in den Reaktions- und Servicezeiten im Rahmen der administrativen Unterstützungsprozesse

zu finden. Die **operativen Leistungsprozesse** sind in erster Linie auf die Abwicklung großer Mengen mit vergleichsweise heterogenen Gütern ausgerichtet. Die Entindividualisierung der transportierten Güter während der Leistungserbringung ist eines der Kernprinzipien beim Stückgutversand, um Kostenvorteile zu generieren.[351] Daneben ist der zeitlich zuverlässige und schnelle Sendungsversand Grundvoraussetzung am Markt. Stückgutdienstleister waren in der Vergangenheit bestrebt eine hohe Laufzeiterfüllung bei Regelsendungen von 95 und mehr Prozent zu realisieren. Kunden, denen dieses nicht garantierte Laufzeitversprechen ausreicht, sind nicht bereit, für eine Steigerung des Laufzeitversprechens auf 100 Prozent unverhältnismäßige Preisaufschläge zu zahlen. Unabhängig davon ist in der Standardwertschöpfungskette des Stückgutumschlags eine Zustellung in den

[351] Vgl. Bretzke (Logistik-Outsourcing, 2004), S. 12.

Vormittagsstunden impliziert. Je nach Verlauf und Planung der Nahverkehrstour kann eine Zustellung bis 10:00 Uhr oder 12:00 Uhr auch beim Standardversand die Regel und weniger die Ausnahme sein. Auch in einem solchen Fall wird der Kunde nicht bereit sein, für eine garantierte Zustellung Preisaufschläge zu akzeptieren. In gewisser Weise konterkarieren die Standardprozesse mit hohen Quoten für den Regelversand und die Zustellung in den Vormittagsstunden die Möglichkeit durch Zeitgarantien Zusatzerlöse zu erzielen. Die Ursache ist hier in nicht trennscharf abgegrenzten Produkten zu sehen, deren Unterschiede für den Kunden nicht auf den ersten Blick zu erkennen sind.

Aufgrund der standardisierten Abläufe sind darüber hinaus Abweichungen in der zeitlichen Taktung mit daraus resultierenden Folgekosten versehen. Zustellungen in den Nachmittagsstunden, Spätabholungen oder auch die Anlieferung zu einem vom Kunden vorgegeben Zeitpunkt machen Sonderfahrten notwendig, bei denen Synergien mit anderen Nahverkehrstouren nicht zu erwarten und dementsprechend teuer sind. Je exklusiver eine Sendung behandelt werden muss, desto geringer ist der im Stückgutgeschäft erfolgskritische Auslastungsfaktor. Synergien im Sinne von economies of scale können bei großen Mengen zeitgarantierter Sendungen kaum noch aufrechterhalten werden. Ein Anstieg der Umschlags- und Transportkosten ist nicht zu vermeiden. Um zeitdefinierte Sendungen zuverlässig zuzustellen werden Sprinterfahrzeuge eingesetzt. Sprinterfahrzeuge gehören mittlerweile zur Grundausstattung der Transportabwicklung beim Stückgutverkehr. Darüber hinaus verfügen Stückgutnetzwerke über keine zusätzlichen Ressourcen, um den Sendungsversand zu beschleunigen. In den Depots werden i.d.R. ausschließlich Stückgutsendungen umgeschlagen, ein Zugang zu alternativen Netzwerken erfolgt über Expressdienste, die als Subunternehmer fungieren. Über Abkommen mit regional tätigen Expressdiensten werden jedoch zusätzliche Schnittstellen geschaffen und eine durchgängige Systemintegration ist nicht zwingend gegeben. Gerade bei eilbedürftigen Sendungen, ist der Kunde an individueller Behandlung aus einer Hand sowie einer zeitnahen Informationsverfügbarkeit interessiert. Dies gilt sowohl innerhalb Deutschlands, wie auch insbesondere für das benachbarte Ausland. Die Ursprünge und Ausrichtung der Stückgutnetzwerke sind national geprägt und erst in den letzten Jahren fand eine Erweiterung der Flächendeckung in benachbarte Staaten statt. Erst langsam werden auch zeitdefinierte Stückgutleistungen für das europäische Ausland angeboten. Auch hier sind etablierte KEP-Dienste im Vorteil. Sie verfügen über alternative, hochintegrierte Expressstrukturen, eine europäische Ausrichtung ist ein wichtiger Teil ihrer Unternehmensstrategie.

Leistungsstarke, integrierte IT-Systeme, die eine zeitnahe Informationsverfügbarkeit ermöglichen, sind Bestandteil der **administrativen Unterstützungsprozesse.** Gerade bei mittelständischen Kooperationsverbünden wurden hier große Anstrengungen unternommen, um einen reibungslosen Ablauf zu gewährleisten. In der angestrebten Integration neuer europäischer Partner liegen auch in Zukunft noch große Herausforderungen. Leistungsstarke IT-Systeme erlauben zum einen die Übermittlung pro-aktiver Sendungsinformationen, um den Kunden systembasiert über Störungen und Verzögerungen im Ablauf zu informieren, zum anderen können kurze Reaktionszeiten auf Kundenanfragen besser gewährleistet werden. Wie in Kapitel 5 gezeigt werden konnte, beträgt die durchschnittliche Reaktionszeit auf eine – nicht repräsentative – Kundenanfrage rund 13 Stunden. Da KEP-Dienste eine Reaktionszeit von neun Stunden erreichen, besteht hier noch Nachholbedarf auf Seiten der Stückgutdienstleister, indem Anfragen zügig an das betreffende Depot weitergeleitet werden und Instrumente zur zeitnahen Angebotserstellung bereitstehen. Zeitkritische Sendungen unterliegen einer hohen Dringlichkeit beim Kunden und es kann davon ausgegangen werden, dass die Reaktionszeit auf die Anfrage und der reibungslose und zuverlässige Versand entscheidender sind als ein niedriger Transportpreis. Während des Versandes erfordert der Kunde einen kontinuierlichen Statusabgleich, wo sich die eilige Sendung gerade befindet und verlangt eine pro-aktive Sendungsinformation bei Verzögerungen und Störungen.[352] Auch hier sind noch nicht alle Dienstleister in der Lage, systembasiert pro-aktive Sendungsinformationen zu erzeugen. Wie aus den Ausführungen deutlich wird, wird der Faktor Zeit bei den Reaktionszeiten auf Kundenanfragen und Systemstörungen, die bei eilbedürftigen Sendungen eine besondere Bedeutung zukommt, unterschätzt.

Auch bei der Planung der Fern- und Nahverkehrstouren kommt der zeitliche Aspekt bisher nicht ausreichend zur Geltung. Die Planung der Fern- und Nahverkehrstouren erfolgt zumeist auf Basis von Kosten- und Auslastungsfaktoren. Die Zielstellung beim Einsatz von Tourenplanungsinstrumenten lautet i.d.R. Minimierung der Kosten und Steigerung der Auslastung je Tour. In der Praxis stellen diese beiden parallel existierenden Zielstellungen die Entwickler von Entscheidungsunterstützungswerkzeugen vor große Herausforderungen.[353] Eine zusätzliche Einbeziehung der zeitlichen Priorisierung eilbedürftiger Sendungen würde die Komplexität bei der Entwicklung und Nutzung von computerbasierten Unterstützungswerkzeugen vervielfachen. Während die Planung im klassischen Stückgutgeschäft von Kosten- und Auslastungsaspekten weiterhin dominiert wird, arbeiten namhafte KEP-Dienste an der Weiterentwicklung und Implementierung multikriterieller Werkzeuge.[354]

Stückgutnetzwerke sind durch eine standardisierte Leistungserbringung gekennzeichnet. Im Rahmen dieser Netzwerke lässt sich lediglich ein überschaubares Produktprogramm

[352] Vgl. Milzarek (Expressdienste als Logistikpartner, 1997), S. 148.
[353] Das Teilprojekt A 7 „Service-Netz" des Sonderforschungsbereichs 559 „Modellierung großer Netze in der der Logistik" beschäftigt sich seit 1998 mit der Optimierung von Servicezeiten unter gleichberechtigter Berücksichtigung von Serviceanforderungen und Kostenüberlegungen.
[354] Laut Auskunft eines interviewten KEP-Anbieters.

anbieten.[355] Besondere Bedeutung der Time-to-Delivery-Komponente kommt sowohl bei Leistungserbringung zeitdefinierter Leistungen als auch bei den Reaktionszeiten zum Ausdruck. Durch die in hohem Maße getakteten Abläufe verbunden mit Steigerungsmöglichkeiten bei der Gestaltung der IT-Systeme kann die Erklärung für ein bescheidenes Niveau zeitdefinierter Leistungen am Gesamtmarkt wie folgt in These 3 zusammengefasst werden:

These 3: Eine starre und unflexible Netzstruktur verhindert aus Gründen der erfolgskritischen Auslastung eine flexible Anpassung an die Zeitbedürfnisse der Kunden.

6.1.2.2 Verkennung und Verzögerung der Time-to-Market-Strategie

Nicht nur bei der operativ geprägten Time-to-Delivery-Komponente, sondern auch bei der strategischen Ausrichtung der Time-to-Market-Komponente bestehen Einschränkungen, die die Perspektive nationaler Stückgutdienstleister beeinträchtigen. Betrachtet man die Einführung von Prozess- und Produktinnovationen der letzten Jahre, zu denen auch zeitdefinierte Produkte zu zählen sind, so zeigt sich, dass nationale Stückgutdienstleister sich lediglich in Ausnahmefällen als Innovationsführer auszeichnen können. Vor dem Hintergrund lange Zeit regulierter Verkehrsmärkte, begrenzter finanzieller Ressourcen im mittelstandsgeprägten Stückgutgeschäft verbunden mit einer weiterhin angespannten Ertragslage herrschen eher schlechte Voraussetzungen, um eine aussichtsreiche Pionierposition zu erreichen. Produkt- und Prozessinnovationen entstehen nicht ohne weiteres, sondern müssen durch eine personal- und kapitalintensive Professionalisierung des Managements und dessen Instrumentarien systematisch erzwungen werden.[356] Wie im folgenden Abschnitt verdeutlicht werden soll, besteht

- ein Markt- und Erfahrungskurvennachteil durch die Folgerpositionierung gegenüber den spezialisierten Expressdiensten,
- ein eingeschränkter Gestaltungsspielraum bei der Einführung von Produkt- und Prozessinnovationen am Beispiel der RFID-Technologie, sowie
- eine zögerliche Haltung bei der Nutzung professioneller Management- und Marketinginstrumente.

Während global operierende KEP-Dienste schon in den 1970er Jahren das Marktsegment zeitkritischer Leistungen für sich entdeckten, handelt es sich um ein vergleichsweise junges

[355] Vgl. Fuhrmann (Logistiksysteme bei Güterverkehrsunternehmen, 1993), S. 214.
[356] Vgl. Fuhrmann/ Filz (Marktgerechte Logistikdienstleistungen, 1990), S. 112.

Teilmarktsegment im Markt nationaler Stückgutverkehre. Aufgrund von **Markt- und Erfahrungskurveneffekten** konnten sich Expressdienste besser im Markt und beim Kunden positionieren. Es bleibt abzuwarten, wann leistungsstarke Stückgutdienstleister als ernsthafte Alternative beim Versand zeitkritischer Sendungen wahrgenommen werden. Zurzeit nehmen die Stückgutdienstleister in diesem Marktsegment lediglich eine Folgerposition ein. Auch wenn der mengen- und umsatzmäßige Abstand zu den Expressanbietern im Rahmen dieser Arbeit nicht explizit ausgewiesen werden konnte, so kann dennoch davon ausgegangen werden, das aufgrund ihrer Spezialisierung und Markterfahrung aus den 1970er Jahren weiterhin Wettbewerbsvorteile bestehen, die sich in nachweislich höheren Margen und beim Image („first in customers' mind") bemerkbar machen.

Darüber hinaus ist es innerhalb der klassischen Stückgutbranche dauerhaft kaum möglich, eine Pionierposition zu behaupten. Unverkennbar werden neue Produkte vom Wettbewerber zeitnah imitiert, so dass eine spürbare Differenzierung oder auch eine exklusive Wahrnehmung beim Kunden nicht möglich war. Prozessinnovationen, die einen mittelfristigen Wettbewerbsvorsprung bieten, sind mit hohen Investitionskosten für die Entwicklung und Implementierung verbunden. Das Risiko, ob die Prozessinnovation erfolgreich ist und sich als Standard am Markt durchsetzen kann, verbleibt bei den Stückgutdienstleistern. Aufgrund begrenzter finanzieller Ressourcen und des Marktrisikos von Innovationen kann der **Gestaltungsspielraum bei der Einführung von Produkt- und Prozessinnovationen** als eingeschränkt eingestuft werden. Ein gutes Beispiel für die, wenn auch begründet, zögerliche Haltung der Stückgutdienstleister ist die RFID-Technologie.[357] Der Einsatz der RFID-Technologie im Stückgutgeschäft bietet die Möglichkeit eines höheren Automatisierungsgrades bei geringerem Personaleinsatz und einer besseren Transparenz der physischen Flüsse.[358] Beim Stückgutumschlag werden die Packstücke anhand eines Barcodes einzeln gescannt, durch die Nutzung automatisierter Identifikationssysteme würde eine manuelle Erfassung überflüssig. Spürbare Effizienzsteigerungen wären realisierbar.

Die Identifikation über Barcodes ist nach wie vor die Basistechnologie für die Identifikation von Objekten. Die Einführung einer leistungsstarken RFID-Technologie ist mit enormen Investitionen und mit einer grundsätzlichen Abkehr von bestehenden Technologien verbunden. Erschwerend hinzu kommt die Tatsache, dass einheitliche Standards bei der Datenübermittlung noch nicht vorliegen und die Kosten für die notwendigen Smartlabels noch nicht im richtigen Verhältnis zum Transportobjekt stehen. Trotz der Vorteile dieser neuen Technologie, die sich auch im Massengeschäft Stückgut positiv bemerkbar machen würden und trotz der Möglichkeit temporäre Effizienzvorteile gegenüber der Konkurrenz zu

[357] Siehe auch Ausführungen in 4.3.2.
[358] Vgl. Gerhäuser/ Pflaum (Architektur logistischer IT-Systeme durch RFID, 2004), S. 286.

erzielen, schrecken die Stückgutdienstleister vor übergroßem Engagement zurück.[359] Der Nutzen der neuen Technologie wird als zu gering angesehen und das Kosten- und Investitionsrisiko ist noch zu unüberschaubar. Ein Pilotversuch[360] bei ABX illustriert mit Kosten von 1,20 Euro pro „tag" bei 600.000 Sendungen pro Monat nachdrücklich die Kostendimension, ohne die Investition in Lesegeräte zu berücksichtigen. Neben den hohen Kosten kommt für Stückgutdienstleister die Abhängigkeit von den Standards der Kunden erschwerend hinzu. Insbesondere der Handel, der in stärkerem Maße von der Identifikation auf Kartonbasis profitiert, beansprucht eine dominierende Gestaltungsrolle.[361] Auch wenn sich die RFID-Technologie mittelfristig auch im Stückgutmarkt durchsetzen wird, so ist zunächst zu erwarten, dass sich RFID-Standards branchenspezifisch in den Verladerwelten entwickeln und Stückgutdienstleister in Anpassung an die Vorgaben von Industrie- und Handelsunternehmen agieren.[362]

Nicht nur in diesem Fall reagiert die Stückgutbranche zögerlich bei den Nutzungsmöglichkeiten neuer, innovativer Technologien. Neben Prozess- und Produktinnovationen können **Maßnahmen und Instrumente eines modernen Managements und eines innovativen Marketings** als Mittel angesehen werden, um Wettbewerbsvorsprünge zu erzielen. Innovatives Marketing an sich kann nicht als Innovation bezeichnet werden. Für mittelstandsgeprägte Stückgutdienstleister kann die Implementierung der dazugehörenden Instrumente und die Einbettung in die Unternehmensphilosophie aber durchaus einen Innovationsvorsprung innerhalb der Branche bedeuten[363], deren Potenziale bisher noch nicht ausreichend ausgeschöpft sind. Die systematische Nutzung von Managementinstrumenten wie Conjoint Measurement, Benchmarking oder auch Prozessanalysen findet erst langsam Anwendung in den mittelstandsgeprägten Netzwerken. Auch beim Marketing wird lediglich in Ausnahmenfällen auf Erkenntnisse von professionellen Kundenanalysen zurückgegriffen (vgl. Ausführungen unter 6.1.1.1).

Zusammenfassend kann konstatiert werden, dass sich die klassischen Stückgutdienstleister bei der Einführung neuer Produkte, bei der Implementierung und Nutzung neuer Technologien und Nutzung von professionellen Managementinstrumenten aus vielschichtigen Gründen in der Vergangenheit eher abwartend gezeigt haben. Im Hinblick auf zeitdefinierte Produkte lassen sich durch die Folgerposition gegenüber den Expressdiensten sowie durch den hohen Konkurrenzdruck und die damit verbundene kurze Halbwertszeit von

---

[359] Vgl. Kohagen (RFID - Chancen im Stückgutgeschäft, DVZ vom 22.2.2005), S. 5.
[360] Vgl. Zimmer (Barcode trotzt RFID, DVZ Sonderbeilage vom 31.05.2005), S. 27.
[361] Vgl. Heinrich (RFID als Zukunftstechnik in Handel und Industrie, in MM Logistik 4/2005), S. 24.
[362] Vgl. Bretzke/ Klett (RFID - Technologie, www.mylogistics.de vom 30.7.2004), ohne Seitenangabe.
[363] Vgl. Fuhrmann/ Filz (Marktgerechte Logistikdienstleistungen, 1990), S. 112.

Produkt- und Prozessinnovationen nur begrenzte Vorteile bei der Positionierung im Wettbewerb erzielen. In Ableitung der bisherigen Ausführungen kann folgende These 4 als Erklärungsansatz für unausgeschöpfte Potenziale bei zeitdefinierten Leistungen formuliert werden:

These 4: Bei der Einführung von Produkt- und Prozessinnovationen orientieren sich die Stückgutdienstleister in starkem Maße an der KEP-Branche sowie an den verladenden Industrie- und Handelsunternehmen und nehmen auch bei der Nutzung von professionellen Marketingwerkzeugen lediglich eine Folgerposition ein.

Abschließend werden die Thesen in der Abbildung 6-3 dargestellt:

Abbildung 6-3: Vier Thesen als Erklärung eines bescheidenen Marktniveaus zeitdefinierter Stückgutleistungen im Überblick

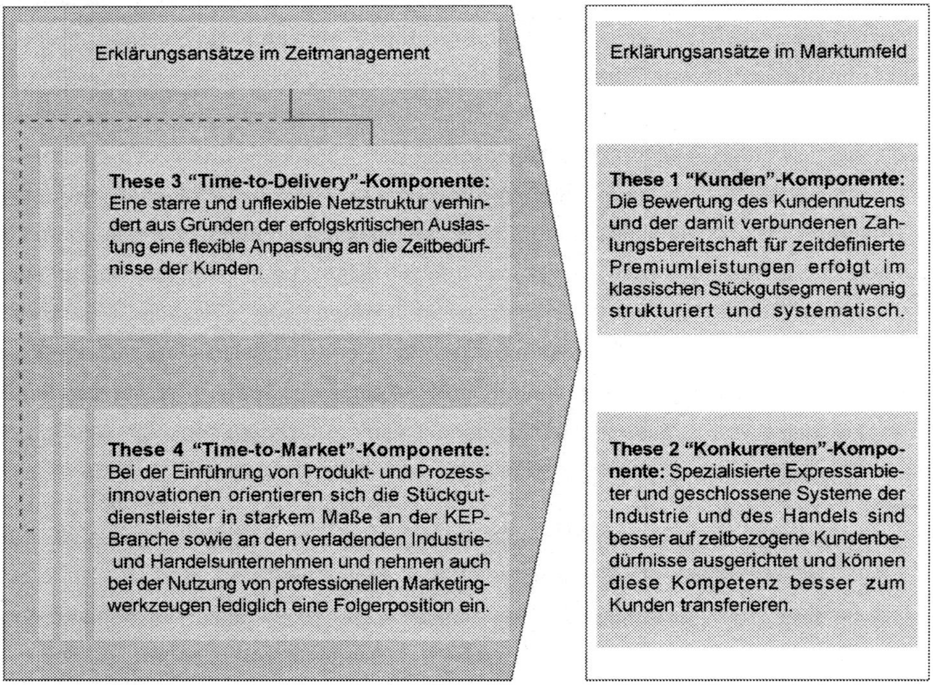

Quelle: Eigene Darstellung

6.2 Drei Lösungsschritte zur Verbesserung der Wettbewerbsfähigkeit im Teilmarktsegment zeitdefinierter Stückgutleistungen

Die vier erarbeiteten Thesen (vgl. Abbildung 6-3) deuten darauf hin, dass es tiefreichender Anstrengungen bedarf, um die Wettbewerbsfähigkeit der Stückgutdienstleister im Teilmarktsegment zeitdefinierter Stückgutleistungen zu verbessern. Vor dem Hintergrund der geschilderten Wettbewerbsbedingungen ist es notwendig, dass sich die ambitionierten Stückgutdienstleister mit den skizzierten Problembereichen auseinandersetzen. Um in einem dynamischen Wettbewerbsumfeld dauerhaft bestehen zu können, ist die vordringliche Aufgabe darin zu sehen, Schwächen in Bezug auf Kunden, Konkurrenten und das eigene Zeitmanagement konsequent anzugehen und vorhandene Stärken auszubauen. Dabei sind die Stückgutdienstleister mit vielschichtigen Herausforderungen konfrontiert. Die Organisation muss zuverlässig auch bei schwierigen Verkehrsverhältnissen und starken Aufkommensschwankungen funktionieren, die Kosten dürfen trotz wachsender Kundenanforderungen nach Zuverlässigkeit und kurzen Laufzeiten nur bedingt steigen. Auf der einen Seite gilt es, eine hohe Auslastung der Verkehre sicherzustellen, auf der anderen Seite müssen individuelle – nicht zuletzt zeitbezogene – Bedürfnisse der Kunden befriedigt werden. Dabei liegt ein aussichtsreicher Weg in der Differenzierung, indem auf Kunden individuell zugeschnittene logistische Leistungen angeboten werden. Die Nachfrage nach Logistikleistungen wird kundenbezogener und der Gesamtleistungsmarkt teilt sich in eine wachsende Zahl von Teilmärkten mit passgenau platzierten Leistungsangeboten.[364] Neben etablierten Segmenten wie Kühlgut oder Bekleidung bietet das sich bildende Teilmarktsegment zeitdefinierter Leistungen Wachstums- und Ertragschancen, die Stückgutdienstleister gezielter als in der Vergangenheit nutzen müssen.

Die Erforschung des Kundennutzens ist ein erster Schritt, um die Marktpotenziale besser zu nutzen. Im Folgenden sollen drei elementare Schritte[365] vorgestellt werden, die dazu beitragen, die Wettbewerbsfähigkeit der national operierenden Stückgutanbieter im Segment zeitdefinierte Leistungsangebote zu verbessern. Unter einer Verbesserung der Wettbewerbsfähigkeit ist zum einen eine Ertragssteigerung durch verstärkten Vertrieb, konsistente Preispolitik und professionelles Marketing zeitdefinierter Produkte, zum anderen Marktanteilszugewinne aus benachbarten Systemen zu verstehen.

Im **ersten Schritt** sollen durch eine systematische und regelmäßige Marktforschung die zeitbezogenen Kundenbedürfnisse identifiziert und exemplarisch bewertet werden. Im

---

[364] Vgl. Fuhrmann/ Filz (Marktgerechte Logistikdienstleistungen, 1990), S. 5.

[365] Die hier vorgestellte Schrittfolge wurde im Rahmen eines weiteren Experten-Interviews am 22. Juli 2005 verifiziert (vgl. Anhang 7).

zweiten Schritt kann darauf aufbauend eine Kunden- und Branchensegmentierung nach zeitlichen Kundenpräferenzen vorgenommen werden, die auch ein zielgerichtetes Marketing umfasst. In einem **dritten Schritt** ist zu prüfen, inwiefern eine Anpassung der Prozess- und Netzwerkstrukturen notwendig ist, um den Bedürfnissen der zeitsensiblen Premiumkunden besser gerecht zu werden. Anhand eines SWOT-Analysetableaus sollen mögliche Netzkonfigurationen abschließend bewertet werden. Abbildung 6-4 veranschaulicht die Schrittfolge, die im Folgenden detaillierter erläutert werden soll:

Abbildung 6-4: Schritte zu einer verbesserten Positionierung im Teilmarktsegment zeitdefinierter Stückgutleistungen

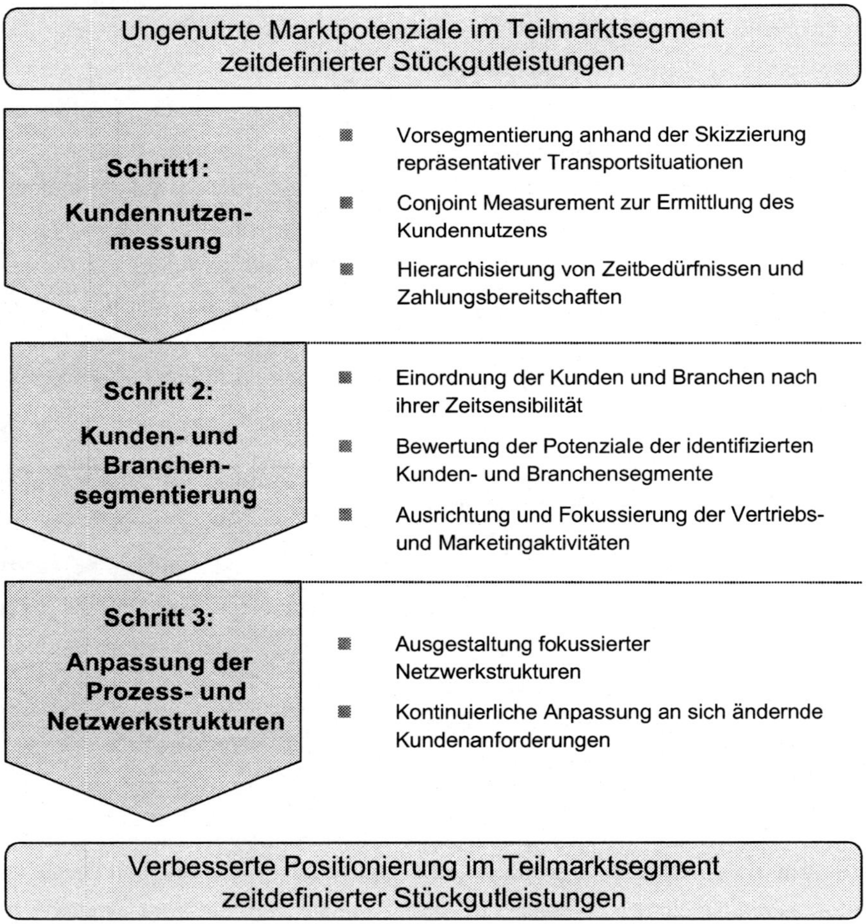

Quelle: Eigene Darstellung

6.2.1 Schritt 1: Kundennutzenmessung mit Conjoint Measurement

Eine austauschbare, standardisierte Stückgutleistung in einem dynamischen Wettbewerbsumfeld führt auch in Zukunft zu anspruchsvollen Kunden, die niedrige Preise und hohe Qualitätsstandards gleichermaßen fordern. Ohne den direkten Kundennutzen den tatsächlichen Kosten der Stückgutdienstleister gegenüberzustellen, sind in der Vergangenheit Leistungspakete entstanden, die entweder an den Kundenbedürfnissen vorbeigehen oder die Ertragssituation der Stückgutdienstleister mehr belastet als entlastet haben. Eine Ursache ist in der in These 1 skizzierten mangelnden Erforschung und Bewertung des Kundennutzens zu finden. Aus einer Vielzahl möglicher Instrumente zur Erforschung und Bewertung der Kundenbedürfnisse wurde das Conjoint Measurement[366] gewählt, weil die Anwendung zum einen einen neuen Pfad für nationale Stückgutdienstleister beschreitet und weil zum anderen die Anwendung die Antwort auf die skizzierten Fragestellungen verspricht. Dies wird bestärkt aus einer Vielzahl an zielführenden Praxisanwendungen im Logistikdienstleistungsbereich (z.B. KEP-Branche[367], Luftfracht[368], Bahnsektor[369]) sowie durch die Einschätzung eines durchgeführten Expertengespräches im Juli 2005 in Bonn (vgl. Anhang 7).

Als neuere Instrumente zur Analyse der Kundenwünsche kommen verstärkt multivariate Verfahren und Simulationsprogramme zum Einsatz.[370] Zu diesen neuen Instrumenten ist auch das Conjoint Measurement zu zählen. Nach Green/ Srinivasan bezeichnet die Conjoint-Analyse „any decompositional method that estimates the structure of consumers` preferences [...] given his/her overall evaluations of a set of alternatives that are prespecified in terms of levels of different attributes".[371] Die Idee des Conjoint Measurements bietet einen Ansatz Kundenpräferenzen und damit verbundene Zahlungsbereitschaften zu identifizieren und zu bewerten. Bei einer Vielzahl von Anwendungen im Marketing hat das Conjoint Measurement eine außerordentliche Qualität bei der Messung des Kundenutzens und Nachfragepräferenzen unter Beweis gestellt.[372] Gerade bei Produktneueinführungen können auf diese Art Kundenwünsche abgedeckt und die Maxime der Kundenorientierung operationalisiert werden.[373] Nach der computerunterstützten Anwendung im Anlagen- und Maschinenbau kommt auch in der Logistikdienstleistungsbranche diese Methode bereits

---

[366] Neben dem verbreitenden Begriff des Conjoint Measurements werden in der Literatur weitgehend synonym auch die Bezeichnungen Conjoint Analyse, Verbundanalyse, Verbund-Messung verwendet. Vgl. Green/ Srinivasan (Conjoint Analysis, 1978), S.103.

[367] Laut Auskunft aus den Experteninterviews.

[368] Vgl. Mengen (Gestaltung von Dienstleistungsprodukten - Conjoint-Analyse im Lauftfrachtmarkt, 1993).

[369] Vgl. Schleusener (Preisbereitschaften am Beispiel der Deutschen Bahn AG, 2001); Frankfurter Allgemeine Zeitung (Die Preisberater, 2005), S. 14 - ohne Verfasser.

[370] siehe vertiefend Backhaus/ Erichson/ Plinke/ Weiber (Multivariate Analysemethoden, 2000).

[371] Green/ Srinivasan (Conjoint Analysis, 1978), S. 103 ff.

[372] Vgl. Tacke/ Pohl (Preisgestaltung mit Conjoint Measurement, 1998), S. 881.

[373] Vgl. Kirschbaum (Unternehmenserfolg, 1995), S. 242.

vereinzelt zur Anwendung und soll im Folgenden exemplarisch auf den nationalen Stückgutverkehr übertragen werden. Zunächst soll der methodische Rahmen des Conjoint Measurements kurz erläutert werden. Dabei wird aus Gründen einer zielgerichteten Analyse auf eine tiefergehende, theoretische Einordnung dieses Ansatzes verzichtet, vielmehr sollen die direkten Anwendungsmöglichkeiten aufgezeigt werden.

6.2.1.1 Das Gerüst des Conjoint Measurements

Das Gerüst des Conjoint Measurements zur Kundennutzenmessung setzt sich zusammen aus:

- Gesamtnutzen einer Produktalternative
- Teilnutzen einzelner Produktmerkmale
- Verschiedene Ausprägungen der einzelnen Produktmerkmale

Ziel des Conjoint Measurements ist es, aus übergreifenden Präferenzurteilen basierend auf Kundenbefragungen die partiellen Beiträge einzelner Attribute zum Zustandekommen der Präferenz zu bestimmen. In einem ersten Schritt wird empirisch der **Gesamtnutzen** eines Produktes abgefragt, der durch **Produktmerkmale** mit verschiedenen **Merkmalsausprägungen** gekennzeichnet ist. In einem zweiten Schritt wird der ermittelte Gesamtnutzen des Produktes anhand der erhobenen Daten in die Teilnutzenwerte der einzelnen Produktmerkmalsausprägungen zerlegt. Als Produktmerkmal können neben dem Produktpreis auch die in diesem Fall zeitbezogenen Anforderungen sowie weitere alternative Produktmerkmale miteinander in Beziehung gesetzt werden bzw. den Kosten gegenübergestellt werden.[374] Anhand dessen können die in der Kundenwahrnehmung wichtigen und weniger wichtigen Merkmale bestimmt sowie der erzielbare Zusatznutzen und der damit verbundene Preisaufschlag abgeschätzt werden.

Bei der hier zu untersuchenden Stückgutdienstleistung handelt es sich um ein eigenständiges Dienstleistungsprodukt, d.h. diese Dienstleistung wird nicht produktbegleitend angeboten. Folglich bilden die einzelnen Dienstleistungsmerkmale den Gesamtnutzen. Mit Hilfe des Conjoint Measurements kann der Einfluss der einzelnen Merkmale bei der Kundenwahrnehmung genauer bestimmt werden. Die charakteristischen Merkmale müssen die reale Kaufsituation widerspiegeln und Anforderungen[375] im Hinblick auf

---

[374] Vgl. Stalk/Hout (Zeitwettbewerb, 1992), S. 116 f.

[375] Kriterien für die Auswahl der Produktmerkmale, Vgl. Backhaus/ Erichson/ Plinke/ Weiber (Multivariate Analysemethoden, 2000), S. 569.

- Relevanz,
- Beeinflussbarkeit,
- Unabhängigkeit,
- Realisierbarkeit und
- objektive Beschreibbarkeit und kompensatorische Beziehung erfüllen.

Daneben sollte die Anzahl der Merkmale sowie deren Ausprägungen im Sinne einer handhabbaren Operationalisierbarkeit begrenzt werden und keine Merkmalsausprägung sollte ein K.O.-Kriterium für die Kaufentscheidung darstellen. Bei der Beurteilung der **Relevanz** des gewählten Merkmals ist die Kundensicht ausschlaggebend. Im Vorfeld einer Conjoint Analyse müssen die Merkmale bedeutsam für die Nutzenbewertung der Nachfragegruppe sein.[376] Mit dem Kriterium der **Beeinflussbarkeit** muss sichergestellt werden, dass der Anbieter in der Lage ist, das Produktmerkmal aktiv zu gestalten. Dies bezieht sich sowohl auf die infrastrukturellen (Fuhrpark, Umschlagtechnik) als auch auf die finanziellen Ressourcen, die zur Entwicklung und Implementierung aufgebracht werden müssen. Darüber hinaus müssen die Eigenschaften voneinander **unabhängig** sein bzw. dürfen nicht miteinander korrelieren, da andernfalls die Prämisse, dass sich der Gesamtnutzen additiv aus Teilnutzenbeträgen zusammensetzt, verletzt wird. Unter dem Kriterium der **Realisierbarkeit** ist die realistische Umsetzungsmöglichkeit und Preisgestaltung zu verstehen, die mit einem finanziell vertretbaren Aufwand und der Zugrundelegung der technischen Möglichkeiten erreicht werden kann. Gerade bei eigenständigen Dienstleistungsprodukten, bei denen im Gegensatz zu Industrie- und Handelsprodukten dem Kunden kein plastischer Kaufgegenstand zur Auswahl gegeben werden kann, ist es wichtig, die Produkteigenschaften **objektiv beschreiben** zu können. Durch die eindeutige und wertfreie Beschreibung muss im Vorfeld sichergestellt werden, dass bei den befragten Kunden für jede Merkmalsausprägung dasselbe Verständnis zugrunde gelegt werden kann. Kommt es zu unterschiedlichen Interpretationen bei der Merkmalsausprägung sind die Ergebnisse des Conjoint Measurements nicht vergleichbar und eine sinnvolle Ableitung von Nutzenpräferenzen ist nicht mehr gegeben. Durch die Voraussetzung einer **kompensatorischen Beziehung** der Merkmalsausprägungen wird unterstellt, dass in der subjektiven Wahrnehmung der Befragten ein Nutzenverlust bei dem einen Merkmal durch einen Nutzenzugewinn bei einem anderen Merkmal kompensiert werden kann.[377]

[376] Vgl. Hahn (Conjoint- und Discrete Choice Analyse, 1997), S. 48 ff.
[377] Vgl. Backhaus/ Erichson/ Plinke/ Weiber (Multivariate Analysemethoden, 2000), S. 569.

Nach der Festlegung der Merkmale und der Merkmalsausprägungen können Produktalternativen den Kunden zur Auswahl gestellt werden. Anhand eines exemplarischen Beispiels für die Anwendung im nationalen Stückgutmarkt soll die weitere Vorgehensweise[378] im Anschluss erläutert werden.

6.2.1.2 Exemplarische Anwendung des Conjoint Measurements

In Anlehnung an eine Praxisstudie von Kummer/ Einbock/ Weissmann[379] zum Distanzhandel wurden die Lieferzeit, der Lieferpreis und die Zuverlässigkeitsquote bei der Auslieferung als charakteristische Merkmale einer Stückgutleistung ausgewählt. Diese Merkmale sind für die Kaufentscheidung relevant, beeinflussbar, unabhängig, realisierbar und objektiv beschreibbar und erfüllen damit die Anforderungen an die Merkmalsauswahl. Unter der Lieferzeit als erstes Merkmal ist das Zeitfenster der Auslieferung der Stückgutsendung zu verstehen. Wie in den vorhergehenden Ausführungen gezeigt werden konnte existieren im Markt eine 24-Stunden-Standard-Auslieferung sowie zusätzlich zeitdefinierte Auslieferungsoptionen. Ebenso denkbar ist eine 48-Stunden-Auslieferung, die mit einbezogen werden kann. Als zweites zentrales Merkmal wird der Lieferpreis berücksichtigt. Im Hinblick auf die Ermittlung der Zahlungsbereitschaft kommt dieser Produkteigenschaft eine wichtige Bedeutung zu. Unter dem Lieferpreis wird die Transportgebühr verstanden, die unabhängig vom Warenwert in die Kalkulation der Verlader einbezogen werden muss. Durch die im Rahmen dieser Arbeit eingeschränkte Offenlegung der Preisstrukturen im nationalen Stückgutmarkt können hier lediglich exemplarische Lieferpreise hinterlegt werden, die bei einer praktischen Umsetzung in Anlehnung an Prozesskosten und Preise der Konkurrenz genauer zu spezifizieren sind. Als dritte und letzte Produkteigenschaft kann die Quote der Lieferzuverlässigkeit variiert werden. Mit zeitdefinierten Stückgutprodukten ist in der Regel eine 100prozentige Zustellgarantie verbunden. Ebenso ist es aber denkbar, zu geringeren Preisen eine geringere Laufzeitqualität anzubieten und damit die Kundeneinschätzung zu verifizieren. Zusammenfassend sollen in Abbildung 6-5 die relevanten Merkmale einer Stückgutleistung und deren Merkmale dargestellt werden:

[378] Eine anwenduungsneutrale Darstellung der Ablaufschritte einer Conjoint-Analyse findet sich bei Backhaus/ Erichson/ Plinke/ Weiber (Multivariate Analysemethoden, 2000), S. 568 ff.

[379] Vgl. Kummer/ Einbock/ Weissmann (Präferenzstrukturen, 2003), S. 56.

Abbildung 6-5: Relevante Merkmale der Stückgutleistung und ihre möglichen Ausprägungen

Merkmal	Merkmalsausprägung	
Lieferzeit	1	Auslieferung innerhalb von 48 Stunden
	2	Auslieferung innerhalb von 24 Stunden
	3	Auslieferung bis 12:00 Uhr
	4	Auslieferung bis 10:00 Uhr
	5	Auslieferung bis 8:00 Uhr
Lieferpreis	1	100 Euro
	2	110 Euro
	3	120 Euro
	4	150 Euro
	5	250 Euro
Lieferzuverlässigkeit	1	80 Prozent
	2	90 Prozent
	3	95 Prozent
	4	100 Prozent

Quelle: Eigene Darstellung, in Anlehnung an Kummer/ Einbock/ Weissmann (Präferenzstrukturen, 2003), S. 58

Durch die Kombination der Merkmale mit verschiedenen Merkmalsausprägungen ergeben sich theoretisch (5*5*4) 100 Produktalternativen. Durch eine repräsentative Auswahl der Merkmalskombinationen kann eine sinnvolle und zielführende Reduzierung der Auswahlmöglichkeiten vorgenommen werden. Durch die Möglichkeit einer zielführenden Reduzierung kann es ebenso sinnvoll sein, weitere Merkmale hinzuzufügen. Beispielsweise könnte das Merkmal „Dienstleister" (Kooperation, Konzern, KEP-Dienstleister) Auskunft über Vorbehalte bzw. die Wertigkeit des Anbieters geben. Geht man von den drei hier skizzierten Merkmalen aus, so können auf diesem Weg exemplarisch sechs Alternativen konzipiert werden. Diese werden den potenziellen Kunden zur Entscheidung vorgelegt. Abbildung 6-6 visualisiert die zu beurteilenden Produktalternativen in Form von Produktkarten, die bei einem Dienstleistungsprodukt eingesetzt werden, um die Leistungsbestandteile zu beschreiben.

Abbildung 6-6: Sechs zu beurteilende, exemplarische Produktalternativen

Produktkarte 1		**Produktkarte 2**	
Lieferzeit:	innerhalb von 48 Stunden	**Lieferzeit:**	innerhalb von 48 Stunden
Lieferpreis:	100 Euro	**Lieferpreis:**	110 Euro
Lieferzuverlässigkeit:	85 Prozent	**Lieferzuverlässigkeit:**	90 Prozent

Produktkarte 3		**Produktkarte 4**	
Lieferzeit:	bis 10:00 Uhr	**Lieferzeit:**	bis 8:00 Uhr
Lieferpreis:	120 Euro	**Lieferpreis:**	250 Euro
Lieferzuverlässigkeit:	100 Prozent	**Lieferzuverlässigkeit:**	100 Prozent

Produktkarte 5		**Produktkarte 6**	
Lieferzeit:	bis 12:00 Uhr	**Lieferzeit:**	innerhalb von 24 Stunden
Lieferpreis:	150 Euro	**Lieferpreis:**	115 Euro
Lieferzuverlässigkeit:	100 Prozent	**Lieferzuverlässigkeit:**	95 Prozent

Bitte tragen Sie Ihre Bewertung in die Tabelle ein:

Platzierung	**1.**	**2.**	**3.**	**4.**	**5.**	**6.**
Produktkartennummer						

Quelle: Eigene Darstellung

Entscheidend bei der Durchführung einer Conjoint Analyse ist die Vorgabe verschiedener Transportsituationen ggf. ergänzt um Gewichts- und Sendungsangaben. Bei einem eilbedürftigen Ersatzteil wird die Wahl des Kunden anders als bei einer vergleichsweise zeitlich unkritischen Konsumgüterversorgung ausfallen. In diesem Fall bietet sich die Skizzierung einer stellvertretenden Transportsituation an, um eine Vorsegmentierung zu erreichen. In einem mehrstufigen Verfahren kann der Entscheidungsprozess unter Veränderung der Rahmenbedingungen wiederholt werden. Wenn man als Stückgutdienstleister den Aufwand einer empirischen Befragung betreibt, ist es sinnvoll, neben den Produktkarten auch Fragen der Kundenzufriedenheit und des Sendungsaufkommens begleitend einfließen zu lassen.

Unter Berücksichtigung der jeweiligen Transportsituation ergibt sich aus der empirischen Erhebung der Kundenpräferenzen eine Rangreihung[380], aus der erste Erkenntnisse über die Bedeutung der drei relevanten Produktmerkmale gewonnen werden können. Durch die Analyse der relativen Häufigkeit der erst- und letztplatzierten Produktkarten je Transportsituation werden Unterschiede zwischen den gewählten Produktkarten deutlich. Wird bspw. zwischen der erst- und zweitplatzierten Produktkarte das Merkmal Lieferzeit verändert, so stellt das Merkmal Lieferzeit für die Kaufentscheidung eine kritische Einflussgröße dar. Ähnliche Erkenntnisse lassen sich auch durch die Betrachtung der beiden letztplatzierten Produktkarten gewinnen. Kommt eine Merkmalsausprägung bei der vorderen Platzierung gar nicht vor, so kann darauf geschlossen werden, dass diese Ausprägung für die Kaufentscheidung bei der jeweiligen Transportsituation nicht relevant ist. Durch Aggregation der Ergebnisse bei den untersuchten Kaufentscheidungen ergibt sich eine relative Wichtigkeit der Merkmale. Darüber hinaus können Teilnutzen je Merkmal gebildet werden. Auf diese Weise können Unterschiede bei einer 24-Stunden-Standard-Auslieferung und einer garantierten 8-Uhr-Auslieferung beziffert und Zahlungsbereitschaften abgeleitet werden. Ebenso wäre es denkbar, Spätabholungsoptionen einfließen zu lassen. Allerdings ist in Form dieser Rangreihung keine Aussage über den genauen Abstand zwischen zwei Produktalternativen möglich. Hier können bestehende Erweiterungen des Conjoint Measurements genutzt werden.[381]

Bei der zitierten Studie von Kummer/ Einbock/ Weissmann konnte durch das Conjoint Measurement nachgewiesen werden, dass im Distanzhandel der Transportpreis keine dominierende Stellung bei der Präferenzbildung einnimmt. Außerdem konnte die These, dass bei kürzerer Lieferzeit generell eine höhere Kundenpräferenz besteht, nicht bestätigt werden.[382] Ähnlich fundierte Ergebnisse sind auch für die Stückgutleistung denkbar und tragen dazu bei, den Kundennutzen und die Zahlungsbereitschaft besser einschätzen zu können. Im Rahmen dieser Arbeit war die Durchführung einer hier skizzierten Conjoint Analyse aus Gründen der Kundenidentifizierung und des Kundenzugangs nicht möglich.

---

[380] Vgl. Backhaus/ Erichson/ Plinke/ Weiber (Multivariate Analysemethoden, 2000), S. 578.
[381] Vgl. Backhaus/ Erichson/ Plinke/ Weiber (Multivariate Analysemethoden, 2000)
[382] Vgl. Kummer/ Einbock/ Weissmann (Präferenzstrukturen, 2003), S. 59.

6.2.1.3 Weiterführende Möglichkeiten und Einschränkungen bei der Anwendbarkeit des Conjoint Measurements

Auf Basis der Ergebnisse der Conjoint Analyse kann die Auswahlentscheidung analysiert, Markt- und Kundenreaktionen bestimmt und eine Marktsegmentierung vorgenommen werden.[383] Durch Klarheit über den gestifteten Zusatznutzen und die Transparenz der eigenen Kosten kann eine fundierte Abwägung vorgenommen und strategische Entscheidungen untermauert werden. Präferenzen der Kunden werden im Rahmen einer Conjoint Analyse ebenso deutlich wie auch die Wahl möglicher Substitutprodukte. Wenn die relative Wichtigkeit der Merkmale bestimmt und die Teilnutzenwerte der Merkmalsausprägungen ermittelt werden können, lässt sich a posteriori eine Kunden- und Branchensegmentierung vornehmen.[384] Im Gegensatz zu einer Segmentierung a priori lassen sich anhand übergeordneter Kriterien und losgelöst von gängigen Einteilungen neue Segmente bilden. Kundenbedürfnisse werden weiterhin abgedeckt, darüber hinaus werden Clusterungen möglich, die auf den ersten Blick nicht zu erkennen sind.[385] In Bezug zu These 4, die den Stückgutdienstleistern bei Produktinnovationen und bei der Nutzung von Marketinginstrumenten eine Folgerposition attestierte, kann die Anwendung des Conjoint Measurements bei der Analyse der Kundenpräferenzen eine führende Position innerhalb der klassischen Stückgutbranche ermöglichen. Auch durch fundierte Kenntnisse der Kundenbedürfnisse lassen sich innovative Produkte oder entsprechende Zusatzleistungen entwickeln, die die Wettbewerbsposition verbessern.

Unabhängig von der Ergebnisqualität bei der Nutzung des Conjoint Measurements dürfen einige Einschränkungen nicht unerwähnt bleiben, die die Validität der Ergebnisse beeinflussen. Die Kritik an der Nutzung dieses Instrumentes konzentriert sich auf das intransparente Auswahlverfahren der charakteristischen Merkmale[386], auf die unvollständige Verdichtung der repräsentativen Produkte[387] sowie auf die zu hinterfragende Übertragbarkeit der Kaufsituation unter realen Bedingungen. Der Reihenfolge und Anzahl der Merkmale kommt beim Conjoint Measurement eine entscheidende Bedeutung zu. In einer Reihe von Conjoint Measurement Projekten fehlt die Darstellung, wie die Merkmale ausgewählt wurden und wie die Reihenfolge zustande gekommen ist. Prägende Merkmale werden ggf. vernachlässigt und die Aussagefähigkeit dadurch eingeschränkt. Des Weiteren kommt es bei der großen Anzahl an Kombinationsmöglichkeiten der Merkmale zu einer sinnvollen Reduzierung. Es kann jedoch nicht ausgeschlossen werden, dass das am meisten präferierte Produkt und dessen Merkmalsausprägungen in der Auswahl nicht enthalten ist.

---

383 Vgl. Weiber/ Rosendahl (Anwendungsprobleme der Conjoint Analyse, 1997), S. 113.
384 Vgl. Hahn (Conjoint- und Discrete Choice Analyse, 1997), S. 151 f.
385 Vgl. Backhaus/ Erichson/ Plinke/ Weiber (Multivariate Analysemethoden, 2000), S. 262 ff.
386 Vgl. Schubert (Konzepte für Produktinnovationen mit Conjointanalyse, 1991), S. 43.
387 Vgl. Köcher (MaiK-Conjoint-Analyse, 1997), S. 144.

Hinzu kommt, dass eine konstruierte Conjoint Analyse die Kaufsituation unter realen Bedingungen nur unvollständig widerspiegelt. Die Kaufentscheidung unterliegt zum einen situativen Faktoren wie persönlichen Beziehungen oder Werbung[388], zum anderen können die Angaben zu Zahlungsbereitschaften nur eingeschränkt verallgemeinert werden. Tendenziell zu hohe Angaben der maximalen Zahlungsbereitschaft verfälschen das Ergebnis und verleiten zu Schlussfolgerungen, die in einer tatsächlichen Kaufsituation nicht bestätigt werden.

Des Weiteren erschweren bei der Operationalisierbarkeit einer Conjoint Analyse nicht klar abgrenzbare Produkte sowie die mögliche negative Beeinflussung laufender Verhandlungen den Einsatz dieses Managementinstrumentes. Außerdem muss bei der Datenerhebung, die durch persönliche oder auch schriftliche Befragung durchgeführt werden kann, eine repräsentative Grundgesamtheit an potenziellen Kunden vertreten sein, die nicht immer ohne weiteres sicherzustellen ist. Nicht zu verachten ist die hohe Komplexität und der hohe Zeitaufwand aussagekräftiger Conjoint Analysen. Ohne professionelle Unterstützung ist – nicht zu letzt für den Mittelstand – die hier skizzierte Conjoint Analyse schwer zu realisieren. Maßnahmen wie hier skizziert sind in jedem Fall mit hohen Transaktionskosten für die Entwicklung und Anpassung verbunden, die nicht vernachlässigt werden dürfen. Conjoint Measurement ersetzt nicht die ausgewogene Managemententscheidung, sondern kann lediglich Hinweise und Impulse zur Produkt- und Preisgestaltung im nationalen Stückgutmarkt liefern. Der ökonomischen Plausibilisierung kommt bei der Bewertung und Interpretation zumindest ein ähnlich hoher Stellenwert zu wie den statistischen Verfahren und Kriterien.[389]

Die Vielzahl an Anwendungen und stetige Weiterentwicklung der Verfahren und Erhebungsmethoden beweist trotz der hier skizzierten Einwände die Relevanz und Anwendbarkeit dieses Instrumentariums. Auch im Straßentransportsektor können durch eine innovative Pricing-Strategie die Umsatz und Gewinnsituation verbessert werden.[390] In Anknüpfung an die Möglichkeit über Conjoint Measurement Kunden- und Branchencluster zu bilden, soll im folgenden zweiten Schritt eine denkbare Branchen- und Kundensegmentierung näher erläutert werden.

---

[388] Vgl. Lasch (Gestaltung von Logistikprozessen, 1998), S. 75.
[389] Vgl. Kucher/ Simon (Preisabsatzfunktionen, 1988), S. 181.
[390] Vgl. Engelsleben/ von Wichert/ Zimmermann (Pricing-Chancen für Speditionen, 2004), S. 1.

6.2.2 Schritt 2: Branchen- und Kundensegmentierung

In These 2 wurde auf eine ausbaufähige Spezialisierung und Fokussierung alternativer Logistikanbieter hingewiesen. Durch eine unter Zeitgesichtspunkten vorgenommene Branchen- und Kundensegmentierung lassen sich Vertriebs- und Marketingaktivitäten besser fokussieren und das spezifische Branchen-Know-how steigern. Durch die voranschreitende Integration des Dienstleisters in die Prozesse des Verladers vollzieht sich ein Übergang von einem Sendungs- und Tonnagedenken zu einer Betrachtung des Kunden mit seinem gesamten logistischen Bedarf.[391] Um die von der verladenen Wirtschaft geforderten Lösungskonzeptionen zu erbringen, sind Beratungstätigkeiten ebenso notwendig wie die zuverlässige Transportabwicklung.[392] Dies setzt branchenspezifisches Wissen und klare Fokussierung voraus. Der nationale Stückgutmarkt ist jedoch gekennzeichnet durch eine Vielzahl an heterogenen Kunden- und Branchenanforderungen. Wenn sich der Stückgutdienstleister entscheidet, zeitsensible Sendungen zu befördern, lässt sich mit einem Massenprodukt wie der Stückgutstandardleistung nicht das nötige Vertrauen beim Kunden schaffen. Eine Marktsegmentierung anhand des vorhergehend dargestellten Conjoint Measurements kann hier einen wichtigen Beitrag leisten.[393] Auf Basis der Einschätzung des erzielbaren Kundennutzens und der Erschließung bisher verborgener Zahlungsbereitschaften kann eine sinnvolle Clusterung von Kunden- und Branchengruppen vorgenommen werden. Dieses Gruppenbildungsverfahren fasst die befragten Unternehmen in sich möglichst homogenen, untereinander möglichst heterogenen Gruppen zusammen. Dies ist eine wichtige Voraussetzung, um die Kunden gezielt anzusprechen, sinnvolle Pricing-Strategien zu entwickeln und zeitbezogene Kundenbedürfnisse effizient zu bedienen. Auf Basis der Bewertung der Potenziale der identifizierten Kunden- und Branchensegmente sind als Kundensegmente exemplarisch vorstellbar:

- Kunden, die mit einer 48-Stunden-Laufzeit zufrieden sind, bei der eine hohe Laufzeiterfüllung zu gewährleisten ist („Standard-Kunden").
- Kunden, die eine 24-Stunden-Garantieleistung voraussetzen, die im Rahmen von standardisierten Netzwerken erbracht werden kann („Garantie-Kunden").
- Kunden, die eine flexible Anlieferung fordern, die Rahmen von standardisierten Netzwerken nur in geringem Umfang erbracht werden kann („Spezial-Kunden").

---

[391] Vgl. Stabenau (Entwicklung logistischer Dienstleistungsprodukte, 1981), S. 9.
[392] Vgl. Fuhrmann (Logistiksysteme bei Güterverkehrsunternehmen, 1993), S. 67.
[393] Eine ausführliche Anwendung der Marktsegmentierung durch Conjoint Analyse findet sich bei Green/ Krieger (Segmenting Markets With Conjoint-Analysis, 1991), S. 20 ff.

Je nach eigener Unternehmensposition und der zu erzielenden Erlöse kann der Stückgutdienstleister alle Segmente oder lediglich Untersegmente (z.B. Garantie-Kunden mit einer hohen Zahlungsbereitschaft) bedienen. In Abhängigkeit vorgegebener Transportbedingungen (z.B. Wert und Eiligkeit des Transportgutes) ist eine Kundensegmentierung – wie Abbildung 6-7 veranschaulicht – denkbar:

Abbildung 6-7: Exemplarische Kundensegmentierung

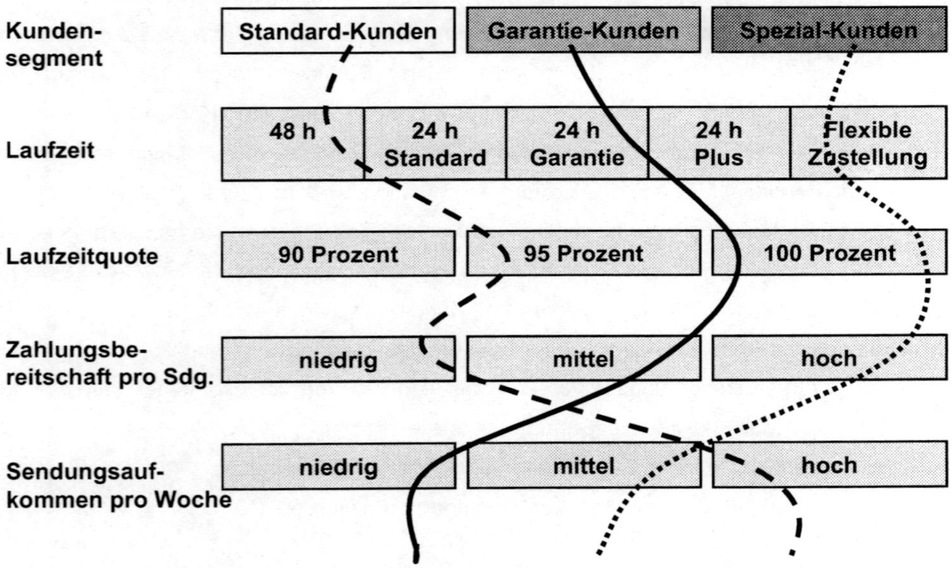

Quelle: Eigene Darstellung

Das Wissen um Kundennutzen und Zahlungsbereitschaft erleichtert zielgerichtete Vertriebs- und Marketingmaßnahmen sowie die Anpassung des Netzwerkes an die Kundenbedürfnisse (vgl. Ausführungen unter 6.2.3.). Die Angabe Sendungsaufkommen pro Woche stellt einen wichtigen Indikator dar, um das Marktpotenzial zu beurteilen. Im Übergang zum dritten Schritt beinhaltet eine kundensegmentorientierte Vertriebs- und Marketingstrategie sowohl das Erscheinungsbild, Auswahl geeigneter Vertriebsmaßnahmen als auch die Ausrichtung der Pricing-Strategie.

Das Erscheinungsbild umfasst in erster Linie den Außenauftritt beim Kunden und in der Werbung. Bei zeitkritischen Sendungen ist in den meisten Fällen der Preis nicht das entscheidende Kriterium, vielmehr entscheidet das Vertrauen in die Leistungsfähigkeit des

Dienstleisters. Marken- und Imagebildung können dazu beitragen, die Differenzierung zu stärken, Erkennbarkeit zu erhöhen und Exklusivität zu vermitteln.[394] Die namhaften Expressdienste operieren mit offensiven Marketingmaßnahmen (vgl. Abbildung 6-2), einheitlicher Kleidung der Fahrer und unverkennbaren Fahrzeugen, die das Erscheinungsbild und das Unternehmensprofil prägen und zum Erfolg der KEP-Unternehmen beigetragen haben.

Auch die Vertriebsmaßnahmen können vor dem Hintergrund klar umrissener Kundensegmente professionalisiert werden. Bei DHL entwickeln unter dem Schlagwort „Industry Management"[395] industriespezifisch ausgerichtete Teams bedarfsgerechte Branchenlösungen. Das Standardprodukt- und Serviceportfolio stellt dabei das Ausgangsstadium dar, kombiniert mit spezifischem Branchen-Know-how entstehen innovative Lösungsansätze. Diese Lösungskonzepte sind zwar individuell ausgerichtet, bieten aber dennoch Möglichkeiten durch Modifikation weitere Kunden zu gewinnen und zusätzliches Marktpotenzial zu generieren. Auf diese Weise werden Vertriebsteams bei der Akquisition und Kundenpflege unterstützt. Es wird die Möglichkeit eröffnet, pro-aktiv auf Veränderungen des Marktes zu reagieren und Kundenbindungsmaßnahmen zu initiieren. Die gewachsene Wissensbasis kann in ein ausgereiftes Vertriebsinformationstool münden.[396] Durch die Unterstützung eines solchen Tools können Vertriebsmitarbeiter schon in der Angebotsphase jede individuelle Sendungsanfrage präzise und profitabel kalkulieren. Vor dem Hintergrund spezifischer Kunden- und Branchenpräferenzen kann notwendigen Spezifikationen und Besonderheiten Rechnung getragen werden.

Basis für die profitable Kalkulation ist die Formulierung einer konsistenten Pricing-Strategie. Durch die Systematisierung der Angebotskalkulation und die klare Formulierung von transparenten Rabattregularien im Sinne einer fest definierten Preisuntergrenze werden zusätzliche Ertragspotenziale erschlossen und die Reaktionsfähigkeit bei Ausschreibungen erhöht. Bei einem europäischen Logistikunternehmen wurden bspw. das Marktpreisniveau, die Kosten und die Entfernungen in die Kalkulation mit einbezogen. Mit einer Umgestaltung der Tarifzonen und Vereinfachung der Abrechnung konnte die Umsatzrendite um 4 Prozent gesteigert werden.[397] Auch bei den Richtlinien für Sendungsrabatte und Preisuntergrenzen besteht noch Nachholbedarf im Stückgutgewerbe. Solange die Bezugsgröße (Sendungsvolumen je Zeiteinheit, Gesamttonnage, Destination) nicht klar definiert ist, ist es dem Vertrieb nicht möglich, vor dem Hintergrund detaillierter Branchenpräferenzen optimale

[394] Vgl. Fuhrmann (Logistiksysteme bei Güterverkehrsunternehmen, 1993), S. 142.
[395] Vgl. Kruse (Die Branchen fest Blick, DVZ Sonderbeilage vom 31.5.2005), S. 40.
[396] Vgl. Engelsleben/ von Wichert/ Zimmermann (Pricing-Chancen für Speditionen, 2004), S. 7.
[397] Vgl. Engelsleben/ von Wichert/ Zimmermann (Pricing-Chancen für Speditionen, 2004), S. 3.

Preise auszuhandeln bzw. anzubieten[398] und transparente Preisstrukturen zu schaffen. Je nach Ausrichtung und Fokussierung des operierenden Stückgutdienstleisters verbunden mit identifizierten Marktpotenzialen sind Anpassungen der Prozess- und Netzwerkstrukturen notwendig. Mögliche Modifikationen der Netzwerkstruktur sollen im Folgenden skizziert werden.

6.2.3 Schritt 3: Anpassung der Prozess- und Netzwerkstrukturen – mögliche Ausprägungen fokussierter Netzwerkstrukturen

Nachdem in den vorangegangenen Ausführungen exemplarisch aufgezeigt wurde, wie mit Hilfe einer Conjoint Analyse eine Kunden- und Branchensegmentierung vorgenommen werden kann, sollen nachfolgend die Auswirkungen in Bezug auf die Netz- und Prozessstruktur dargelegt werden. Die Netzstruktur hat die Nutzung von Ressourcen und Infrastrukturen zum Inhalt, während die Prozessstruktur die Ausgestaltung der operativen und administrativen Prozesse beschreibt.

In These 3 wurden die industrialisierten und standardisierten Netzwerke der führenden Stückgutdienstleister für die zeitlichen Anforderungen zum Teil als starr und unflexibel eingestuft. Was für das Massengeschäft absolut sinnvoll ist, wird den Ansprüchen bestimmter Kunden nach Schnelligkeit (bspw. Lieferung bis 7:00 Uhr, Abholung bis 19:00 Uhr) und Flexibilität nicht gerecht. Anhand von fundierten Kosten-Nutzen-Abschätzungen, zu denen das Conjoint Measurement einen wichtigen Beitrag leisten kann, ist zu beurteilen, in welchem Prozess- und Netzwerkrahmen zeitliche Anforderungen der Kunden bedient werden können. Auf der einen Seite stehen Mehrerlöse durch Preisaufschläge in Aussicht, auf der anderen Seite gehen economies of scale u.U. verloren. Nicht jeder Dienstleister wird jedes der identifizierten Kundensegmente gleichermaßen bedienen können. Nur Konzerne mit finanziellen Ressourcen sind in der Lage logistische Komplettlösungen (Stichwort: „one-stop-shopping" der Deutschen Post World Net) zu offerieren. Für den überwiegenden Teil der Stückgutakteure ist es sinnvoll, die Ausrichtung zu überdenken und einer voranschreitenden Segmentierung und den damit verbundenen Wandel[399] innerhalb des Stückgutmarktes in stärkerem Maße Rechnung zu tragen. Mit der Fokussierung auf spezielle Kunden- und Branchenbedürfnisse bestehen weiterhin Chancen für Mittelstandsunternehmen. Ergebnis wäre, dass unterschiedliche Transportgüter eine logistisch unterschiedliche Behandlung erfahren. Diese unterschiedliche Behandlung kann sich in separaten logistischen Netzen vollziehen oder als „add-on" in bestehende Strukturen

[398] Vgl. Engelsleben/ von Wichert/ Zimmermann (Pricing-Chancen für Speditionen, 2004), S. 6.
[399] Vgl. Schmidt (Zukunft der „alten" Logistik-Dienstleistungsangebote, 1998), S. 150.

integriert werden. Dabei müssen das Grundgeschäft und der Bedarf nach einem überregionalen Angebot so umfangreich sein, dass die Abwicklung in einem eigenständigen System unter Kosten-Nutzen-Aspekten gerechtfertigt ist. Dadurch werden die bislang auf einem allgemeinen Niveau erbrachten Leistungen für eine homogene Kundengruppe und auf deren spezifische Bedürfnisse angepasst.[400] Eine Entschleunigung der Netzwerkverkehre kann dabei ebenso in Betracht gezogen werden wie der Aufbau von spezialisierten Express-Ressourcen. Ein flächendeckendes 48-Stunden-Netzwerk setzt andere Ressourcen und anderes Know-how voraus als ein auf Eilbedürftigkeit spezialisiertes Netzwerk. Unter dem Kriterium der Eilbedürftigkeit hat bspw. TNT 1991 eine Marktabgrenzung unter dem Namen „TNT-Ultra" vorgenommen. 2005 agiert TNT unter dem Namen der TNT Logistics Innight in diesem Segment und übernimmt unter Einsatz von Sprinterfahrzeugen und einem Zentralhub die Abwicklung höchst eiliger Sendungen wie z.B. Ersatzteile bei Maschinenausfall, Herzschrittmacher, Lithos, Andrucke oder Kataloge. Zu den Nutzern gehören Krankenhäuser, Werbeagenturen, Druckereien und Messebaufirmen. Auch wenn es sich hierbei um das klassische Expressgeschäft handelt, so wären ähnlich homogene Kundengruppen auch im nationalen Stückgutmarkt zu identifizieren. In Anlehnung an charakteristische Kundensegmente sollen nachfolgend folgende exemplarische Netzwerkkonfigurationen beschrieben werden:

- Standardisiertes 48-Stunden-Netzwerk mit einer zuverlässigen Laufzeitqualität
- 24-Stunden-Netzwerk mit zusätzlich klar definierten zeitlichen Serviceoptionen
- Spezialisiertes Expressnetz mit homogenisierten Transportgütern und flexiblen Lieferzeiten

6.2.3.1 48-Stunden-Netzwerk mit einer zuverlässigen Laufzeitqualität

Ausgehend von bestehenden Strukturen bei der Prozess- und Netzwerkstruktur kann ein standardisiertes 48-Stunden-Netzwerk entwickelt werden, das economies of scale konsequent nutzt. Die Verlangsamung darf nicht bedeuten, dass es sich um ein träges, innovationsmüdes Netzwerk handelt, vielmehr ist ein funktionierendes und effizientes Netzwerk die Grundvoraussetzung. Grundlage ist auch hier eine kundengruppenspezifische Segmentierung, die das Kunden- und Ertragspotenzial abzuschätzen hilft. Vor dem Hintergrund steigender direkter Transportkosten durch die LKW-Maut, anhaltend hoher Benzinpreise und begrenzter Straßeninfrastrukturen kann eine Aufbrechung des „24-Stunden-Dogmas" eine sinnvolle Ergänzung zu bestehenden Transportkonzepten sein. Vom

[400] Vgl. Fuhrmann (Logistiksysteme bei Güterverkehrsunternehmen, 1993), S. 210.

Grundsatz darf als sicher angenommen werden, dass Liefertreue und Lieferzuverlässigkeit wesentlich wichtiger sind als eine extrem hohe Lieferfrequenz.[401] Neben einer Verringerung der Verkehrsbelastung ist darüber hinaus mit einer verbesserten Kosten- und Auslastungssituation zu rechnen. Laut der Einschätzung eines interviewten Praxispartners belaufen sich die durch Pufferung und systematisches Leveling zu erzielenden Einsparungen auf bis zu 20 Prozent. Darüber hinaus wird die Steuerung und Disposition durch den größeren Spielraum flexibilisiert. Bspw. würden Spätabholungen nach 19:00 Uhr ebenso erleichtert wie eine endkundenbezogene Bündelung, was in Form einer Direktfahrt ab Versanddepot einen Umschlagvorgang im Empfangsdepot überflüssig machen würde. Auch wenn die Einschätzung einer rechnerischen Untermauerung bedarf, so stellt dies doch einen unkonventionellen Weg dar, sich vom Wettbewerb zu differenzieren. Die Vorhaltung von Lagern zur Pufferung zeitunkritischer Sendungen kostet zwar Geld, aber sie ermöglicht auch eine Verstetigung und Beruhigung von Prozessen, eine Vergleichmäßigung der Kapazitätsauslastung auf hohem Niveau und eine hohe Liefertermintreue.[402] Der Kunde als Mittelpunkt der Marktbestrebungen erhält auf diese Weise nicht nur die Option durch Preisaufschläge eine Beschleunigung und damit einen Zusatznutzen zu erzielen, sondern verfügt daneben über die Möglichkeit, durch einen verlangsamten, aber weiterhin zuverlässigen Service, Transportkosten einzusparen. Abbildung 6-8 verdeutlicht anhand eines SWOT-Analysetableaus[403] Chancen und Risiken sowie Stärken und Schwächen eines zuverlässigen 48-Stunden-Netzwerkes. SWOT-Analysen[404] (Akronym der englischen Begriffe Strength, Weakness, Opportunities und Threats) ist eingebettet in das strategische Management, das die Entwicklung und Umsetzung von langfristigen Unternehmensstrategien zum Inhalt hat. Die SWOT-Analyse unterstützt Unternehmen bei der Einpositionierung „in ihrer Umwelt dergestalt, dass Chancen der Umwelt genutzt und ihre Risiken vermieden werden. Dies soll unter Ausnutzung der bestehenden Stärken der Unternehmung und unter Vermeidung oder Behebung ihrer Schwächen vollzogen werden.“[405]

---

401 Vgl. Blamauer (Radikales Umdenken, 1992), S. 64.

402 Vgl. Bretzke (Termintreue schlägt kürzeste Lieferzeiten, DVZ vom 26.4.2005), S. 5.

403 Die SWOT-Analyse dient hier der Analyse und Bewertung der Handlungsoptionen eines Unternehmens aus einer langfristigen Perspektive. Dabei erfolgt eine Relativierung zu den wichtigsten Konkurrenten oder zu marktüblichen Standards. In diesem Fall erfolgt die Bewertung nach intuitivem Ermessen der Verfassers, da direkte Messungen im Rahmen dieser Arbeit nicht möglich waren.

404 Vgl. Bresser (SWOT-Analyse im strategischen Managment, 2001), S. 727 ff.; Hungenberg (Strategisches Management, 2000), S. 85 ff.

405 Welge/ Al-Laham (Strategisches Management, 2001), S. 14.

Abbildung 6-8: SWOT-Analyse eines 48-Stunden-Netzwerkes

Stärken „48-Stunden-Netzwerk“	Schwächen „48-Stunden-Netzwerk“
- Klar ausgerichtete Transportbasisleistung - Kostenvorteile gegenüber 24-Stunden-Netzwerken - Erreichung eines kritischen Sendungsvolumens	- Zeitliche Schlechterstellung der Kunden gegenüber der gängigen Praxis - Eingeschränkte Flexibilität/ Möglichkeit der Beschleunigung bei kurzfristigen Änderungen
Chancen „48-Stunden-Netzwerk“	**Risiken „48-Stunden-Netzwerk**
- Pionier innerhalb der Stückgutbranche - Erleichterte Möglichkeit der gebündelten Anlieferung beim Kunden - Marketingvorteil durch Umweltentlastung	- Unsichere Reaktion der Kunden und der Wettbewerber - Erreichung klarer Kostenvorteile zwingend erforderlich - Image als „Billigtransporteur“

Quelle: Eigene Darstellung

6.2.3.2 24-Stunden-Netzwerk mit zusätzlich definierten zeitlichen Serviceoptionen

Die Konfiguration eines leistungsstarken 24-Stunden-Netzwerkes orientiert sich in hohem Maße an bestehenden Netzwerken der Praxis. Diese wurden in den bisherigen Darstellungen ausführlich erläutert. Ausgangspunkt für profitable Geschäfte, ob durch Kontraktlogistikgeschäfte oder zeitdefinierte Premiumangebote sind gut ausgelastete, kostenoptimierte Netzwerke mit effizienten Geschäftsprozessen. Darauf aufbauend lassen sich wettbewerbsfähige Premiumleistungen konzipieren, die von Skaleneffekten des Standardgeschäfts profitieren. Potenziale liegen in einer konsistenten Pricing-Strategie, in der Entflechtung heterogener Kundenprofile und in der Integration komplexer Transportleistungen. Aktuelle Neuakquisitionen der DHL Freight zeigen, dass die vorhandenen Strukturen und Standards Potenziale bieten, in anspruchsvolle Konzepte wie JIT und JIS der Automobilindustrie in stärkerem Maße integriert zu werden. Die Versorgung der BMW-Produktionsstätten steckt erst in den Anfängen und es liegen noch keine gesicherten Erfahrungswerte vor. Die Automobil- und Stückgutbranche verfolgt aufmerksam die aktuelle Entwicklung und sollte sich die Entscheidung für BMW und DHL positiv auswirken, ist davon auszugehen, dass weitere Verlader die leistungsstarken Stückgutstrukturen neu entdecken und Neugeschäfte zu gewinnen sind. Ein funktionierendes Netzgeschäft mit entsprechenden Kapazitäten und einer europäischen Ausrichtung sind dabei die Schlüssel, um sich als Kontraktdienstleister unter Nutzung offener Netzstrukturen zu etablieren. Im Gegensatz zu Konzernen, wie Schenker oder DHL ist für den Mittelstand eine Positionierung als „Stückgut-Alleskönner“ kritisch zu hinterfragen.

Mit der Fokussierung auf Kernkunden bzw. Entflechtung des Netzwerkbetriebs steigt das Know-how der Mitarbeiter. Außerdem wird die Konzeption von zeitdefinierten und anderen Zusatzleistungen erleichtert. Das Produktportfolio muss im Zuge dessen ebenso hinterfragt werden, wie die Prozessgestaltung der operativen und administrativen Leistungsprozesse. Nur durch eine Systematisierung und stärkere Strukturierung des Geschäfts wird es gelingen, das Sammelsurium von undifferenzierten, nicht aufeinander abgestimmten Leistungen, unpassigen Branchenangeboten, eingesetzten Betriebsmitteln und organisatorischen Abläufen[406] aufzubrechen. Die Kosten- und Leistungstransparenz wird ebenso erhöht wie die Steuerbarkeit von Kontroll- und Entscheidungsgrößen. Anhand der Abbildung 6-9 soll das SWOT-Profil eines 24-Stunden-Netzwerkes verdeutlicht werden:

Abbildung 6-9: SWOT-Analyse eines 24-Stunden-Netzwerkes mit zusätzlichen Serviceoptionen

Stärken „24-Stunden-Netzwerk“ - Standardisierte und etablierte Prozesse und Netzwerke - Erreichung eines kritischen Sendungsvolumens	**Schwächen „24-Stunden-Netzwerk“** - Anhaltend hoher Konkurrenzdruck - Eingeschränkte Möglichkeit der Differenzierung - Keine klare Kundenfokussierung
Chancen „24-Stunden-Netzwerk“ - Absehbare paneuropäische Netzwerke - Nutzung der offenen Netzwerke als Basis für ambitionierte Kontraktleistungen und Ladungsverkehrsnetze	**Risiken „24-Stunden-Netzwerk“** - Grenzkostenorientierter Wettbewerb um Mengen und Marktanteile - Schwierige Kombination von Standard- und Premiumsdg. - Ausuferndes Produkt- und Branchenportfolio

Quelle: Eigene Darstellung

406 Vgl. Fuhrmann (Logistiksysteme bei Güterverkehrsunternehmen, 1993), S. 124.

6.2.3.3 Spezialisiertes Expressnetz mit homogenisierten Transportgütern und flexiblen Lieferzeiten

Vor dem Hintergrund heterogener Transportgüter und heterogener Kundengruppen im klassischen Stückgutmarkt kann durch eine Homogenisierung der Kundensegmente und vor allem der Transportgüter ein auf Stückgut spezialisiertes Expressnetz konzipiert werden. Das Handling wird spürbar erleichtert und neue zeitliche Optionen können realisiert werden. Erste Ansätze in diese Richtung unternimmt bspw. der britische Logistikdienstleister „Palletways", der mit Expansionsplänen in Richtung Zentraleuropa auf sich aufmerksam macht. Palletways[407] versteht sich als Spezialist für palettierte Expressfracht. Aus einem Zentralhub im niederländischen Nijmegen werden Benelux, Nordfrankreich und Deutschland versorgt. Der gesamte Versandprozess wird durch Barcode-Technologie gesteuert und kann über leistungsstarke „Track&Tracing" Module verfolgt werden. Spätabholungen sind in diesem System ebenso vorgesehen wie Zustellungen in den Morgenstunden. Durch die Vorgabe der palettierten Ware steigt der Automatisierungsgrad beim Umschlag, Kapazitäten können besser geplant und ausgenutzt werden. Unter Verweis auf hohe Qualitätsstandards, Tracking in Echtzeit und Operations-Teams mit einer 24-Stunden-Verfügbarkeit gewährleistet Palletways eine effiziente Abwicklung eilbedürftiger Sendungen. Durch die europäische Ausrichtung, Reduzierung der Komplexität beim Umschlag und eine Flexibilisierung der Zustellzeiten wird es interessant zu beobachten sein, ob sich diese Produkt- und Prozessinnovation im hart umkämpften nationalen Stückgutmarkt behaupten kann. Die Stärken/ Schwächen bzw. Chancen/ Risiken werden Abbildung 6-10 veranschaulicht:

[407] Vgl. www.palletways.com;
Mit einem Umsatz von 110 Mio. Euro ist Palletways im Großbritannien Marktführer bei der Expressverteilung kleiner Sendungen auf Paletten, vgl. DVZ (Palletways bietet KEP-Services in Nordfrankreich an, DVZ vom 28.7.2005), S. 7 – ohne Verfasser.

Abbildung 6-10: SWOT-Analyse eines Stückgut-Expressnetzwerkes mit homogenisierten Transportgütern

Stärken „Express-Netzwerk" - Spezialisierte Expressleistung - Kostenvorteile gegenüber der KEP-Branche - Homogenisierte Sendungs- und Kundenstruktur	**Schwächen „Express-Netzwerk"** - Fehlende Finanz- und Infrastrukturressourcen - Fehlendes Image und Branchen-Know-How
Chancen „Express-Netzwerk" - Wachstumspotenziale aus KEP- und Stückgutmarkt - Pionier innerhalb der Stückgutbranche - Neue Kunden durch Lieferzeitflexibilisierung	**Risiken „Express-Netzwerk** - Direkte Konkurrenz zu image- und finanzstarken KEP-Diensten - Unsichere Reaktion der Kunden und der Wettbewerber - Schwere Erreichung eines kritischen Sendungsvolumens

Quelle: Eigene Darstellung

Die in den vorhergehenden Ausführungen propagierte Kunden- und Branchensegmentierung basiert auf der Abfrage, Erfassung und Einstufung der Kundenbedürfnisse. Eine Segmentierung hat den Vorteil, unterschiedliche Gruppen gezielter ansprechen zu können und knappe Ressourcen effizienter, d.h. zielgerichtet einzusetzen.[408] Es darf jedoch nicht der Eindruck erweckt werden, dass die sich anschließenden Schritte der Prozess- und Netzgestaltung lediglich einmalig erfolgen. Vielmehr gilt es anhand von regelmäßigen Befragungen und einer kritischer Reflektion – im Sinne eines institutionalisierten Marketing-Controllings – die Kundensegmente und Netzkonfigurationen kontinuierlich weiterzuentwickeln und den sich ändernden Anforderungen anzupassen. Nur auf diese Art wird die vom Kunden geforderte Flexibilität und Agilität der Dienstleister erreicht, die eine entscheidende Voraussetzung für eine Verbesserung der Wettbewerbsfähigkeit im Markt zeitdefinierter Stückgutleistungen darstellen.

[408] Vgl. Miebach Logistik (Studie Markenmanagment, 2005), S. 11.

6.3 Reflektion und Fokussierung als Handlungsempfehlung zu mehr Wettbewerbsfähigkeit im Teilmarktsegment zeitdefinierter Stückgutleistungen

Ausgehend von einem mäßigen Niveau zeitdefinierter Stückgutsendungen wurden in diesem sechsten Kapitel Erklärungsansätze formuliert und Handlungsoptionen zur Verbesserung der Wettbewerbsfähigkeit unterbreitet. Eine Verbesserung der Wettbewerbsfähigkeit lässt sich zum einen aus der Ertragssteigerung bestehender Geschäfte, zum anderen mit Neukunden aus benachbarten logistischen Systemen erzielen. Voraussetzung für ein erfolgreiches Agieren am Markt ist die profunde Kenntnis der Kunden- und Branchenbedürfnisse. Aufbauend auf der Nutzenbeurteilung verschiedener Produktkonfigurationen im Rahmen einer Conjoint-Analyse kann eine Branchen- und Kundensegmentierung auf Basis von Zeitpräferenzen und Zahlungsbereitschaften vorgenommen werden. Je nach eigener Unternehmenssituation und nach der Beurteilung der Ertragspotenziale kann eine Anpassung der Netzwerk- und Prozessstrukturen erfolgen. Die Überlegungen münden in ein fokussiertes Stückgutnetzwerk und werden der Entwicklung nach Individualisierung und Segmentierung der Kundenbedürfnisse gerecht.

Ambitionierte Stückgutdienstleister, die sich zu unentbehrlichen Partnern von Industrie und Handel machen wollen, müssen diese durch das Angebot von professionellen logistischen Dienst- und Serviceleistungen dabei unterstützen, Wettbewerbsvorteile zu erzielen.[409] Dazu ist es notwendig, das eigene Profil zu schärfen sowie Agilität und Flexibilität ebenso zu unterstreichen wie das die Auftraggeber aus Industrie und Handel bereits praktizieren. Über den reinen Preiswettbewerb wird es den nationalen Stückgutdienstleistern nur schwer gelingen, sich wachsender Konkurrenz aus dem Ausland zu erwehren. Zeitwettbewerb bietet hier einen Ansatz, um sich erfolgreich zu positionieren und das Unternehmen zukunftsfähig auszurichten. Mit der skizzierten Analyse der Kundenbedürfnisse, der Konkurrenten, der eigenen Time-to-Delivery und der Time-to-Market-Komponente wurde das Konzept des Zeitwettbewerbs mit Leben gefüllt und kann als Impulsgeber zur Reorganisation der Prozesse und Netzwerke sowie zur strategischen Ausrichtung genutzt werden. Die darin enthaltenen Gedanken sind so neu nicht, vielmehr gilt es, sich die Handlungsalternativen zu vergegenwärtigen und Maßnahmen einzuleiten. Abschließend sollen fünf, aufeinander aufbauende Handlungsempfehlungen als Konklusion der bisherigen Ausführungen formuliert werden:

---

[409] Vgl. Diez/ Hocke (Added Value beim Logistik-Service, 1996), S. 169.

➔ Erforsche die Kundenbedürfnisse! Nur durch die Kenntnis der Kundenbedürfnisse, der Nutzenbewertung und Zahlungsbereitschaften lässt sich die eigene Kosten-Nutzensituation ausgewogen gestalten.

➔ Bilde homogene Kunden- und Branchensegmente, die sich untereinander unterscheiden! Durch Kunden- und Branchencluster lassen sich Synergien ebenso erzielen wie eine Individualisierung der Produktangebote und Spezialisierung der Auftragsabwicklung.

➔ Bewerte und reflektiere die eigene Marktposition und die Ertragschancen der i dentifizierten Kunden- und Branchensegmente! Nicht jedes Branchencluster ist geeignet, um den eigenen Stärken gerecht zu werden. Eine Rückstufung eines Clusters kann die Profilierung in einem Zukunftsmarkt bedeuten.

➔ Passe die Prozesse (Vertrieb, Pricing, Marketing) und Netzwerke an die Bedürfnisse der Kunden an! Durch eine fokussierte Stückgutorganisation steigen das eigene Know-how und das eigene Profil bei der Kundenwahrnehmung.

➔ Kontrolliere und prüfe kontinuierlich die Bedürfnisse der Kunden! Kundenbedürfnisse wandeln sich und wer schnell und flexibel auf die Änderungen reagiert, etabliert sich als unverzichtbarer Partner von Industrie- und Handelsunternehmen.

7 ZEITDEFINIERTE STÜCKGUTLEISTUNGEN – NUR DER SCHNELLE KOMMT ANS ZIEL?

Alice kam später nicht mehr darauf, wie denn alles begonnen hatte: Sie erinnerte sich nur daran, dass sie rannten und rannten, und dass die Königin ständig rief „Los! Los!, schneller, schneller!" Bis sie endlich, als Alice schon ganz erschöpft war, anhielten und sich unter einem Baum niedersetzten. Alice sah sich erstaunt um: „Was ist denn das? Ich meine, dass wir doch unter diesem Baum schon die ganze Zeit gewesen sind."
„Natürlich,", sagte die Königin, „was dachtest du denn?"
„Naja, in unserem Land", sagte Alice, „da kommt man im allgemeinen irgendwo hin, wenn man schnell und ausdauernd rennt, so wie wir gerade."
„Das muss eine langsame Art von Land sein", sagte die Königin. „Hier muss man so schnell laufen wie man kann, um nur am selben Ort zu bleiben. Und wenn Du irgendwo hinkommen willst, dann musst du zweimal so schnell sein..."[410]
Lewis Caroll (vom Verfasser frei übersetzt)

Das abschließende Kapitel fasst die erarbeiteten Forschungsergebnisse zusammen (Kapitel 7.1) und stellt den direkten Bezug zu den eingangs gestellten Forschungsfragen her. Daraus folgernd ergibt sich ein weiterführender Forschungsbedarf, der in Kapitel 7.2 dargestellt wird.

7.1 Zusammenfassung der Forschungsergebnisse und Reflektion der Forschungsziele

Ausgangspunkt der vorliegenden Arbeit waren die positiven wie negativen Auswirkungen, die mit einer zunehmenden Beschleunigung von Prozessen und Warenströmen verbunden sind. Der Faktor Zeit hat sich als feste Determinante im Wettbewerb etabliert. Auch Logistikdienstleistungsunternehmen, hier am Beispiel nationaler Stückgutdienstleister, stehen im Zuge dessen vor Chancen und Risiken. Über die Differenzierung mit dem Faktor Zeit versuchen die führenden Stückgutanbieter, sich der aufkommenden Konkurrenz aus Osteuropa zu erwehren, sich vom direkten Wettbewerber positiv abzuheben und den Kundenanforderungen nach Schnelligkeit und Pünktlichkeit gerecht zu werden. Im Rahmen der Arbeit wurde unterstellt, dass sich der Trend der wachsenden zeitlichen Anforderungen

---

[410] Caroll (Alice`s Adventures in Wonderland, 1963), S. 216.

an Logistikdienstleister im aufstrebenden Segment zeitdefinierter Stückgutleistungen ablesen lässt. In diesem Teilmarktsegment liegen – wenn man Presseverlautbarungen Glauben schenken darf – hohe Wachstums- und Ertragschancen für die Zukunft. Auf diesem Wege wird das Konzept des Zeitwettbewerbs nicht zum abstrakten Managementansatz, sondern wird in dem Sinne mit Leben gefüllt, dass die Auswirkungen für die Logistikdienstleistungsbranche empirisch spürbar und messbar werden.

Aufgrund der bisher mangelnden wissenschaftlichen Auseinandersetzung mit möglichen strategischen Entwicklungspfaden von Logistikdienstleistungsunternehmen[411] wurden als Verständnisgrundlage die Entwicklungslinien des Zeitwettbewerbs und der Logistik in Kapitel 3 erläutert und in einen konzeptionellen Bezugsrahmen überführt. Dieser diente als Gerüst für die anschließenden Überlegungen. Ebenfalls als Wissensgrundlage notwenig war das Verständnis der in der Stückgutbranche üblichen Prozessfolgen und Netzwerkstrukturen, die in Kapitel 4 dargestellt wurden. In direktem Zusammenhang wurde die Bedeutung des Zeitmanagements für den Stückgutdienstleister unterstrichen. Als Kombination aus den aufgezeigten Aspekten wurde im fünften Kapitel der nationale Stückgutmarkt allgemein und insbesondere das Teilmarktsegment zeitdefinierter Stückgutleistungen mengen- und umsatzmäßig empirisch untersucht, Preisaufschläge ermittelt und Reaktionszeiten anhand eines Beispiels abgeschätzt. Auf Grundlage des Marktniveaus, das die Hoffnungen und Erwartungen nicht erfüllen konnte, wurden im sechsten Kapitel mögliche Erklärungsansätze formuliert, in vier Thesen überführt und im Anschluss Handlungsoptionen aufgezeigt. Anhand von drei aufeinander aufbauenden Schritten konnte im Ansatz Transparenz über den Kundennutzen geschaffen, eine nutzenorientierte Segmentierung von Kunden und Branchen erreicht sowie eine Anpassung der Prozess- und Netzwerkstrukturen vorgenommen werden.

Die Auswirkungen des Zeitwettbewerbs werden in diesem Zusammenhang für die Logistikdienstleistungswirtschaft greifbar und anschaulich. Zeitwettbewerb und die daraus erwachsenden Herausforderungen und Auswirkungen im Logistikdienstleistungssektor wurden in Zusammenhang gesetzt und ein Bezugsrahmen für die weiterführenden Ausführungen entwickelt. Der konzeptionelle Bezugsrahmen ist für die Übertragung auf andere Logistikdienstleistungszweige ebenso geeignet wie die Verwendung der vorgeschlagenen und praktizierten Analysen und Instrumentarien. Als Ergebnis der verwendeten Analysen und Instrumente wurden die konventionellen Lösungen detailliert betrachtet und alternative Handlungsoptionen in Richtung eines fokussierten Stückgutdienstleisters aufgezeigt. Dies dient der Transparenz bei der Positionierung im

[411] Vgl. Hoffmann (Logistik und Electronic Business, 2001), S. 8 ff.

Wettbewerb und der Initiierung möglicher Maßnahmen auf einer fundierten Grundlage. Es darf mit einer gewissen Spannung verfolgt werden, wie sich dieses Teilmarktsegment in der Zukunft entwickelt und ob sich zeitdefinierte Leistungen als einer der Hoffnungsträger behaupten kann. Dass dabei nur die Schnellen überleben darf vor der Kenntnis der Markterhebung zumindest angezweifelt werden.

7.1.1 Zur ersten zentralen Forschungsfrage nach der Bedeutung des Zeitwettbewerbs im nationalen Stückgutmarkt

Das Konzept des Zeitwettbewerbs macht sich auf verschiedenen Ebenen bei der Unternehmensausrichtung bemerkbar. Durch das Aufzeigen der Entwicklungslinien des Zeitwettbewerbs und der Logistik konnte auf einer mehr strategischen Ebene die Bedeutung des Zeitwettbewerbs unterstrichen werden. Dabei unterscheiden sich die Prinzipien des Zeitwettbewerbs nur unwesentlich von den Idealen des Process-Re-Engineerings oder des Logistikmanagements. Diese neueren Managementansätze haben die Gestaltung der ganzheitlichen Prozesskette als Betrachtungsgegenstand, da sie als Querschnittsfunktion an durchgängigen funktions- und systemübergreifenden Güter- und Informationsflüssen ausgerichtet sind. Diese ganzheitliche Sichtweise ermöglicht die Ersetzung von Einzeloptimierungen zugunsten von systemweiten Optimierungen bezüglich Qualität, Kosten, Service und kurzer Durchlaufzeit. Die konsequente Ausrichtung am Kundennutzen führt zu Verbesserungen der Kosten, der Qualität und des Services. Die Konzepte des Zeitwettbewerbs und des Logistikmanagements stehen dabei nicht konkurrierend gegenüber, vielmehr kann deren Beziehung als komplementär angesehen werden. Eine Aussage zur Hierarchisierung ist abhängig vom eigenen Blickwinkel und kann nicht allgemeingültig formuliert werden. Das Konzept des Zeitwettbewerbs ist damit in der Auswirkung auf die Prozesse und Netzwerke der Logistikdienstleister von Bedeutung. Anhand von Beispielen aus der Stückgutbranche konnten sowohl das Bedeutungsgewicht der Time-to-Delivery- als auch der Time-to-Market-Komponente untermauert werden.

Auch auf der mehr operativ geprägten Ebene lassen sich in Form von zeitdefinierten Stückgutleistungen die Bedeutung des Zeitwettbewerbs im Sinne einer Differenzierung über den Faktor Zeit konstatieren. Das Bedeutungsgewicht muss jedoch vor dem Hintergrund der gewonnenen Erkenntnisse eingeschränkt werden. Einerseits eignet sich der Faktor Zeit zur Differenzierung vom Wettbewerber aufgrund von schnellen Imitierungsraten und einem hart umkämpften Wettbewerbsumfeld nur bedingt zur Erzielung von temporären Pioniervorteilen. Während innerhalb Deutschlands alle namhaften Stückgutdienstleister zeitdefinierte

Leistungen anbieten und konkurrierende KEP-Dienste bei der zeitlichen Flexibilität und beim Image im Vorteil sind, kann lediglich eine Differenzierung gegenüber der aufkommenden Konkurrenz aus Osteuropa erzielt werden.

Andererseits fällt vor dem Hintergrund der empirischen Erhebung aus Anbietersicht der Anteil zeitdefinierter Stückgutleistungen eher geringer als vermutet aus. In Bezug auf die These, dass sich Zeitwettbewerb direkt im nationalen Stückgutmarkt bemerkbar macht, kann festgehalten werden, dass sich der Großteil der Auswirkungen außerhalb der betrachteten Stückgutbranche bemerkbar macht oder dass sich das Bedürfnis der Industrie- und Handelsunternehmen nach zeitlicher Präzisierung, die in Form von Preisaufschlägen entlohnt werden müssen, im nationalen Stückgutmarkt in Grenzen hält. Die in der Einleitung zitierten hohen prozentualen Wachstumsraten bewegen sich auf einem mengenmäßig bescheidenen Niveau. Nicht ausgeschlossen werden kann allerdings, dass das Bedürfnis nach Dringlichkeit von Seiten der Kunden generell überschätzt wird. Ob es sich bei diesem aufkommenden Markt um das Wachstumssegment der Zukunft handelt, muss bei einem Verharren der Stückgutdienstleister eher kritisch beurteilt werden. Mit einer stärkeren Fokussierung wie als Resultat der zweiten Forschungsfrage angeregt, ist ein Ausbau der Anteile zeitdefinierter Sendungen möglich. Auf diesen beiden Ebenen konnte die Bedeutung des Konzepts des Zeitwettbewerbs nachgewiesen werden, auch wenn auf der operativen Ebene die Bedeutung relativiert und differenziert werden muss.

7.1.2 Zur zweiten zentralen Forschungsfrage nach der Marktgröße zeitdefinierter Stückgutleistungen und der Ableitung von Erklärungsansätzen und möglichen Handlungsoptionen

Erstmals fand aus Dienstleisterperspektive im Rahmen dieser Arbeit eine empirische Erhebung zeitdefinierter Stückgutleistungen (vgl. auch Anhang 3) statt. Mit einem Anteil von 12 Prozent (rund 8 Mio. Sendungen) vom zugrunde gelegten Sendungsaufkommen im nationalen Stückgutmarkt fällt das Marktniveau eher bescheiden aus, insbesondere wenn man die uhrzeitgebundenen Zustelloptionen und die überdurchschnittlichen Anteile der beiden führenden Dienstleister berücksichtigt. Rund 6,7 Mio. Sendungen sind mit einer 24-Stunden-Garantie versehen, deutlich geringer Anteile sind uhrzeitgebundener Zustelloptionen (in Summe rund 1,3 Mio. Sendungen). Realisierte Preisaufschläge für diese Premiumleistungen konnten ebenso beziffert werden wie Unterschiede beim Preisniveau und den Reaktionszeiten der KEP-Branche. Legt man die ermittelten Durchschnittsaufschläge zugrunde und multipliziert diese mit den Sendungsanteilen je Zeitoption, so ergibt sich ein Marktvolumen zeitdefinierter Stückgutleistungen von rund 600 Mio. Euro.

Bei genauerer Betrachtung zeigt sich, dass zwei Dienstleister den Markt zeitdefinierter Stückgutdienstleister dominieren, was auf Möglichkeiten zu Marktanteilsgewinne der direkten Konkurrenten schließen lässt. Auf dieser empirischen Grundlage wurden Erklärungsansätze formuliert, die in vier Thesen zum Marktumfeld und zum Zeitmanagement in der Stückgutbranche mündeten. Aufbauend auf diesen vier Thesen wurden Handlungsoptionen aufgezeigt, die Stückgutdienstleister unterstützen, die Transparenz in diesem unerforschten Marktsegment zu erhöhen und alternative Netzwerk- und Prozessstrukturen einzustufen. Ziel dieser Lösungsvorschläge ist eine verstärkte Auseinandersetzung mit dem direkten Kundennutzen und der Zahlungsbereitschaft anhand einer exemplarischen Conjoint Analyse, eine darauf aufbauende Branchen- und Kundensegmentierung sowie mögliche Anpassungen der Prozess- und Netzwerkstrukturen. Unter der Voraussetzung, dass sich das Teilmarktsegment als lukrativ erweist, sollen die vorgeschlagenen Handlungsempfehlungen dazu dienen, die Wettbewerbsfähigkeit der nationalen Stückgutdienstleister in Form von Ertragssteigerungen durch Ausbau (Vertrieb, Marketing, Pricing) dieses Teilmarktsegments und Zugewinnen aus benachbarten Logistikangeboten zu verbessern. Unter Berücksichtigung der vorgeschlagenen Handlungsempfehlungen erfolgt eine Abkehr vom „Allestransporteur" hin zu einer auf Kundenbedürfnisse fokussierten Stückgutabwicklung. Diese weist einen Markencharakter auf, der den Kundenanforderungen ebenso Rechnung trägt wie der angestrebten Verbesserung der Ertrags- und Wettbewerbsposition der operierenden nationalen Stückgutdienstleister.

7.1.3 Kritische Beurteilung der Erreichung der Forschungsziele

Zusammenfassend kann konstatiert werden, dass die Forschungsziele der Arbeit erreicht werden konnten. Es konnte ein konzeptioneller Bezugsrahmen gepaart mit Instrumenten und Analysen entwickelt werden, der es ermöglicht, Zeitwettbewerb in einer exemplarischen Logistikdienstleistungsbranche zu fundieren. Der Bezugsrahmen und die verwendeten Instrumente und Analysen lassen sich auf andere Logistikdienstleistungsbranchen übertragen. Diese helfen auch aus wissenschaftlicher Perspektive verbunden mit dem Interesse aus der Praxis, wie die hohe Beteiligung an der Marktabfrage zeigt, die Ideen und Konzepte des Zeitwettbewerbs aktiv zur strategischen Unternehmensausrichtung zu nutzen.

7.2 Weiterführender Forschungsbedarf und offene Forschungsflanken bei der Suche nach dem „Wert der Zeit“

Mit der Eingrenzung auf den nationalen Stückgutmarkt und der Ausrichtung der empirischen Erhebung auf die Dienstleisterperspektive ergibt sich ein weiterführender Forschungsbedarf, der wie folgt skizziert werden kann:

- Weiterentwicklung der empirischen Erhebung zeitdefinierter Stückgutleistungen
- Vertiefung der vorgeschlagenen Instrumentarien und Verbesserungsansätze
- Einbeziehung anderer Logistikdienstleistungssektoren
- Analyse und Bewertung aus Verladersicht

Die erstmals durchgeführte empirische Erhebung im Teilmarktsegment zeitdefinierter Stückgutleistungen und die exemplarische Anwendung von Instrumentarien gibt genügend Spielraum für weiterführende Forschungsaktivitäten. Zunächst liegt das Interesse für die Wissenschaft und die Praxis in der regelmäßigen Wiederholung und **Weiterentwicklung der empirischen Erhebung**. Zeitreihenanalysen zur Entwicklung von zeitdefinierten Stückgutleistungen sind in diesem Rahmen ebenso denkbar wie die Ausweitung auf europäische Ebene. Dies schafft Transparenz über die „wahre“ Dringlichkeit bei Industrie- und Handelsunternehmen und erlaubt einen Rückschluss über die Erfolgswirkung eingeleiteter Maßnahmen. Daneben können auch sich bildende Zusatzoptionen wie Spätabholungen bis 19:00 Uhr oder eine flexible Anlieferung aufgenommen werden, die aufgrund der Reduzierung der Erhebungskomplexität sowie fehlender flächendeckender Angebote in diesem ersten Schritt vernachlässigt wurden. Marktstudien wie die TOP 100 der Logistik bilden hierfür den geeigneten Rahmen.

Mit der Nutzung des Conjoint Measurements und einem alternativen 48-Stunden-Netzwerk wurden für den nationalen Stückgutmarkt unkonventionelle Wege zur **Vertiefung der vorgeschlagenen Instrumentarien und Verbesserungsansätze** beschritten. Sowohl in der konkreten Anwendung des Conjoint Measurements als auch in der fundierten Bewertung eines denkbaren 48-Stunden-Netzwerkes liegen Chancen, den Wissensstand der logistischen Forschung zu erweitern und einen Erkenntnisgewinn für die Praxis zu liefern. Auf diesem Wege würde die angestrebte Kunden- und Branchensegmentierung nach der Zeitpräferenz und den Zahlungsbereitschaften überprüft und die Anwendbarkeit (bspw. bei der Ausrichtung von Pricing-Strategien) untermauert. Während beim Conjoint Measurement der Schwerpunkt auf die Kundennutzenmessung gelegt wird, könnte eine genauere Analyse der Kosten, die durch die Erbringung zeitdefinierter Leistungen entstehen, einen weiteren wichtigen Beitrag leisten. Bei Kenntnis des Kundennutzens und der gegenüberstehenden Kosten kann eine fundierte Kosten-Nutzenabschätzung aus Dienstleisterperspektive vorgenommen werden.

Die Betrachtungen beschränkten sich aus Erhebungs- und Komplexitätsgründen auf den nationalen Stückgutmarkt. Um ein umfassendes Bild über zeitkritische Sendungsanteile zu erhalten ist eine **Einbeziehung der hier skizzierten alternativen Leistungsanbieter** notwendig. Auf diese Weise kann die Frage beantwortet werden, ob das Segment zeitkritischer Sendungen generell überschätzt wird oder welcher Sendungs- und Umsatzanteil sich in alternativen Logistikstrukturen wieder findet. Im Rückschluss ist das Marktpotenzial für die nationalen Stückgutanbieter genauer zu beziffern, die Strategieausrichtung in diesem Segment kann untermauert werden.

Der Fokus der Arbeit liegt eindeutig auf der Dienstleisterperspektive. Von gleich hohem Interesse ist eine **Bewertung und Analyse aus Verladersicht**. Auch auf diesem Wege ließen sich Potenziale und Chancen für den Logistikdienstleistungssektor fundiert abschätzen und strategische Implikationen formulieren. Im Vorfeld müssten die zeitkritischen Branchen identifiziert und hinsichtlich ihrer Zeitpräferenz und Zahlungsbereitschaft eingestuft werden. Auch hier könnte das Conjoint Measurement zur Anwendung kommen. Im Zuge dessen könnte es auch zu einer Überlegung kommen, Wertschöpfungsketten zu entschleunigen und differenziert mit dem Faktor Zeit umzugehen.

Die hier aufgezeigten Wege unterstützen die Wissenschaft und die Praxis den „Wert der Zeit“ für das eigene Unternehmen genauer zu bestimmen. Für den nationalen Stückgutmarkt wurde im Rahmen dieser Arbeit ein erster Schritt unternommen, um das Phänomen Zeit besser zu verstehen und differenziert im Wettbewerb zu nutzen.

LITERATURVERZEICHNIS

Abegglen, J.C. (Japanische Wettbewerbsstärke, 1981): Ursachen japanischer Wettbewerbsstärke, Faltblatt, München 1981.

Aberle, G. (Transportwirtschaft, 2003): Transportwirtschaft - Einzelwirtschafltiche und gesamtwirtschaftliche Grundlagen, 4. überarb. und erw. Auflage, München 2003.

Altobelli, C. F.; Gaitanides, M. (Prozessorganisation und Logistik, 1999): Prozessorganisation und Logistik, in: Weber, J.; Baumgarten, H. (Hrsg.): Handbuch Logistik-Management von Material- und Warenflussprozessen, Stuttgart 1999, S. 590 – 606.

Amberger, P. (Fünf-Sterne-Warenhotel, 1992): Service im Fünf-Sternen-Warenhotel, in: Bonny, C. (Hrsg.): Jahrbuch der Logistik 1992, Düsseldorf 1992, S. 116 – 117.

Backhaus, K.; Bonus, H. (Hrsg.) (Beschleunigungsfalle, 1998): Die Beschleunigungsfalle oder der Triumph der Schildkröte, 3. erw. Auflage, Stuttgart 1998.

Backhaus, K.; Erichson, B.; Plinke, W.; Weiber, R. (Multivariate Analysemethoden, 2000): Multivariate Analysemethoden - Eine anwendungsorientierte Einführung, 9. überarb. und erw. Auflage, Berlin 2000.

Backhaus, K.; Gruner, K. (Epidemie des Zeitwettbewerbs, 1998): Epidemie des Zeitwettbewerbs, in: Backhaus, K.; Bonus, H. (Hrsg.): Die Beschleunigungsfalle, 3. erw. Auflage, Stuttgart 1998, S. 107 – 132.

Barkema, H.G.; Baum, J.A.C.; Mannix, E. A. (Management Challenges, 2002): Management Challenges in a New Time, in: Academy of Management Journal, Vol. 45, No. 5, 2002, S. 916 – 930.

Bauer, H. (Marketing für Verkehrsbetriebe, 1997): Marketing für Verkehrsbetriebe, in: Bloech, J.; Ihde, G. (Hrsg.): Vahlens Großes Logistiklexikon, München 1997, S. 1162 – 1169.

Baumgarten, H. (Geschwindigkeit sichert Marktanteile, 1996): Geschwindigkeit sichert Marktanteile, in: Logistik Heute 1/2-1996, S. 36 - 38.

Baumgarten, H.; Walter, S. (Trends in der Logistik, 2000): Trends und Strategien in der Logistik 2000+, Berlin 2000.

Becker, J. (Marketing-Konzeption, 1998): Marketing-Konzeption, 6. Auflage, München 1998.

Bensing, C.; Helmlinger, K. (Vertriebsqualität der Expressdienstleister, 2005): Große Lücke zwischen Schein und Wirklichkeit - Vertriebsqualität der vier großen Expressdienstleister weist deutliche Unterschiede auf, in: DVZ vom 1.3.2005, S. 3.

Bernsmann, A.; Bone, T. (Bahn ist keine Alternative, 2003): Die Bahn ist keine echte Alternative, in: Lebensmittelzeitung, Beilage Logistik, Nr. 42, 17.10.2003, S. 72.

Biervert, B.; Held, M. (Time matters, 1995): Time matters - Zeit in der Ökonomik und Ökonomik der Zeit, in: Biervert, B.; Held, M. (Hrsg.): Zeit in der Ökonomik, Frankfurt 1995, S. 7 – 32.

Bitzer, M.R. (Zeitbasierte Wettbewerbsstrategien, 1991): Zeitbasierte Wettbewerbsstrategien, Gießen 1991.

Blackburn, J.D. (Time Factor, 1991): The Time Factor, in: Blackburn, J. D. (Hrsg.): Time Based Competition – The Next Battleground in American Manufacturing, Homewood/ Illinois 1991, S. 3 – 23.

Blackburn, J.D. (Hrsg.) (Time Based Competition, 1991): Time Based Competition – The Next Battleground in American Manufacturing, Homewood/ Illinois 1991.

Blamauer, M. (Radikales Umdenken, 1992): Radikales Umdenken notwendig, in: Bonny, C. (Hrsg.): Jahrbuch der Logistik 1992, Düsseldorf 1992, S. 64 – 69.

Bleicher, K. (Führung als Wettbewerbsfaktor, 1989): Chancen für Europas Zukunft: Führung als internationaler Wettbewerbsfaktor, Wiesbaden 1989.

Blochmann, F. (Kurier- und Expressdienste, 1994): Internationale Kurier- und Expressdienste: Strategien für innovative Transportlösungen, Landsberg/ Lech 1994.

Bogaschewsky, R. (Zeitwettbewerb, 1998): Zeitwettbewerb - eine wertkettenorientierte Betrachtung, in: Koppelmann, U.; Oertel, H.A. (Hrsg.): Time-to-Market, Stuttgart 1998, S. 2 – 19.

Braun, von, C.F.(Beschleunigungsfalle, 1991): Die Beschleunigungsfalle, in: Zeitschrift für Planung, 2. Jg., Heft 1, 1991, S. 51 – 70.

Bresser, R. (SWOT-Analyse im strategischen Management, 2001): Strategisches Management, in: Bühner, R. (Hrsg.): Management-Lexikon, München 2001, S. 727 – 731.

Bretzke, W.-R. (Logistische Dienstleistung, 1999): Logistische Dienstleistung, in: Baumgarten, H.; Weber, J. (Hrsg.): Handbuch Logistik - Management von Material- und Warenflussprozessen, 1. Auflage, Stuttgart 1999, S. 219 – 225.

Bretzke, W.-R. (Logistikdienstleistungen, 2004): Logistikdienstleistungen, in: Klaus, P.; Krieger W. (Hrsg.): Gabler Logistik Lexikon, 3., vollst. überarb. und akt. Auflage, Wiesbaden 2004, S. 337 – 343.

Bretzke, W.-R. (Logistik-Outsourcing, 2004): Logistik-Outsourcing: ein anhaltender Trend und seine Grenzen, in: Logistik-Management, 6. Jg., Ausgabe 3, 2004, S. 10 – 18.

Bretzke, W.-R. (Vom Make zum Buy?, 2004): Vom Make zum Buy?, in: Prockl, G.; Bauer, A.; Pflaum, A.; Müller-Steinfahrt, U. (Hrsg.): Entwicklungspfade und Meilensteine moderner Logistik, Wiesbaden 2004, S. 28 – 52.

Bretzke, W.-R.; Klett, M. (RFID – Technologie, 2004): Logistikdienstleister: Treiber oder getriebene der RFID Technologie, Online im Internet unter URL: http://www.mylogistics.de/de/news/themen.jsp?typ=search&key=news163462&typ=search&suchfeld=rfid, 3.3.2005, ohne Seitenangabe.

Bretzke, W.-R. (Termintreue schlägt kürzeste Lieferzeiten, 2005): Termintreue schlägt kürzeste Lieferzeiten, in DVZ vom 26.4.2005, S. 5.

Buchholz, T. (Kernkompetenz Schnelligkeit, 2005): Kernkompetenz Schnelligkeit, in: LOGISTIKinside, 04/2005, S. 40 – 41.

Bullinger, H.J.; Wasserloos, G. (Reduzierung der Produktentwicklungszeiten, 1990): Reduzierung der Produktentwicklungszeiten durch Simultaneous Engineering, in: CIM Management, 7. Jg., Heft 6, 1990, S. 4 – 12.

Bundesamt für Güterverkehr (Marktbeobachtung Güterverkehr, 2004): Marktbeobachtung Güterverkehr, Jahresbericht, Köln 2004.

Bundesamt für Güterverkehr (Strukturwandel im Güterverkehr, 2005): Marktbeobachtung im Güterverkehr - Sonderbericht zum Strukturwandel im Güterverkehrsgewerbe, Köln 2005.

Bunz, A.; Streichfuss, M.; Sindemann, H. (Outsourcing, 2004): Outsourcing - Chance und Herausforderung für Logistikdienstleister, in: Schneider, C. (Hrsg.): Controlling für Logistikdienstleister, Hamburg 2004, S. 431 – 443.

**Caroll, L. (Alice`s Adventures in Wonderland, 1963)**: Alice`s Adventure in Wonderland and Through the Looking Glass, Baltimore 1963.

Christopher, M. (Agile Supply Chain, 2000): The Agile Supply Chain, in: Industrial Marketing Management, 29 (1), S. 37 – 44.

Corsten, H. (Produktion von Dienstleistungen, 1985): Produktion von Dienstleistungen, Berlin 1985.

Czenskowsky, T. (Marketing für Speditionen, 2004): Marketing für Speditionen und logistische Dienstleister, Gernsbach 2004.

Czenskowsky, T. (Marketing logistischer Dienstleistungen, 2003): Das Marketing logistischer Dienstleistungsunternehmen - ein Überblick, in: Päbst, L.; Wipki, B. (Hrsg.): Marketing in der Logistik, Hamburg 2003, S. 21 – 38.

Czenskowsky, T.; Segelken, U. (Preisbildung der Zukunft, 2003): Preisbildung der Zukunft - Praktische Schritte zu einer prozesorientierten Kostenrechnung, in Päbst, L.; Wipki, B. (Hrsg.): Marketing in der Logistik, Hamburg 2003, S. 151 – 169.

D`Aveni, R. (Hyperwettbewerb, 1995): Hyperwettbewerb - Strategien für die neue Dynamik der Märkte, Frankfurt 1995.

Danzas Lotse (Danzas Lotse 2002): Danzas Lotse 2002, 12. akt. Auflage, Düsseldorf 2002.

Delfmann, W. (Logistik als strategische Ressource, 1995): Logistik als strategische Ressource, in: Zeitschrift für Betriebswirtschaft, Ergänzungsheft 3, 1995, S. 141 – 170.

Deutscher Speditions- und Logistikverband e.V. (RFID in Spedition und Logistik, 2004): RFID in Spedition und Logistik mit Schwerpunkt Sammelgutspedition, Bonn 2004.

Deysson, C. (Mut zur Langsamkeit, 1997): Mut zur Langsamkeit, in: Wirtschaftswoche, Nr. 17, 17.4.1997, S. 108 – 119.

Diehl, G. (Angebotsstrategien logistischer Dienstleister; 1996): Angebotsstrategien logistischer Dienstleister, in: Korf, W.; Hölser, T. (Hrsg.): Jahrbuch der Güterverkehrswirtschaft, Fachverband Spedition und Lagerei der VdV e.V., Frankfurt 1996, S. 76 – 81.

Diez, W.; Hocke, W. (Added Value beim Logistik-Service, 1996): Value Added beim Logistik-Service, in: Hossner, R. (Hrsg.): Jahrbuch der Logistik 1996, Düsseldorf 1996, S. 27 – 30.

DVZ vom 18.10.2003 (TNT auf Expansionskurs, 2003): TNT Express bleibt auf Expansionskurs, in: DVZ vom 18.10.2003, S. 4 – ohne Verfasser.

DVZ vom 6.5.2004 (Zufall Express, 2004): Mit Zufall Express Wachstum ins Rollen bringen, in: DVZ vom 6.5.2004, S. 4 – ohne Verfasser.

DVZ vom 8.3.2005 (SystemPlus mit neuem Service, 2005): SystemPlus mit neuem Service, in: DVZ vom 8.3.2005, S. 1 – ohne Verfasser.

DVZ vom 2.6.2005 (DHL übernimmt Belieferung der BMW Standorte, 2005): DHL übernimmt Belieferung der BMW Standorte, in: DVZ vom 2.6.2005, S. 1 – ohne Verfasser.

DVZ vom 28.7.2005 (Palletways bietet KEP-Services in Nordfrankreich an, 2005): Britische Expansion auf dem Kontinent, in: DVZ vom 28.7.2005), S. 7 – ohne Verfasser.

Engelsleben, T.; Wichert, von G.; Zimmermann, B. (Pricing-Chancen für Speditionen, 2005): Pricing-Chancen für Speditionen - wie durch Pricing die Umsatz- und Gewinnsituation von Speitionsunternehmen verbessert werden kann, Online im Internet unter URL: http://www.competence-site.de/__C1256E31004C3F7B.nsf /0/DBD7767813C0E1C5C1256E380053859F?Open, 13.6.2005, S. 1 – 8.

Femppel, P. (Kunden-Logistik im Zeitsprung; 1996): Kunden-Logistik im Zeitsprung, in: Hossner, R. (Hrsg.): Jahrbuch der Logistik 1996, Düsseldorf 1996, S. 62 – 67.

Filz, B. (Service kontra Kosten?, 1992): Service kontra Kosten?, in: Bonny, C. (Hrsg.): Jahrbuch der Logistik 1992, Düsseldorf 1992, S. 222 – 223.

Fine, C.H. (Clockspeed, 1998): Clockspeed - Winning Industry Control in the Age of Temporary Advantage, New York 1998.

Fischer, J. (Zeitwettbewerb, 2001): Zeitwettbewerb - Grundlagen, strategische Ausrichtung und ökonomische Bewertung zeitbasierter Wettbewerbsstrategien, München 2001.

Flachmann, W. (Zeit(gewinn),1995): Zeit(gewinn) als Schlüssel zum Erfolg, Office Management, 04/1995, S. 45 – 47.

Fleisher, M. (Speed, 2002): Speed, Speed, Speed, Online im Internet unter URL http://www.spiegel.de/wirtschaft/0,1518,druck-223352,00.html, 19.11.2002.

Ford, H. (Das Geheimnis der Produktion, 1923): Das Geheimnis der Produktion, in: Ford, H.: Mein Leben und Werk, 26. unveränd. Auflage, Leipzig 1923, S. 89 – 105.

Frahm, E. (Weg zur Liberalisierung; 1998): 25 Jahre - Straße, Bahn und Binnenschiffahrt auf dem Weg zur Liberalisierung in Deutschland (1972 - 1997), in: Klaus, P. (Hrsg.): Transport- und Logistikdienstleister in Deutschland - Vom Wandel des Aufgabenfeldes und den "neuen Rollen" der Logistikdienstleister in den Zukunftsmärkten Europas, Nürnberg 1998, S. 27 – 88.

Frankfurter Allgemeine Zeitung, (Die Preisberater, 2005): Die Preisberater vom Rhein, in Frankfurter Allgemeine Zeitung vom 28.2.2005, S. 14.

Frantz, J.R. (Zeitwettbewerb, 1998): Zeitwettbewerb: Lieferanten und Kunden wettbewerbsfähiger machen, in: Oetinger von, B. (Hrsg.): Das Boston Consulting Group Strategie Buch, 6. Auflage, Düsseldorf 1998, S. 569 – 573.

Friedman, T. (Lexus and Olive Tree, 2000):The Lexus and the olive Tree, New York 2000.

Froschmayer, A.; Göpfert, I. (Logistik-Bilanz, 2004): Logistik-Bilanz - Erfolgsmessung neuer Strategien, Konzepte und Maßnahmen, Wiesbaden 2004.

Froschmayer, A.; Wecker, G. (Logistikdienstleister, 2004): Logistikdienstleister, in: Prockl, G.; Bauer, A.; Pflaum, A.; Müller-Steinfahrt, U. (Hrsg.): Entwicklungspfade und Meilensteine moderner Logistik, Wiesbaden 2004, S. 431 – 442.

Froschmayer, A. (Innovationskraft, 2005): Sexy Story im Family Business oder die Entfaltung der Innovationskraft eines Logistikdienstleisters, in: Göpfert, I.; Froschmayer, A. (Hrsg.): Logistik-Stories Expertenwissen mit Unterhaltungswert, München 2005, S. 397 – 409.

Fuhrmann, R. (Logistiksysteme bei Güterverkehrsunternehmen, 1993): Logistiksysteme bei Güterverkehrsunternehmen - Gestaltungsansätze aus Sicht der Produktion von Dienstleistungen, Dortmund 1993.

Fuhrmann, R.; Filz, B. (Marktgerechte Logistikdienstleistungen, 1990): Marktgerechte Logistikdienstleistungen, Köln 1990.

Fülgraff, G. (Entschleunigung, 1998): Entschleunigung, in: Backhaus, K.; Bonus, H. (Hrsg.): Die Beschleunigungsfalle, 3. erw. Auflage, Stuttgart 1998, S. 57 - 74.

Geißler, K.H. (Vom Tempo der Welt, 1999): Vom Tempo der Welt - Am Ende der Uhrzeit, 3. Auflage, Freiburg 1999.

Gemünden, H.G. (Zeit - Strategischer Erfolgsfaktor, 1992): Zeit - strategischer Erfolgsfaktor in Innovationsprozessen, in: Arbeitspapier am Institut für Angewandte Betriebswirtschaftslehre und Unternehmensführung der Universität Karlsruhe, Karlsruhe 1992.

Gerhäuser, H.; Pflaum, A. (Architektur logistischer IT-Systeme durch RFID, 2004): RFID verändert die Architektur logistischer Informationssysteme - Vom Indentifikationsmedium zu selbststeuernden Transportobjekten, in: Prockl, G.; Bauer, A.; Pflaum, A.; Müller-Steinfahrt, U. (Hrsg.): Entwicklungspfade und Meilensteine moderner Logistik, Wiesbaden 2004, S. 267 – 294.

Gerpott, T.J. (Lernprozesse im Zeitwettbewerb, 1994): Lernprozesse im Zeitwettbewerb, in: Simon, H.; Schwuchow, K. (Hrsg.): Management-Lernen und Strategie, Stuttgart 1994, S. 57 – 78.

Göpfert, I.; Polzin, D. (Anforderungsprofile an Logistikdienstleister, 1996): Anforderungsprofile an europäische Logistikdienstleister, in: Hossner, R. (Hrsg.): Jahrbuch der Logistik 1996, Düsseldorf 1996, S. 209 – 211.

Green, P.; Krieger, A.M. (Segmenting Markets With Conjoint-Analysis, 1991): Segmenting Markets With Conjoint-Analysis, in: Journal of Marketing, Vol. 55, 10/1991, S. 20 – 31.

Green, P.; Srinivasan, V. (Conjoint Analysis, 1978): Conjoint Analysis in Marketing: New Developments with Implications for Research and Practice, in: Journal of Marketing, Vol. 5, 1978, S. 103 – 123.

Griffiths, J. (Slow Motion, 2002): Slow Motion - Lob der Langsamkeit, Berlin 2002.

Gruhler, W. (Strategischer Erfolgsfaktor, 1991): Die Zeit als zunehmend knapper und strategischer Erfolgsfaktor, in: Oppenländer, K. H. (Hrsg.): Beschäftigungsfolgen moderner Technologien, Berlin 1991, S. 121 – 130.

Günther, T. (Controlling, 1997):Unternehmenswertorientiertes Controlling, München 1997.

Haage, G. (Time Based Performance Measurement, 2003): Time Based Performance Measurement in der Logistik – Analyse und Bewertung logistischer Strukturen und Prozesse auf Basis des Wettbewerbsfaktors Zeit, Marburg 2003.

Hahn, C. (Conjoint- und Discrete Choice Analyse, 1997): Conjoint- und Discrete Choice Analyse als Verfahren zur Abbildung von Präferenzstrukturen und Produktauswahlentscheidungen, Münster 1997.

Handfield, R. (Time Based Competition, 1995): Re-Engineering for Time Based Competition, Westport 1995.

Hartmann, H.; Lohre,D. (Prozesskostenrechung; 2004): Prozesskostenrechung bei Logistikdienstleistern - Grundlagen und Anwendungsbeispiele, in: Schneider, C. (Hrsg.): Controlling für Logistikdienstleister, Hamburg 2004, S. 185 – 209.

Hässig, K. (Zeit als Wettbewerbsstrategie; 1994): Zeit als Wettbewerbsstrategie, in: Die Unternehmung, 48. Jg., 1994, S. 249 – 263.

Hauser, T. (Innovationen, 1991): Intuition und Innovationen - Bedeutung für das Innovationsmanagement, Wiesbaden 1991.

Hax, H.; Kern, W.; Schröder,H.-H. (Hrsg.)(Betriebswirtschaftliche Theorie, 1989): Zeitaspekte in der betriebswirtschaftlicher Theorie und Praxis, Stuttgart 1989.

Hector, B. (Entstehungsgeschichte, 1987): Aus der Entstehungsgeschichte der Kurier-, Paket- und Expressdienste, in: Spiegelverlagsreihe: Märkt im Wandel: Transportmärkte - Kurier-Express und Paketdienste, Hamburg 1987, S. 8 – 21.

Heinrich, C. (RFID als Zukunftstechnik in Handel und Industrie, 2005): Entmystifizieren ist angesagt - RFID gilt als Zukunftstechnik in Handel und Industrie, in: MM Logistik, 4/2005, S. 24 – 25.

Helmke, B. (24plus trotzt Konjunkturflaute, 2003): 24plus trotzt der Konjunkturflaute, in: DVZ vom 4.1.2003, S. 4.

Herold, L.; Abmeier, H.L. (Wettbewerb um die Zeit, 1998): Die Rolle von Beschaffung und Logistik im Wettbewerb um die Zeit, in: Koppelmann, U.; Oertel, H.: Time-to-Market, Stuttgart 1998, S. 85 – 109.

Hirsch, U. (Expressdienste, 2001): Expressdienste und technologische Paradigma, Frankfurt 2001.

Hirzel, M. (Geschwindigkeit, 1992): Mit Geschwindigkeit im dynamischen Markt reüssieren, in: Hirzel, Leder & Partner (Hrsg.): Speed-Management – Geschwindigkeit zum Wettbewerbsvorteil machen, Wiesbaden 1992, S. 19 – 26.

Hirzel, M.; Leder T.; & Partner (Hrsg.) (Speed Management, 1992): Speed-Management - Geschwindigkeit zum Wettbewerbsvorteil machen, Wiesbaden 1992.

Hoffmann, Ch.P. (Logistik und Electronic Business; 2001): Logistik und Electronic Business, Wiesbaden 2001.

Holzwarth, F. (Zeit verkürzen, 1993): Zeit verkürzen heißt Leistung steigern, in: Siemens Zeitschrift, 67. Jg., Heft 2, 1993, S. 8 – 13.

Hungenberg, H. (Strategisches Management; 2000): Strategisches Management in Unternehmen - Ziele - Prozesse – Verfahren, 3. überarb. und erw. Auflage, Wiesbaden 2000.

Hüpen, R. (Zeit für die Wirtschaftstheorie, 1995): Über die Bedeutung der Modellierung von Zeit für die Wirtschaftstheorie, in: Biervert, B.; Held, M. (Hrsg.): Zeit in der Ökonomik, Frankfurt 1995, S. 48 – 68.

Hurt, S.D. (Complexity Challenge, 2004): The Complexity Challenge – Vortrag, Council of Logistics Management, Philadelphia am 5.10.2004.

Ihde, G.B. (Transport, Verkehr, Logistik, 2001): Transport, Verkehr, Logistik, 3. völlig überarb. und erw. Auflage, München 2001.

Istvan, R. (Zeit: Die Vierte Dimension, 1998): Zeit: die vierte Dimension des Wettbewerbs, in: Oetinger von, B. (Hrsg.): Das Boston Consulting Group Strategie Buch, 6. Auflage, Düsseldorf 1998, S. 559 – 564.

Jünemann, R. (Disziplin für die 90er, 1990): Die Disziplin für die 90er, in: Bonny, C. (Hrsg.): Jahrbuch der Logistik 1990, Düsseldorf 1990, S. 38 – 41.

Kaluza, B.; Klenter, G. (Strategischer Erfolgsfaktor, 1992): Zeit als strategischer Erfolgsfaktor von Industrieunternehmen, Duisburg 1992.

Kaluza, B.; Blecker, T. (Flexibilität, 2005): Flexibilität - State of the Art und die Entwicklungstrends; in: Kaluza, B.; Blecker, T. (Hrsg.): Erfolgsfaktor Flexibilität – Strategien und Konzepte für wandlungsfähige Unternehmen, Berlin 2005, S. 1 – 28.

Kammel, A. (Markteintritt, 2000): Competing on Capabilities - Kernkompetenzen als Chance und Barriere des Markteintritts, in: Oelsnitz von, D. (Hrsg.): Markteintrittsmanagement, Stuttgart 2000, S. 161 – 178.

Keller, B. (Zeit als ökonomisches Gut, 1984): Zeit als ökonomisches Gut, Tübingen 1984.

Kern, W. (Zeit als Dimension, 1992): Die Zeit als Dimension betriebswirtschaftlichen Denken und Handelns, in: Die Betriebswirtschaft, 52. Jg., 1992 S. 41 – 58.

Kiechel, W. (Corporate Strategy, 1988): Corporate Strategy for 1990ies, in: Fortune vom 29.2.1988, S. 21 – 25.

Kierdorf, G. (Nachtexpress bleibt Wachstumsmarkt, 2004): Nachtexpress bleibt Wachstumsmarkt, in: DVZ vom 18.10.2004, S. 6.

Kirschbaum, V. (Unternehmenserfolg, 1995): Unternehmenserfolg durch Zeitwettbewerb, München 1995.

Klaus, P. (Marketing für Transport-Dienstleistungen, 1998): Marketing für Transport-Dienstleistungen, in: Meyer, A. (Hrsg.): Handbuch Dienstleistungsmarketing, Bd. 2, Stuttgart 1998, S. 1469 – 1486.

Klaus, P. (Hrsg.) (Transport- und Logistik-Dienstleister, 1998): Transport- und Logistik-Dienstleister in Deutschland - Vom Wandel des Aufgabenfeldes und den „neuen Rollen" der Logistik-Dienstleister in den Zukunftsmärkten Europas, Nürnberg 1998.

Klaus, P. (Dritte Bedeutung - Evolution logistischen Denkens, 2002): Die dritte Bedeutung der Logistik - Beiträge zur Evolution logistischen Denkens, Hamburg 2002.

Klaus, P. (Dritte Bedeutung, 2002): Die dritte Bedeutung der Logistik, in: Klaus, P.: Die dritte Bedeutung der Logistik - Beiträge zur Evolution logistischen Denkens, Hamburg 2002, S. 3 – 38.

Klaus, P. (Einführung in die Betriebswirtschaftslehre, 2003): Einführung in die Betriebswirtschaftslehre, in: Skript zur Vorlesung, Modul 1, Nürnberg 2003.

Klaus, P. (TOP 100, 2003): TOP 100 der Logistik Berichtszeitraum 2001/2002 - Marktgrößen, Marktsegmente und Marktführer in Logistik-Dienstleistungswirtschaft Deutschland und Europa, 3. Auflage, Hamburg 2003.

Klaus, P. (Marktforschung für die Logistik, 2004): Marktforschung für die Logistik: Journal einer Entdeckungsreise, in: Logistik-Management, 6. Jg., Ausgabe 3, Nürnberg 2004, S. 19 – 33.

Klaus, P.; Kille, C.; Müller-Steinfahrt, U. (Logistik in Deutschland, 2004): Logistik in Deutschland, in: Klaus, P.; Krieger W. (Hrsg.): Gabler Logistik Lexikon, 3., vollständig überarb. und akt. Auflage, Wiesbaden 2004, S. 312 – 318.

Klaus, P.; Kille, C. (Kontraktlogistik, 2004): Kontraktlogistik, in: Klaus, P.; Krieger W. (Hrsg.): Gabler Logistik Lexikon, 3., vollst. überarb. und akt. Auflage, Wiesbaden 2004, S. 252 – 255.

Klaus, P.; Krieger, W. (Hrsg.) (Lexikon Logistik): Gabler Lexikon Logistik, 3. vollst. überarb. Auflage, Wiesbaden 2004.

Klaus, P. (Nabe-Speiche Konzept, 2005): Drei-Minus für ein Seminarpapier - Milliarden für das "Nabe-Speiche-Konzept“, in: Göpfert, I.; Froschmayer, A. (Hrsg.): Logistik-Stories Expertenwissen mit Unterhaltungswert, München 2005, S. 229 – 244.

Klaus, P. (Optimale Komplexität, 2005): Die Frage der optimalen Komplexität in Supply-Chains und Supply-Netzwerken, in: Eßig, M.(Hrsg.): Perspektiven des Supply Management - Konzepte und Anwendungen, Berlin 2005, S. 363 – 374.

Klenter, G. (Strategischer Erfolgsfaktor, 1995): Zeit - strategischer Erfolgsfaktor von Industrieunternehmen, Hamburg 1995.

Klimecki, R.G.; Probst, G.J.; Gmür, M. (Flexibilitätsmanagement, 1993): Flexibilisierungsmanagement, in: Schweizerische Volksbank (Hrsg.): Die Orientierung - Schriftenreihe der Schweizerischen Volksbank, Nr. 102, Bern 1993, S. 48 ff.

Knop, U. (Komplettes Paket für Kunden, 1992): Komplettes Paket für Kunden, in: Bonny, C. (Hrsg.): Jahrbuch der Logistik 1992, Düsseldorf 1992, S. 67 – 69.

Köcher, W. (MaiK-Conjoint-Analyse, 1997): Die MaiK-Conjoint-Analyse, Marketing ZFP, Heft 3, 3. Quartal, 1997, S. 141 – 152.

Kohagen, J. (RFID - Chancen im Stückgutgeschäft, 2005): Das Zögern der Spediteure - RFID hat langfristig auch im Stückgutgeschäft Chancen, in: DVZ vom 22.2.2005, S. 5.

Kolks, U. (Strategieimplementierung, 1990): Strategieimplementierung - Ein anwenderorientiertes Konzept, Wiesbaden 1990.

Kortschak, B. (Logistik, 1983): Logistik Materialmanagement oder Strategieelement?, in: HARVARDmanager, 3/1983, S. 56 – 63.

Kortschak, B. (Vorsprung, 1992): Vorsprung durch Logistik – Der Produktions- und Wettbewerbsfaktor Zeit, Wien 1992.

Kruse, P.E. (Die Branchen fest Blick, 2005): Die Branchen fest im Blick, in: DVZ Sonderbeilage zur transport logistic 2005 in München vom 31.05.2005, S. 40.

Kucher, E.; Simon, H. (Preisabsatzfunktionen, 1988): Die Bestimmung empirischer Preisabsatzfunktionen, in: Zeitschrift für Betriebswirtschaft, 58. Jg. Heft 1, 1988, S. 171 – 183.

Kümmerlen, R. (On-Demand-Business, 2005): Der sechste Sinn - On Demand-Business bei IBM, in: Log.Punkt, Heft Nr. 1, 1/2005, S. 14 – 18.

Kummer, S.; Einbock, M.; Weissmann; B: (Präferenzstrukturen, 2003): Präferenzstrukturen potentieller Nachfrager von Zustelleistungen - eine Conjoint-Measurement-Analyse, Logistik Management, 5. Jg., Ausgabe 1, 2003, S. 54 – 61.

Kundenmagazin CargoLine (Quo Vadis CargoLine, 2004): Quo Vadis CargoLine, in: CargoTime - Das Magazin der CargoLine, 1/2004, S. 13.

Lange, U. (Garantie 24 bei CargoConcept, 2004): Garantie 24 mit garantierter Zustellung bei CargoConcept, in: DVZ Brief Nr. 36 vom 3.9.2004, ohne Seitenangaben.

Lasch, R. (Gestaltung von Logistikprozessen, 1998): Marktorientierte Gestaltung von Logistikprozessen, Wiesbaden 1998.

Lauk, K. (Unternehmen im Jahr 2000, 1992): Anforderungen an das Unternehmen im Jahr 2000, in: Matheis, R. (Hrsg.): Erfolgsmanagement 2000 - Konzepte für Menschen, Märkte, Unternehmen, Frankfurt 1992, S. 75 – 109.

Leder, T. (Speed Management, 1992): Das Programm Speed-Management, in: Hirzel, Leder & Partner (Hrsg.): Speed-Management, Wiesbaden 1992, S. 179 – 207.

Lenz, A. (Kennzahlengestütztes Controlling, 2004): Kennzahlengestütztes Controlling von Systemverkehren, in: Schneider, C. (Hrsg.): Controlling für Logistikdienstleister, Hamburg 2004, S. 163 – 173.

Levine, R. (Landkarte, 1998): Eine Landkarte der Zeit, München 1998.

Lingg, H. (Wettbewerbsfaktor Zeit, 1992): Von der Bedeutung des Wettbewerbsfaktors Zeit, in: io management Zeitschrift, 61. Jg. Zürich 7/8-1992, S. 73 – 77.

Linzbauer, J. (Zeit, 2000): Die Zeit: Lösung des Problems aus morphologisch - energetischer Sicht, 4. akt. und erweit. Auflage, Frankfurt 2000.

Little, A. (Hrsg.) (Spitzenqualität, 1992): Management von Spitenqualität, Wiesbaden 1992.

LOGISTIKinside (Steigende Transportpreise, 2005): Steigende Transportpreise in LOGISTIKinside, Nr. 1, 1/2005, S. 36 ff.

LOGISTIKinside- Studie (Image-Ranking, 2004): Image-Ranking 2004, München 2004.

Luber, T.; Sutter, G. (Kundenservice der Expressdienste, 2003): Per Express in die Servicewüste? - Kundenservice der Expressdienste sind vielfach verbesserungsfähig, in: DVZ vom 19.6.2003, S. 3.

Magee, J. (Distribution, 1960): The Logistics of Distribution, in: Harvard Business Review, 7/8-1960, S. 89 – 101.

Magee, J. (Industrial Logistics, 1968): Industrial Logistics, New York 1968.

Mainzer, K. (Von der Urzeit zur Computerzeit, 2002): Zeit - Von der Urzeit zur Computerzeit, 4. Auflage, München 2002.

Meinig, W.; Troge, M. (Markteinführung von Produkten, 2003): Die Markteinführung von Produkten der Kfz-Zulieferindustrie, in: Zeitschrift für die gesamte Wertschöpfungskette der Automobilwirtschaft, Bamberg 3/2003, S. 10 – 16.

Melzer, K.M. (Kosten optimieren. 1992): Kosten optimieren, in: Bonny, C. (Hrsg.): Jahrbuch der Logistik 1992, Düsseldorf 1992, S. 224 – 225.

Mengen, A. (Gestaltung von Dienstleistungsprodukten - Conjoint-Analyse im Lauftfrachtmarkt, 1993): Konzeptgestaltung von Dienstleistungsprodukten - Eine Conjoint-Analyse im Luftfrachtmarkt unter Berücksichtigung der Qualitätsunsicherheit beim Dienstleistungskauf, Stuttgart 1993.

Mercer Managment Consulting Studie (Erfolgreiche Geschäftsmodelle der Logistik, 2005): Erfolgreiche Geschäftsmodelle der Logistik, München 2005.

Meyer, A. (Dienstleistungsmarketing, 2001): Dienstleistungsmarketing, in: Diller, H. (Hrsg.): Vahlens Großes Marketinglexikon, 2. völlig überarb. und erw. Auflage, München 2001, S. 293 – 297.

Meyer; C. (Schnelle Zyklen, 1994): Schnelle Zyklen, Frankfurt 1994.

Meyer, J. (Zeit als Erfolgsfaktor, 1994): Zeit als Erfolgsfaktor? Empirische Forschungsergebnisse zu Lean Management, in: Riekhof, H.-C. (Hrsg.): Praxis der Strategieentwicklung, 2. überarb. und erw. Auflage, Stuttgart 1994, S. 73 – 88.

Meyer, A.; Streich, C. (Preispolitik für Dienstleistungen, 1998): Preispolitik für Dienstleistungen, in: Meyer, A. (Hrsg.): Handbuch Dienstleistungsmarketing, Bd. 1, Stuttgart 1998, S. 847 – 865.

Miebach Logistik Studie (Markenmanagment, 2005): Studie Markenmanagment - Markenmanagement und Marketing für Logistikdienstleister, Frankfurt 2005.

Miller, F.J. (Nofall-Logistik, 2005): Notfall - Logistik – wenn´s schnell und individuell sein soll, in: DVZ Sonderbeilage KEP vom 26.4.2005, S. 5.

Milzarek, N.A. (Expressdienste als Logistikpartner, 1997): Expressdienste als Logistikpartner, in: Hossner, R. (Hrsg.): Jahrbuch der Logistik 1997, Düsseldorf 1997, S. 147 – 150.

Morgenstern, O. (Theory of Logistics, 1956): Note of the Formulation of the Theory of Logistics, in: Naval Research Logistics Quarterly, Vol. 2, 1956, S. 129 – 136.

Mosler, G.F. (Expreß Mikado, 1987): Weltweites Expreß Mikado, in: Spiegelverlagsreihe: Märkte im Wandel: Transportmärkte - Kurier-Express und Paketdienste, Hamburg 1987, S. 42 – 69.

Müller, S. (Kundenservice und seine Zentralisierung, 2005): Kundenservie und seine Zentralisierung - eine Untersuchung der Erfolgspotenziale für die Anbieter industrialisierter Logistik-Dienstleistungen, Hamburg, Veröffentlichung Ende 2005.

Nadolny, S. (Entdeckung, 1999): Die Entdeckung der Langsamkeit, 32. Auflage, München 1999.

Newton, I. (Mathematische Prinzipien, 1963): Mathematische Prinzipien der Naturlehre, Darmstadt 1963.

Nolte, H.G. (DPD als Informationsdienstleister, 1998): DPD als Informationsdienstleister, in: Klaus, P. (Hrsg.): Transport- und Logistikdienstleister in Deutschland - Vom Wandel des Aufgabenfeldes und den „neuen Rollen" der Logistikdienstleister in den Zukunftsmärkten Europas, Nürnberg 1998, S. 145 - 148.

Northey, P; Southway, N. (Time-Based Productivity, 1993): Cycle Time Management. The Fast Track to Time-Based Productivity Improvement, Portland 1993.

Oetinger, von, B. (Hrsg.): Das Boston Consulting Group Strategie Buch, 6. Auflage, Düsseldorf 1998.

Oetinger, von, B. (Vierte Dimension des Wettbewerbs, 1998): Von der dritten zur vierten Dimension des Wettbewerbs: Zeit, in: Oetinger, von, B. (Hrsg.): Das Boston Consulting Group Strategie Buch, 6. Auflage, Düsseldorf 1998, S. 529 – 534.

Ohno, T. (Toyota Production, 1988): Toyota Production System. Beyond large-Scale Production, Cambridge/ Mass. 1988.

Otremba, M. (Straßengüterverkehr, 2003): Internationale Wettbewerbsfähigkeit im Straßengüterverkehr, Hamburg 2003.

Ott, A. (Dynamische Wirtschaftstheorie, 1970): Einführung in die dynamische Wirtschaftstheorie, 2. Auflage, Göttingen 1970.

Payk, T. (Zeit, 1989): Zeit - Lebensbedingung, Anschauungsweise oder Täuschung, in: Wendorff, R. (Hrsg.): Im Netz der Zeit, Stuttgart 1989, S. 69 – 77.

Pfeiffer, R. (Teures Tempo, 2004): Teures Tempo, in: DVZ vom 27.4.2004, S. 9.

Pfeiffer, W.; Weiss, E. (Technologie-Management, 1990): Zeitorientiertes Technologie-Management, in: Pfeiffer, W./ Weiss, E. (Hrsg.): Technologie-Managment, Göttingen 1990, S. 1 – 39.

Pfeiffer, W.; Weiss, E. (Lean Management ,1994): Lean Management - Grundlagen der Führung und Organisation lernender Unternehmen, 2. überarb. und erw. Auflage, Berlin 1994.

Pfohl, H.; (Modernes Marketing von Transport- und Speditionsunternehmen, 1980): Die Logistikkonzeption als Grundlage für ein modernes Marketing von Transport- und Speditionsunternehmen, in: DBW - Die Betriebswirtschaft, 40. Jg., Nr. 3, 1980, S. 423 – 434.

Pfohl, H. (Logistiksysteme, 2000): Logistiksysteme. Betriebswirtschaftliche Grundlagen, 6. Auflage, Berlin 2000.

Pfohl, H.; Kleer, M. (Kooperation, 1986): Kooperation zwischen Transport- und Speditionsunternehmen und der verladenden Wirtschaft, in: Arbeitspapier zur Logistik, Nr. 2, Darmstadt 1986.

Porter, M.E. (Wettbewerbsstrategie, 1990): Wettbewerbsstrategie, 6. Auflage, Frankfurt 1990.

Porter, M.E. (Wettbewerbsvorteile, 2000): Wettbewerbsvorteile, 6. Auflage, Frankfurt 2000.

Prahalad, C. Hamel, G. (Core Competencies, 1990): The Core Competencies of Corporation, in: Harvard Business Review 3, Nr. 68, 1990, S. 79 – 91.

Qualls, A.; Olshavsky, R.; Michaels, R. (Shortening of PLC, 1981): Shortening of the PLC - an Empirical Test, in: Journal of Marketing, 3/1981, S. 76 – 80.

Rinderspacher, J.P. (Mit der Zeit arbeiten, 1989): Mit der Zeit arbeiten, in: Wendorff, R. (Hrsg.): Im Netz der Zeit, Stuttgart 1989, S. 91 – 104.

Rudzio, K. (Murks in Germany, 2003): Murks in Germany, in: DIE ZEIT vom 27.11.2003, S. 49 f.

Sander, N. (Zufall umgarnt die Eiligen, 2005): Zufall umgarnt die Eiligen, in: DVZ vom 22.2.2005, S. 4.

Saunders, C.; Van Slyke, C.; Vogel, D. (Time Visions, 2004): My Time or yours? Managing time visions in global virtual teams, in: Academy of Management Executive, Vol. 18, No. 1, 2004, S. 19 – 31.

Schleusener, M. (Preisbereitschaften am Beispiel der Deutschen Bahn, 2001): Ermittlung von Preisbereitschaften im Verkehrsdienstleistungsbereich, in: Meffert, H; Backhaus, K.; Becker, J. (Hrsg.): Diskussionsbeitrag der Forschungsstelle Bahnmarketing, Arbeitspapier Nr. 149, Münster 2001.

Schmeling, U. (Boxenstart im Sammelgutverkehr, 2005): Boxenstart im Sammelgutverkehr, in: Internationale Transport Zeitschrift, 7/8-2005, S. 46 – 47.

Schmidt, C. (Stückgutmarkt wächst, 2004): Der Stückgutmarkt wächst überproportional, in: DVZ vom 26.8.2004, S. 3.

Schmidt, K. (Zukunft der „alten" Logistik-Dienstleistungsangebote, 1998): Zur Zukunft der „alten" Logistik-Dienstleistungsangebote und die Notwendigkeit des Wandels, in: Klaus, P. (Hrsg.): Transport- und Logistikdienstleister in Deutschland - Vom Wandel des Aufgabenfeldes und den „neuen Rollen" der Logistikdienstleister in den Zukunftsmärkten Europas, Nürnberg 1998, S. 149 – 153.

Schnaars, S.P. (Entering Growth Markets, 1986): When entering Growth Markets, Are Pioniers better than Poachers, in: Business Horizons, 29. Jg., 3/4-1986, S. 27 - 36.

Schneider, C. (Hrsg.): Controlling für Logistikdienstleister, Hamburg 2004.

Schöber, P. (Global Customer Definite Solutions, 2004): Global Customer Definite Solutions durch Vertikale Integration im Airfreight Business, in: Vortrag Logistik Praxisseminar, Berlin 1/2004.

Schubert, B. (Konzepte für Produktinnovationen mit Conjointanalyse, 1991): Entwicklung von Konzepten für Produktinnovationen mittels Conjoint Analyse, Stuttgart 1991.

Schuderer, P. (Prozessorientierte Analyse logistischer Systeme, 1996): Prozessorientierte Analyse und Rekonstruktion logistischer Systeme, Wiesbaden 1996.

Schulte, R. (Strategische Planung, 1996): Zeit und strategische Planung, Wiesbaden 1996.

Schumacher, W. (Reaktion der Speditionen, 1987): Reaktion der Speditionen auf veränderte Marktstrukturen im Expreß- und Paketbereich, in: Spiegelverlagsreihe: Märkte im Wandel: Transportmärkte - Kurier-Express und Paketdienste, Hamburg 1987, S. 82 – 91.

Schumpeter, J. (Economic Development, 1951): The Theory of Economic Development, 4. Auflage, Camebridge 1951.

Seltz, R. (Menschenökonomie, 2002): Menschenökonomie, in: Katalog zur Ausstellung: Alle Zeit der Welt - von Uhren und anderen Zeitzeugen, 2. Auflage, Mannheim 2002, S. 51 – 61.

Simon, H. (Wettbewerbsvorteile, 1988): Wettbewerbsvorteile und Wettbewerbsfähigkeit, Stuttgart 1988.

Simon, H. (Zeit, 1989): Die Zeit als strategischer Erfolgsfaktor, in: Hax, H.; Kern, W.; Schröder, H.-H. (Hrsg.): Zeitaspekte in betriebswirtschaftlicher Theorie und Praxis, Stuttgart 1989, S. 117 – 130.

Simon, H. (Strategischer Erfolgsfaktor, 1989): Die Zeit als strategischer Erfolgsfaktor, in: Zeitschrift für Betriebswirtschaft, 59. Jg., Heft 1, 1989, S. 70 – 93.

Smith, F.W. (Time flies at Federal Express, 1991): The Distribution Revolution: Time flies at Federal Express, in: Blackburn, J., D. (Hrsg.): Time Based Competition – The Next Battleground in American Manufacturing, Homewood/ Illinois 1991, S. 226 – 245.

Sommerlatte, T.; Ring, T. (Qualität, 1992): Qualität - Deutsche Unternehmen im Aufholrennen, in: Little, A. (Hrsg.): Management von Spitzenqualität, Wiesbaden 1992, S. 3 – 36.

Specht, G. (Betriebswirtschaftslehre, 1990): Einführung in die Betriebswirtschaftslehre, Suttgart 1990.

Spiegelverlagsreihe (Hrsg.) (Märkte im Wandel, 1987): Märkte im Wandel: Transportmärkte - Kurier-Express und Paketdienste, Band 13, Hamburg 1987.

Stabenau, H. (Entwicklung logistischer Dienstleistungsprodukte, 1981): Grundlagen der Entwicklung logistischer Dienstleistungsangebote, in: Rationalisierungskuratorium der Deutschen Wirtschaft (Hrsg.): RKW Handbuch Logistik, Kennziffer 8512, Berlin 1981, S. 1 – 20.

Stalk, G. (Time - The Next Source, 1988): Time - The Next Source of Competitive Advantage, Harvard Business Review, 66. Jg.,1988, S. 41 – 51.

Stalk, G.; Hout, T.(Zeitwettbewerb, 1992): Zeitwettbewerb - Schnelligkeit entscheidet auf den Märkten der Zukunft, 3. durchges. Auflage, Frankfurt 1992.

Stalk, G. (Reaktionsgeschwindigkeit, 1998): Zeitwettbewerb: Reaktionsgeschwindigkeit: 4 Regeln, in: Oetinger, von, B. (Hrsg.): Das Boston Consulting Group Strategie Buch, 6. Auflage, Düsseldorf 1998, S. 574 – 576.

Stalk, G. (Waffe im Wettbewerb, 1998): Zeit - Die entscheidende Waffe im Wettbewerb, in: Oetinger, von, B. (Hrsg.): Das Boston Consulting Group Strategie Buch, 6. Auflage, Düsseldorf 1998, S. 535 – 558.

Stalk, G.; Hout, T. (Zeitwettbewerb: besser und schneller, 1998): Zeitwettbewerb: Besser und schneller mit weniger Personal, in: Oetinger, von, B. (Hrsg.): Das Boston Consulting Group Strategie Buch, 6. Auflage, Düsseldorf 1998, S. 565 – 568.

Stein, A.; Krieger, W.; Pflaum, A.; Dräger, H. (Sendungsverfolgung, 1998): Sendungsverfolgung zwischen Marketinginstrument und Produktionsunterstützungstool, Nürnberg 1998.

Sussebach, H.; Willeke, S. (Lohndrücken, 2005): Operation Lohndrücken - Warum die ganze Welt gebraucht wird, um einen deutschen Rasierer zu bauen, in: DIE ZEIT vom 10.3.2005, S. 15 – 20.

Suzaki, K. (Produktionsbetrieb, 1989): Modernes Management im Produktionsbetrieb, Wien 1989.

Symanski, D. (EU-Osterweiterung - Veränderung in der Transportbranche, 2004): Nur ein kleiner Schritt bis zur Globalisierung - Veränderungen durch die EU-Osterweiterung, in: DVZ vom 25.9.2004, S. 10 – 11.

Szafera, S. (Marktsegmentierung, 2003): Marktsegmentierung und Positionierung - Attraktive Zielgruppen sinnvoll abgrenzen und auswählen, in: Päbst, L.; Wipki, B. (Hrsg.): Marketing in der Logistik, Hamburg 2003, S. 69 – 82.

Tacke, G.; Pohl, A. (Preisgestaltung mit Conjoint Measurement, 1998): Optimale Leistungs- und Preisgestaltung mit Conjoint Measurement, in: Meyer, A. (Hrsg.): Handbuch Dienstleistungsmarketing, Bd. 1, Stuttgart 1998, S. 881 – 895.

Töpfer, A.; Duchmann, C. (Markteintrittsprobleme bei Dientleistungen, 2000): Markteintrittsprobleme bei Dienstleistungen, in: Oelsnitz von, D. (Hrsg.): Markteintrittsmanagement, Stuttgart 2000, S. 202 – 222.

Tripp, C. (Stückgutkooperationen, 2003): Mittelstandskooperationen auf dem Prüfstand - Chancen und Risiken mittelständischer System-Stückgutkooperationen in Deutschland, Fraunhofer-Studie im Auftrag der Bayrischen Hypovereinsbank (Hrsg.), München/ Nürnberg, 2003.

Tucker, R.B. (Managing the Future, 1991): Managing the Future: Ten Driving Forces for Change of the 90ies, New York 1991.

Vastag, A.; Heinrichmeyer, H. (Servicequalität, 2002): Planung komplexer Transportnetze im Spannungsfeld zwischen Kosten und Servicequalität, Logistik Management, 4. Jg., Ausgabe 1, 2002, S. 51 – 57.

Vogler, J. (Wandel der Sammelgutspedition, 2004): Der Wandel der Sammelgutspediteure zu industrialisierten Stückgutnetzen, in: Prockl, G.; Bauer, A.; Pflaum, A.; Müller-Steinfahrt, U. (Hrsg.): Entwicklungspfade und Meilensteine moderner Logistik, Wiesbaden 2004, S. 163 – 182.

Voigt, K.-I. (Strategien im Zeitwettbewerb, 1998): Strategien im Zeitwettbewerb – Optionen für Technologiemanagement und Marketing, Wiesbaden 1998.

Weber, J. (Logistik ist gefordert, 2001): Neuausrichtung - Logistik ist gefordert, Logistik Heute 10/2001, S. 34 – 36.

Weber, J. (Logistik-Controlling, 1999): Stand und Entwicklungsperspektiven des Logistik-Controlling, Arbeitspapier Nr. 61, Koblenz 1999.

Wegner, U. (Logistik-Management, 1996): Einführung in das Logistik-Management, Wiesbaden 1996.

Weiber, T.; Rosendahl, T. (Anwendungsprobleme, 1997): Anwendungsprobleme der Conjoint-Analyse, in: Marketing ZFP, Heft 2, 2. Quartal 1997, S. 107 – 118.

Welge, M.; Al-Laham, A. (Strategisches Management, 2001): Strategisches Managment - Grundlagen, Prozess, Implementierung, 3. akt. Auflage, Wiesbaden 2001.

Wiederin, E. (Zeitwettbewerber, 1992): Wie wird man Zeitwettbewerber?, in: Abt, J.; Tschirky, H.; Kohler, O. (Hrsg.): Zeit - eine neue strategische Größe der Unternehmensführung, Zürich 1992, S. 63 – 82.

Wiendahl, H. (Erfolgsfaktor Logistikqualität, 2002): Erfolgsfaktor Logistikqualität, 2. Auflage, Berlin 2002.

Wildemann, H. (Zeit als Wettbewerbsfaktor, 1991): Zeit als Wettbewerbsfaktor durch Motivation und Qualifikation, in: Milberg, J. (Hrsg.): Wettbewerbsfaktor Zeit in Produktionsunternehmen, Berlin 1991, S. 339 – 361.

Wildemann, H. (Zeitmanagement, 1992): Zeitmanagement – Strategien zur Steigerung der Wettbewerbsfähigkeit , Frankfurt 1992.

Wildemann, H. (Zeit als Waffe im Wettbewerb, 1998): Zeit als Waffe im Wettbewerb, in: Weis, K. (Hrsg.): Was treibt die Zeit?, München 1998, S. 225 – 261.

Wilding, R.; Newton, M. (Enabling time-based Strategy through Logistics, 1996): Enabling time-based Strategy through logistics - using Time to competitive Advantage; Logistics Information Management; Vol. 9; No. 1; 1996; S. 32 – 38.

Will, T. (Wettbewerbsstrategien, 1993): Wettbewerbsstrategien, in: Corsten, H. (Hrsg.): Lexikon der Betriebswirtschaft, 2. Auflage, München 1993, S. 930 – 936.

Wirtz, J. (Dienstleistungsgarantien als wirksames Mittel, 1998): Dienstleistungsgarantien als wirksames Mittel, um bessere Servicequalität zu erreichen, zu erhalten und zu vermarkten, in: Meyer, A. (Hrsg.): Handbuch Dienstleistungsmarketing, Bd. 1, Stuttgart 1998, S. 827 – 845.

Wlcék, H. (Güterverkehrsnetzen, 1998): Gestaltung der Güterverkehrsnetzen von Sammelgutspeditionen, Nürnberg 1998.

Zimmer, G. (Barcode trotzt RFID, DVZ vom 31.05.2005): Barcode trotzt RFID, in: DVZ Sonderbeilage zur transport logistic 2005 in München vom 31.05.2005, S. 27.

Zwicky, F. (Morphologische Forschung, 1989): Morphologische Forschung - Wesen und Wandel materieller und geistiger struktureller Zusammenhänge, 2. Auflage, Glaruns 1989.

ANHANG

Inhaltsverzeichnis des Anhangs

Anhang 1: Die TOP 10 im Teilmarkt nationaler Stückgutverkehr

Rangplatz	Unternehmen	Allgemeiner nationaler Stückgutverkehr (in Mio. €)	Datenqualität
1	Dachser	525	***
2	IDS (Kooperation)	500	**
3	System Alliance (Kooperation)	400	**
4	Schenker	321	***
5	CTL (Kooperation)	300	***
6	Danzas	290	***
7	ABX LOGISTICS	250	*
8	CargoLine (Kooperation)	250	***
9	24plus Systemverkehre (Kooperation)	202	***
	Hellmann (in System Alliance)	*190*	**
10	Cargo Concept (Kooperation)	170	***
	Summe Top 10	**3.208**	
11	Emons Spedition	115	*
12	Spedition 2000 (Kooperation)	100	*
	Birkart Globistics (in System Alliance)	*95*	***
	Cordes & Simon (in System Alliance)	*94*	**
	WM - Holding (in IDS)	*82*	**
	Steinle Int. Spedition (in IDS)	*80*	***
	Südkraft (in 24plus)	*73*	***
	Nagel/Mönkemöller (in IDS)	*70*	*
	Interspe Hamann (in System Alliance)	*70*	***
13	P&O Trans European	65	***
14	Online Systemlogistik (Kooperation)	63	**
	Gefco (in Cargo Concept)	*60*	**
	Lebert (in CargoLine)	*60*	**
	Geis (in IDS und 24plus)	*58*	***
	Zufall (in System Alliance)	*55*	**
	Häring Service Company (in IDS)	*53*	***
	Summe	**3.551**	

Quelle: Klaus (TOP 100, 2003), S. 105

Anhang 2: Anschreiben zur Marktabfrage zeitdefinierter Stückgutleistungen

IIS

Fraunhofer Institut Integrierte Schaltungen

Nationaler Stückgutdienstleister

Arbeitsgruppe für Technologien der Logistik-Dienstleistungswirtschaft ATL

Prof. Peter Klaus D.B.A./Boston University
Stellv.: Dr. Stefan Distel M.B.A.

Nordostpark 93
90411 Nürnberg
Telefon +49 (0) 911 / 58 06-5 00
Telefax +49 (0) 911 / 58 06-5 99
www.atl.fraunhofer.de

Sebastian Herr
Durchwahl +49 (0) 911/58 06-5 34
Telefax +49 (0) 911/58 06-5 99
sebastian.herr@atl.fraunhofer.de

Nürnberg, 27.01.2005

Die TOP 100 der Logistik – Marktrecherche „Zeitdefinierte Stückgut-Dienstleistungen als Wachstumssegment der Zukunft?"

Sehr geehrte Damen und Herren,

die Bedeutung des Faktors Zeit und damit der Schnelligkeit und terminlichen Präzision logistischer Dienstleistungen im Wirtschaftsleben nimmt rapide zu. Viele Logistik-Dienstleistungsunternehmen, insbesondere auch in den Marksegmenten des Paketfracht- und Stückgutgeschäftes, haben darauf mit Angeboten „zeitdefinierter" Leistungen reagiert.

Wir nehmen eine große Unsicherheit darüber wahr, wie groß der Markt für solche Leistungen wirklich ist, die erhöhte Kosten und Preise mit sich bringen. Es ist nicht klar, in wie weit die bestehenden Angebote die Bedürfnisse der Verlader in großem Umfang treffen, und wie die Relation von Aufwendungen für die „Produktion" und Vermarktung solcher Angebote zu den erzielbaren Preisen und Umsätzen aussieht. Im Zusammenhang mit den Kostenstruktur-veränderungen durch die Maut und den neuen Restriktionen für den Einsatz schneller „Sprinter"-Transporter gewinnen diese Fragen besondere Aktualität.

Deshalb möchten wir im Rahmen der Logistik-Marktforschungsaktivitäten unserer Fraunhofer Arbeitsgruppe für Technologien der Logistik-Dienstleistungswirtschaft ATL und der „TOP 100" Studien das Marktsegment „Zeitdefinierte Stückgut-Dienstleistungen" (primär nationaler Markt, Gewichtsbereich 32 kg bis ca. 2500 kg) genauer unter die Lupe nehmen. Diese Untersuchung ist zugleich Grundlage der Doktorarbeit eines unserer wissenschaftlichen Mitarbeiter, Herrn Sebastian Herr.

Anhang 2: Anschreiben zur Marktabfrage zeitdefinierter Stückgutleistungen (Forts.)

IIS
Fraunhofer Institut
Integrierte Schaltungen

Deshalb bitten wir Sie um Ihre freundliche Hilfe zu dieser Untersuchung, die nur wenige Minuten in Anspruch nehmen wird:

Wir haben diesem Schreiben ein Datenblatt beigelegt, um dessen Ausfüllung wir Sie bis zum **1. März 2005** bitten. Sollten nicht alle Angaben verfügbar sein, so sind auch „ca."-Angaben, Teilauskünfte bzw. Abschätzungen sehr hilfreich. Senden Sie das Blatt dann bitte an folgende Adresse:

Fraunhofer Arbeitsgruppe für Technologien der Logistik-Dienstleistungswirtschaft ATL
Sebastian Herr
Nordostpark 93
90411 Nürnberg
Fax: 09 11/ 58 06-5 99.

Für Rückfragen stehen Ihnen Herr Neumann oder Herr Herr (09 11/ 58 06-5 34) selbstverständlich gerne zur Verfügung. Kreuzen Sie auf dem Datenblatt an, welche Veröffentlichung wir Ihnen als kleines „Dankeschön" senden dürfen.

Diese Umfrage wird an alle führenden Unternehmen der KEP-Branche und des Stückgutmarktes in Deutschland gesandt. Selbstverständlich sichern wir Ihnen und den anderen Unternehmen Vertraulichkeit der firmenspezifischen Informationen zu. Die Auswertung erfolgt in summarischer Form und wird Ihnen in ca. drei Monaten zugestellt.

Freundliche Grüße,

Prof. Peter Klaus, D.B.A./Boston Univ. Dipl. Verk.wirt Sebastian Herr

Anhang 2: Erhebungsbogen der Marktabfrage (Fortsetzung)

Fraunhofer Arbeitsgruppe für Technologien der Logistik-Dienstleistungswirtschaft ATL
Sebastian Herr
Nordostpark 93
90411 Nürnberg
oder per Fax an 09 11/ 58 06-5 99

Nürnberg, Januar 2005

ZEITDEFINIERTE NATIONALE STÜCKGUTLEISTUNGEN
von 32 kg bis 2.500 kg mit einem vereinbarten Zeitversprechen

Unternehmen ______ in ______ Straße Nr.

Ansprechpartner Name ______
Telefon ______ ______ PLZ Ort
Email ______

Zeitdefinierte Stückgutleistungen werden von Ihrem Unternehmen in Deutschland angeboten seit ______ Jahr

Umsatz 2004 "national"	Anzahl Sendungen* 2004 "national"	beförderte Tonnage 2004 "national"
€	Sdg.	to

	Umsatzanteil		Anteil Sendungen*		Anteil beförderte Tonnage	
	absolut	in Prozent	absolut	in Prozent	absolut	in Prozent
24h Regellaufzeit						
24h garantiert						
garantiert bis 12:00						
garantiert bis 10:00						
garantiert bis 08:00						
		100%		100%		100%

*Sendungsbegriff: Kundenauftrag am selben Tag zum selben Empfänger, z.T. bestehend aus mehreren Packstücken

Anhang 3: Zwischenbericht zur Marktabfrage 1-2

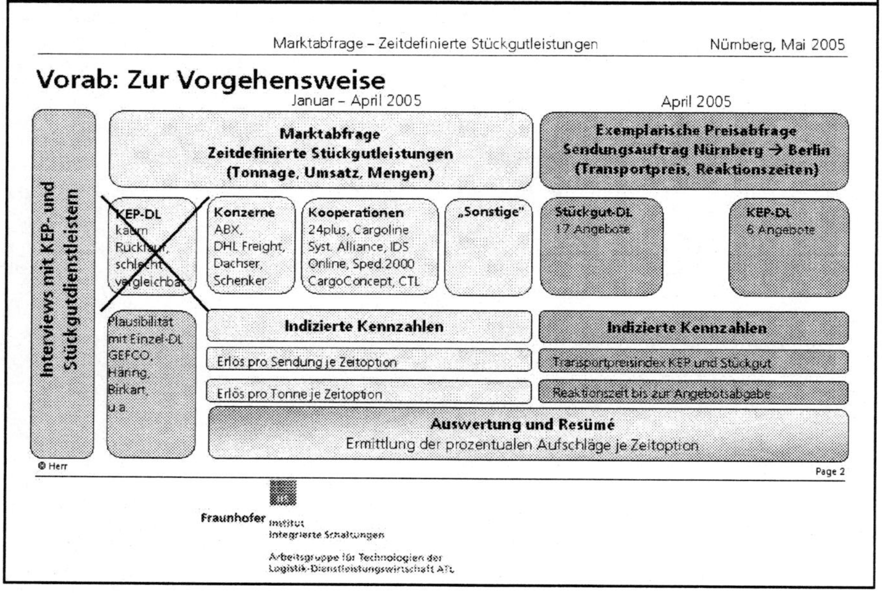

Anhang 3: Zwischenbericht zur Marktabfrage 3-4

Marktabfrage – Zeitdefinierte Stückgutleistungen   Nürnberg, Mai 2005

Überblick

1. **Allgemeiner Marktüberblick – Nationaler Stückgutmarkt**
2. **Übersicht über Zeitdefinierte Stückgutangebote**
3. **Aufteilung Zeitdefinierter Stückgutleistungen**
4. **Durchschnittliche Erlöse pro Sendung**
5. **Durchschnittliche Erlöse pro Tonne**
6. **Exemplarische Preisabfrage zu Preisen und Reaktionszeiten**
7. **Vergleich KEP- und Stückgutsendung bzgl. Reaktionszeit und Transportpreis**
8. **Resümé**

© Herr   Page 3

Fraunhofer Institut Integrierte Schaltungen
Arbeitsgruppe für Technologien der Logistik-Dienstleistungswirtschaft ATL

Marktabfrage – Zeitdefinierte Stückgutleistungen   Nürnberg, Mai 2005

1. Allgemeiner Marktüberblick – Nationaler Stückgutmarkt

- Es wurden 2004 rund 80 Mio. Sendungen durch Dienstleister befördert. Dies lässt auf ein konstantes Marktvolumen von ca. 4 Mrd. Euro schließen.
- Rund 80 Prozent des Marktumsatzes nationaler Stückgutverkehre wird durch Konzerne und Kooperationen erwirtschaftet.
- Es zeichnen sich Konzentrationstendenzen in Richtung Konzerne ab.

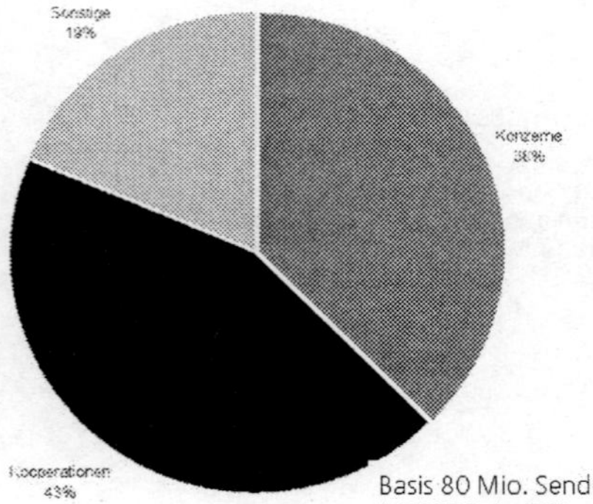

Basis 80 Mio. Sendungen
(lt. TOP 100 Studie - 2003)

© Herr

Fraunhofer Institut Integrierte Schaltungen
Arbeitsgruppe für Technologien der Logistik-Dienstleistungswirtschaft ATL

Anhang 3: Zwischenbericht zur Marktabfrage 5-6

Marktabfrage – Zeitdefinierte Stückgutleistungen Nürnberg, Mai 2005

2. Übersicht über Zeitdefinierte Leistungsangebote (lt. Internetrecherche)

- Zeitdefinierte nationale Stückgutleistungen gehören zum Standardangebot führender Netzwerkanbieter.

Unternehmen	24-Regel-service	24-Garantie	Bis 12 garantiert	Bis 10 garantiert	Bis 8 garantiert	Im Angebot seit	Sonstige Zeitoptionen	Geld zurück Garantie	Gewichts-begrenzung	Proaktive Information
DACHSER	✓	✓	✓	✓	O	1997	18 Uhr, Termin-/Laufzeitoptionen	k.A.	k.A.	Ja
[illegible] (Kooperation)	✓	✓	✓	✓	✓	1993	keine	k.A.	bis 3.500 kg	Nein
SYSTEM ALLIANCE (Kooperation)	✓	✓	✓	✓	O	2001	Samstag-Service	k.A.	k.A.	Ja
SCHENKER	✓	✓	✓	✓	✓	1996	keine	✓	bis 3.000 kg	Nein
[illegible] (Kooperation)	✓	✓	✓	✓	O	2002	bis 14 Uhr	k.A.	k.A.	Nein
[illegible] Danzas/Deh. Freight	✓	✓	✓	✓	O	k.A.	bis 9 Uhr, Samstag-/Feiertag-Service	✓	k.A.	Nein
ABX LOGISTICS	✓	✓	O	✓	O	1997	keine	✓	1.200 kg	Ja
Cargoline (Kooperation)	✓	✓	✓	✓	✓	1993	von 16 bis 22 Uhr	✓	bis 3.000 kg	Ja
[illegible] (Kooperation)	✓	✓	✓	✓	✓	2002	keine	k.A.	bis 3.500 kg	Nein
Hellmann (in System Alliance)	✓	✓	✓	✓	O	2001	keine	k.A.	k.A.	Ja
[illegible] Cargo Concept (Kooperation)	✓	✓	✓	✓	✓	2001	keine	k.A.	bis 2.500 kg	Nein
[illegible]	✓	✓	✓	✓	✓	1998	keine	k.A.	k.A.	Ja
[illegible] 2000 (Kooperation)	✓	✓	✓	✓	O	2004	keine	k.A.	bis 2.500 kg	Ja
BIRKART [illegible] (in System Alliance)	✓	✓	✓	✓	O	2001	Samstag-Service	k.A.	k.A.	Ja
[illegible] (in System Alliance)	✓	✓	✓	✓	O		Samstag-Service	k.A.	k.A.	Ja
WM GROUP [illegible]	✓	✓	✓	✓	✓	1995	keine	k.A.	k.A.	Nein
STEINLE [illegible]	✓	✓	✓	✓	✓	1995	keine	k.A.	k.A.	Nein
SÜDKRAFT [illegible]	✓	✓	✓	✓	✓	2000	keine	k.A.	k.A.	Nein
[illegible]	✓	✓	✓	✓	✓	1995	keine	k.A.	k.A.	Nein
[illegible] (in System Alliance)	✓	✓	✓	✓	O	1995	keine	k.A.	k.A.	Ja
[illegible]	✓	k.A.	k.A.	k.A.	k.A.	k.A.	k.A.	k.A.	keine	Nein
[illegible] (Kooperation)	✓	✓	✓	✓	O	1995	Samstag-Service	✓	k.A.	Nein
[illegible] (in Cargo Concept)	✓	✓	✓	✓	✓	2001	keine	✓	bis 2.500 kg	Nein
[illegible] (in Cargoline)	✓	✓	✓	✓	✓	1993	bis 18 Uhr	k.A.	k.A.	Ja
[illegible]	✓	✓	✓	✓	✓	k.A.	keine	k.A.	bis 2.500 kg	Nein
[illegible] (in System Alliance)	✓	✓	✓	✓	O	2001	Samstag-Service	bis 2.500 kg	k.A.	Ja
HARING [illegible]	✓	✓	✓	✓	✓	1996	keine	k.A.	k.A.	Nein

✓ im Angebot O nicht im Angebot k.A. keine Angabe

Pro-aktive Sendungsinformation = systembasierte Statusinformation an Kunden ohne manuellen Bearbeitungsaufwand

© Herr

Page 5

Fraunhofer Institut Integrierte Schaltungen

Arbeitsgruppe für Technologien der Logistik-Dienstleistungswirtschaft ATL

Marktabfrage – Zeitdefinierte Stückgutleistungen Nürnberg, Mai 2005

3-1. Aufteilung Zeitdefinierter Stückgutleistungen im Durchschnitt

- Rund 12 Prozent aller Sendungen sind als Zeitdefinierte Stückgutsendungen einzustufen.
- Weniger als zwei Prozent der Sendungen erfordern eine garantierte Laufzeit bis 12:00, 10:00 bzw. 8:00 Uhr.

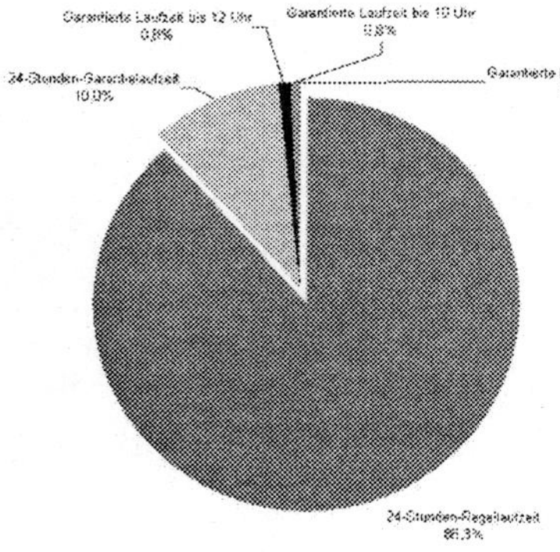

Basis 67 Mio. Sendungen

© Herr

Page 6

Fraunhofer Institut Integrierte Schaltungen

Arbeitsgruppe für Technologien der Logistik-Dienstleistungswirtschaft ATL

Anhang 3: Zwischenbericht zur Marktabfrage 7-8

3-2. Aufteilung der 24-Stunden-Garantie-Sendungen

- Ein Konzern und eine Kooperation decken knapp 80 Prozent aller „24-Stunden-Garantie-Sendungen" ab.
- Von den 6,7 Mio. 24-Stunden-Garantie-Sendungen werden rund 42 Prozent von Kooperationen und rund 58 Prozent von Konzernen abgewickelt.
- Auch bei den Zeitoptionen bis 12:00, 10:00, 8:00 Uhr ergibt sich eine ähnliche Aufteilung wie bei garantierten 24-Stunden-Sendungen.

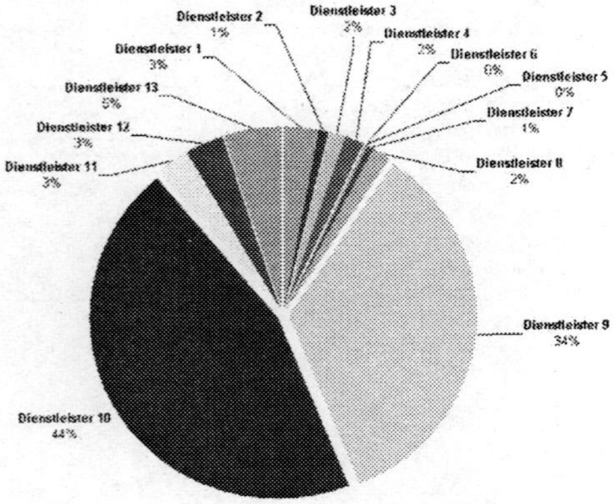

Basis 6,7 Mio. Sendungen
(Konzerne und Kooperationen)

Fraunhofer Institut Integrierte Schaltungen
Arbeitsgruppe für Technologien der Logistik-Dienstleistungswirtschaft ATL

Marktabfrage – Zeitdefinierte Stückgutleistungen Nürnberg, Mai 2005

4. Durchschnittliche Erlöse pro Sendung nach der Marktabfrage

- Bei einer Sendung mit einer „24-Stunden-Regellaufzeit" variieren die realisierten Erlöse um plus/minus 20 Prozent.
- Bei einer garantierten Zustellung bis 10:00 Uhr lassen sich die Erlöse verdoppeln.

errechnet aus Erhebung der Marktabfrage - Basiswert ist der durchschnittliche Erlös pro Sendung mit einem von **Index von 100** im Zeitsegment „24-Stunden-Regellaufzeit"

Erlös pro Sendung ≙ 291 kg	Kennzahlen - in Prozent	Minimalwert	Mittelwert	Maximalwert	Anzahl der Datensätze	Durchschnittsgewicht
	24-Stunden Regellaufzeit	80	100	117	13	273
	24-Stunden Garantie-Zustellung	94	136	178	12	334
	Garantierte 12 Uhr Zustellung	130	192	291	12	344
	Garantierte 10 Uhr Zustellung	135	208	359	12	317
	Garantierte 8 Uhr Zustellung	187	322	457	2	338

Ermittlung des durchschnittlichen Erlöses pro Sendung:

$$\frac{\text{Umsatz 2004}}{\text{Anzahl der Sendungen 2004}}$$

Fraunhofer Institut Integrierte Schaltungen
Arbeitsgruppe für Technologien der Logistik-Dienstleistungswirtschaft ATL

Anhang 3: Zwischenbericht zur Marktabfrage 9-10

5. Durchschnittliche Erlöse pro Tonne nach der Marktabfrage

- **Der günstigste LDL im Zeitsegment „24-Stunden-Regellaufzeit" ist um 25 Prozent günstiger als der Durchschnitt, der teuerste LDL ist dagegen um 30 Prozent teuerer.**
- **Auch bei den Erlösen pro Tonne ist bei einer garantierten Zustellung bis 8:00 Uhr mehr als eine Verdopplung möglich.**

errechnet aus Erhebung der Marktabfrage - Basiswert ist der durchschnittliche Erlös pro Tonne mit einem **Index von 100** im Zeitsegment „24-Stunden-Regellaufzeit"

	Kennzahlen - in Prozent	Minimalwert	Mittelwert	Maximalwert	Anzahl der Datensätze	Durchschnitts-gewicht
Erlös pro Tonne	24-Stunden Regellaufzeit	75	100	130	13	1000
	24-Stunden Garantie-Zustellung	75	122	154	12	1000
	Garantierte 12 Uhr Zustellung	107	147	221	12	1000
	Garantierte 18 Uhr Zustellung	129	167	256	12	1000
	Garantierte 8 Uhr Zustellung	152	254	356	2	1000

Ermittlung des durchschnittlichen Erlöses pro Tonne:

$$\frac{\text{Umsatz 2004}}{\text{Beförderte Tonnage 2004}}$$

Fraunhofer Institut Integrierte Schaltungen

Arbeitsgruppe für Technologien der Logistik-Dienstleistungswirtschaft ATL

6. Exemplarische Preisabfrage zu Preisen und Reaktionszeiten

Beispielsendung von Nürnberg nach Berlin: 1 Europalette á 350 kg

- **Die mittlere Reaktionszeit bis zur Angebotsabgabe beträgt rund einen ½ Tag!**
- **Bei einer 24-Stunden-Garantiezustellung ist ein Preisaufschlag auf dieser Relation von durchschnittlich 22 Prozent möglich; bei einer garantierten 8:00 Uhr Zustellung sind demnach 150 Prozent realisierbar!**

errechnet aus Erhebung der Angebotsabfrage - Basiswert ist der durchschnittliche Preis pro Sendung mit einem **Index von 100** im Zeitsegment „24-Stunden-Regellaufzeit"

	Kennzahlen - in Prozent	Minimalwert	Mittelwert	Maximalwert	Anzahl der Datensätze	Durchschnitts-gewicht
Preis pro Sendung á 350 kg	24-Stunden Regellaufzeit	65	100	161	10	350
	24-Stunden Garantie-Zustellung	81	122	167	8	350
	Garantierte 12 Uhr Zustellung	87	140	186	10	350
	Garantierte 10 Uhr Zustellung	97	171	256	10	350
	Garantierte 8 Uhr Zustellung	146	247	370	6	350
	Reaktionszeit bis zur Angebotsabgabe	3h 35min	13h 12min	1t 3h 51min		

Preiserhebung erfolgt auf Basis der angegebenen Mautkosten zzgl. MwSt.

Reaktionszeit ist die Zeitspanne von Angebotsabfrage bis zur Angebotsabgabe (t = Tage, h = Stunden, min = Minuten)

Fraunhofer Institut Integrierte Schaltungen

Arbeitsgruppe für Technologien der Logistik-Dienstleistungswirtschaft ATL

Anhang 3: Zwischenbericht zur Marktabfrage 11-12

Marktabfrage – Zeitdefinierte Stückgutleistungen Nürnberg, Mai 2005

7. Vergleich KEP- und Stückgutsendung bzgl. Reaktionszeit und Transportpreis

- Die durchschnittliche Reaktionszeit bis zur Angebotsabgabe ist bei den Stückgutanbietern um ca. 4 Stunden länger als bei den KEP-Anbietern.
- Der Mittelwert des Transportpreises im Zeitsegment „24-Stunden-Regellaufzeit" ist bei den KEP-Anbietern um ca. das 2-fache höher als bei den Stückgutanbietern.
- Mit zunehmendem Zeitservice verringert sich der Preisunterschied.

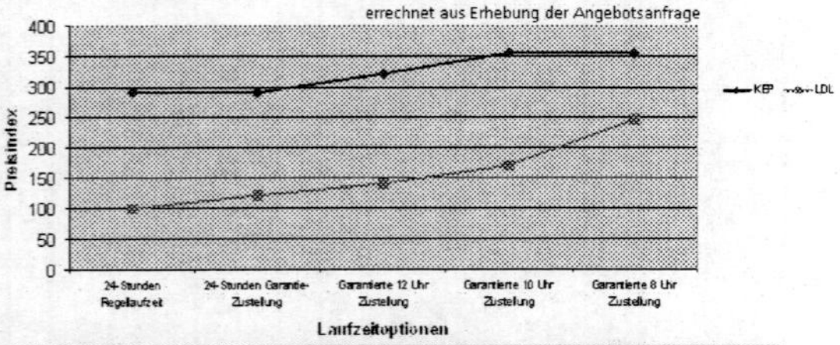

Reaktionszeiten	Minimalwert	Mittelwert	Maximalwert
Reaktionszeit bis zur Angebotsabgabe Stückgutanbieter	3h 35min	13h 12min	1t 3h 51min
Reaktionszeit bis zur Angebotsabgabe KEP-Anbieter	3h 27min	8h 54min	23h 43min

Für KEP-Dienste konnte die Sendung in 10 Pakete á 35 kg gesplittet werden, insgesamt konnten 6 KEP-Angebote berücksichtigt werden.

Reaktionszeit ist die Zeitspanne von Angebotsabfrage bis zur Angebotsabgabe (t = Tage, h = Stunden, min = Minuten)

Page 11

Fraunhofer Institut Integrierte Schaltungen

Arbeitsgruppe für Technologien der Logistik-Dienstleistungswirtschaft ATL

Marktabfrage – Zeitdefinierte Stückgutleistungen Nürnberg, Mai 2005

8. Resümé

- Im Markt nationale Stückgutverkehre wurden 2004 ca. 80 Mio. Sendungen befördert, dies lässt auf ein konstantes Umsatzvolumen von 4 Mrd. Euro schließen. Rund 38 Prozent werden durch Konzerne, 43 Prozent werden durch Kooperationen erbracht.
- Alle bedeutenden Stückgutdienstleister offerieren im Rahmen ihrer Standardnetze zeitdefinierte Leistungen, die zeitlich präziser als die übliche „24-Stunden-Regellaufzeit" sind. Lediglich 12 Prozent am nationalen Stückgutaufkommen sind mit einer Zeitgarantie versehen. Je zeitlich früher die zeitlichen Anforderungen liegen, umso geringer ist der Marktanteil. Das Aufkommen bewegt sich damit auf einem niedrigen Niveau.
- Der Teilmarkt zeitdefinierter Leistungen wird von zwei Dienstleistern (ein Konzern und eine Kooperation) dominiert, die rund 80 Prozent des Marktes abdecken. Die Marktanteile der Anbieter stehen in keinem direkten Zusammenhang mit dem Markteintrittszeitpunkt.
- Mit der Erfüllung zeitdefinierter Leistungsversprechen sind Preisaufschläge bis zu 150 Prozent zu realisieren. Eine Steigerung des Anteils zeitdefinierter Leistungen ist mit einer Verbesserung der Erlössituation verbunden.
- Während das Leistungsvermögen und das Preisniveau im Vergleich mit den namhaften KEP-Dienstleistern als absolut wettbewerbsfähig einzustufen sind, besteht noch Nachholbedarf bei der Reaktionszeit auf Kundenanfragen. Grundsätzlich bietet das Teilmarktsegment zeitdefinierter Stückgutleistungen weiterhin Wachstumschancen für Stückgutdienstleister.

Page 12

Fraunhofer Institut Integrierte Schaltungen

Arbeitsgruppe für Technologien der Logistik-Dienstleistungswirtschaft ATL

Anhang 4: Exemplarische Tariftabelle für zeitdefinierte Stückgutleistungen - Stückgutkooperation

Tariftabellen [€ pro Sendung] einer Stückgutkooperation und die Ermittlung der prozentualen Zuschlagssätze

Service bis 8:00 Uhr

Gewichts-stufen	250 km	500 km	+ 501 km
1 - 50	105	118	137
51 - 100	140	142	159
101 - 200	175	189	212
201 - 300	214	254	291
301 - 400	270	294	320
401 - 500	326	335	349
501 - 750	376	388	439
751 - 1000	427	441	527
1001 - 2000	542	563	608
2001 - 3000	698	785	847

Service bis 10:00 Uhr

Gewichts-stufen	250 km	500 km	+ 501 km
1 - 50	78	87	92
51 - 100	97	98	109
101 - 200	121	130	146
201 - 300	148	175	201
301 - 400	186	203	220
401 - 500	225	231	241
501 - 750	260	267	302
751 - 1000	294	304	363
1001 - 2000	373	388	420
2001 - 3000	468	541	584

Service bis 12:00 Uhr

Gewichts-stufen	250 km	500 km	+ 501 km
1 - 50	57	66	67
51 - 100	67	76	90
101 - 200	92	96	102
201 - 300	125	133	152
301 - 400	138	147	164
401 - 500	152	159	176
501 - 750	186	201	227
751 - 1000	219	242	278
1001 - 2000	310	328	367
2001 - 3000	401	430	465

Zuschlag % von 12:00 Uhr auf 10:00 Uhr

Gewichts-stufen	250 km	500 km	+ 501 km
1 - 50	37%	32%	37%
51 - 100	45%	29%	21%
101 - 200	32%	35%	43%
201 - 300	18%	32%	32%
301 - 400	35%	38%	34%
401 - 500	48%	45%	37%
501 - 750	40%	33%	33%
751 - 1000	34%	26%	31%
1001 - 2000	20%	18%	14%
2001 - 3000	17%	26%	26%
Im Mittel		32%	

Zuschlag % von 12:00 Uhr auf 8:00 Uhr

Gewichts-stufen	250 km	500 km	+ 501 km
1 - 50	84%	79%	104%
51 - 100	109%	87%	77%
101 - 200	90%	97%	108%
201 - 300	71%	91%	91%
301 - 400	96%	100%	95%
401 - 500	114%	111%	98%
501 - 750	102%	93%	93%
751 - 1000	95%	82%	90%
1001 - 2000	75%	72%	66%
2001 - 3000	74%	83%	82%
Im Mittel		90%	

Zuschlag % von 10:00 Uhr auf 8:00 Uhr

Gewichts-stufen	250 km	500 km	+ 501 km
1 - 50	35%	36%	49%
51 - 100	44%	45%	46%
101 - 200	45%	45%	45%
201 - 300	45%	45%	45%
301 - 400	45%	45%	45%
401 - 500	45%	45%	45%
501 - 750	45%	45%	45%
751 - 1000	45%	45%	45%
1001 - 2000	45%	45%	45%
2001 - 3000	49%	45%	45%
Im Mittel		45%	

Anhang 5: Exemplarische Tariftabelle für zeitdefinierte Stückgutleistungen – Stückgutkonzern

Tariftabellen [€ pro Sendung] eines Stückgutkonzerns und die Ermittlung der prozentualen Zuschlagssätze

Service bis 8:00 Uhr			
Gewichts-stufen	**- 200 km**	**- 400 km**	**+ 401 km**
bis 50	86	100	105
bis 100	138	140	156
bis 200	171	186	207
bis 300	210	249	286
bis 500	320	328	343
bis 1.000	419	432	517
bis 2.000	614	639	691
bis 5.000	1050	1215	1308

Service bis 10:00 Uhr			
Gewichts-stufen	**- 200 km**	**- 400 km**	**+ 401 km**
bis 50	59	69	73
bis 100	95	96	107
bis 200	117	128	142
bis 300	144	171	196
bis 500	220	225	237
bis 1.000	289	298	356
bis 2.000	424	441	476
bis 5.000	724	837	903

Service bis 12:00 Uhr			
Gewichts-stufen	**- 200 km**	**- 400 km**	**+ 401 km**
bis 50	49	57	58
bis 100	65	75	88
bis 200	89	94	101
bis 300	123	131	149
bis 500	149	156	172
bis 1.000	216	238	272
bis 2.000	352	372	417
bis 5.000	596	642	683

Zuschlag % von 12:00 Uhr auf 10:00 Uhr			
Gewichts-stufen	**250 km**	**500 km**	**+ 501 km**
bis 50	20%	21%	26%
bis 100	46%	28%	22%
bis 200	31%	36%	41%
bis 300	17%	31%	32%
bis 500	48%	44%	38%
bis 1.000	34%	25%	31%
bis 2.000	20%	19%	14%
bis 5.000	21%	30%	32%
Im Mittel	29%		

Zuschlag % von 12:00 Uhr auf 8:00 Uhr			
Gewichts-stufen	**250 km**	**500 km**	**+ 501 km**
bis 50	76%	75%	81%
bis 100	112%	87%	77%
bis 200	92%	98%	105%
bis 300	71%	90%	92%
bis 500	115%	110%	99%
bis 1.000	94%	82%	90%
bis 2.000	74%	72%	66%
bis 5.000	76%	89%	92%
Im Mittel	88%		

Zuschlag % von 10:00 Uhr auf 8:00 Uhr			
Gewichts-stufen	**250 km**	**500 km**	**+ 501 km**
bis 50	46%	45%	44%
bis 100	45%	46%	46%
bis 200	46%	45%	46%
bis 300	46%	46%	46%
bis 500	45%	46%	45%
bis 1.000	45%	45%	45%
bis 2.000	45%	45%	45%
bis 5.000	45%	45%	45%
Im Mittel	45%		

Anhang 5: Exemplarische Tariftabelle für zeitdefinierte Stückgutleistungen – Stückgutkonzern (Fortsetzung)

Tariftabellen [€ pro Sendung] eines Stückgutkonzerns und die Ermittlung der prozentualen Zuschlagssätze

24h Garantie-Service			
Gewichts-stufen	- 200 km	- 400 km	+ 401 km
bis 50	35	41	45
bis 100	57	58	64
bis 200	72	78	86
bis 300	87	104	117
bis 500	133	146	155
bis 1.000	188	194	232
bis 2.000	276	287	310
bis 5.000	444	485	508

Zuschlag % von 24h Garantie auf 8:00 Uhr			
Gewichts-stufen	250 km	500 km	+ 501 km
bis 50	146%	144%	133%
bis 100	142%	141%	144%
bis 200	138%	138%	141%
bis 300	141%	139%	144%
bis 500	141%	125%	121%
bis 1.000	123%	123%	123%
bis 2.000	122%	123%	123%
bis 5.000	136%	151%	157%
Im Mittel	136%		

Zuschlag % von 24h Garantie auf 10:00 Uhr			
Gewichts-stufen	250 km	500 km	+ 501 km
bis 50	69%	68%	62%
bis 100	67%	66%	67%
bis 200	63%	64%	65%
bis 300	66%	64%	68%
bis 500	65%	54%	53%
bis 1.000	54%	54%	53%
bis 2.000	54%	54%	54%
bis 5.000	63%	73%	78%
Im Mittel	62%		

Zuschlag % von 24h Garantie auf 12:00 Uhr			
Gewichts-stufen	250 km	500 km	+ 501 km
bis 50	40%	39%	29%
bis 100	14%	29%	38%
bis 200	24%	21%	17%
bis 300	41%	26%	27%
bis 500	12%	7%	11%
bis 1.000	15%	23%	17%
bis 2.000	28%	30%	35%
bis 5.000	34%	32%	34%
Im Mittel	26%		

Anhang 6: Musterabfrage per Email der Transportpreise und der Reaktionszeiten

Guten Tag,

wir planen in der KW 14 und 15 die Versendung von Zeitschriften

Angaben zur Sendung - Sendungsdimensionen

Gewicht:	350 kg
EuroPalette:	80 cm x 120 cm
Hoehe:	100 cm

Hierbei handelt es um einen sporadischen Versand. Die Sendung steht ab ca. 12:00 Uhr zur Abholung bereit.
Bitte unterbreiten Sie uns ein Angebot - Kosten pro Sendung - per Fax oder per Mail!

(1) Nordostpark 93; 90411 Nuernberg --> XXXI, Bornitzstraße 73, 10365 Berlin
Abholung 5. April/ Zustellung 6. April

(2) Nordostpark 93; 90411 Nuernberg --> XXX, Geibelstraße 41, 47057 Duisburg
Abholung 13. April/ Zustellung 14. April

Bitte geben Sie die Preisoptionen Kosten pro Sendung an für:
Basispreis 24h Service:
24h Service Garantie:
bis 12:00:
bis 10:00:
bis 08:00:

Vielen Dank!

i.A. S. Herr

Kontakt
Lehrstuhl für Betriebswirtschaft, insbesondere Logistik
Lange Gasse 20
z.Hd. Sebastian Herr
Sekretariat Zi. 5.422
90403 Nürnberg
Deutschland

Anhang 7: Übersicht über die durchgeführten Experten-Interviews

CargoLine GmbH
Geschäftsführer
Christian Schmidt
19. Juli 2004 in Dietzenbach

DHL Freight/ Danzas GmbH
Bereichsleiter Nationale Systemsteuerung
Gerardus Mestrom
20. August 2004 in München

Schenker Deutschland AG
Leiter Zentrale Produktmanagement
Dieter Haunschild
3. September 2005 in Kelsterbach

24plus Systemverkehre GmbH & Co. KG
Geschäftsführer
Peter Baumann
27. Oktober 2004 in Hauneck

trans-o-flex Schnell-Lieferdienst GmbH
Leiter Public Relations
Manfred Böhler
29. November 2004 in Weinheim

Dachser GmbH & Co. KG
Bereichsleitung Unternehmensentwicklung und Public Realtions
Dr. Andreas Froschmayer
14. Januar 2005 in München

TNT Express GmbH
General Manager Industrial Engineering / Marketing
Helge Ehrhardt-Caspers / Dierk Feil
4. Februar 2005 in Troisdorf

GEFCO Deutschland GmbH
Regional Director Southern Germany
Uwe Lange
4. März 2005 in Nürnberg

SIMON KUCHER & PARTNERS
Direktor
Dr. Jan Remmert
22. Juli 2005 in Bonn

Anhang 8: Verkürzter Gesprächsleitfaden für die Experten-Interviews

Themenblöcke im Überblick

Themenblock 1: Stückgutmarkt allgemein

Themenblock 2: Produktlandschaft, insbes. Zeitdefinierte Leistungen

Themenblock 3: Leistungserstellung, insbes. Zeitdefinierte Leistungen

Themenblock 4: Kundenstruktur, insbes. Zeitdefinierte Leistungen

Themenblock 5: Konkurrenzstruktur, insbes. Zeitdefinierte Leistungen

Themenblock 6: Kosten-, Preis- und Organisationsstruktur

Themenblock 7: Historie Zeitdefinierter Leistungen

Themenblock 8: Ausblick

Anhang 8: Verkürzter Gesprächleitfaden für die Experten-Interviews (Forts.)

Themenblock 1: Stückgutmarkt allgemein

- **Vor welchen Herausforderungen steht der nationale Stückgutmarkt?**
- **Wie stellt sich das Marktumfeld für Sie im Moment dar?**
- **Welche Rolle spielen zeitdefinierte Leistungsangebote?**

Themenblock 2: Produktlandschaft

- **Welche Standardprodukte bietet Ihr Unternehmen an?**
- **Welche Merkmale haben zeitdefinierte Stückgutleistungen?**
- **Eignet sich der Faktor Zeit zur Differenzierung vom Wettbewerb? Welche Preisaufschläge sind möglich?**

Themenblock 3: Leistungserstellung

- **Wie gestaltet sich die Wertschöpfungskette bei Standard-Leistungen?**
- **Wo bestehen Unterschiede bei der Leistungserbringung zeitdefinierter Produkte?**
- **Wie wird die Leistungserfüllung gemessen/ dokumentiert?**

Themenblock 4: Kundenstruktur

- **Was sind klassische Kunden, die zeitdefinierte Leistungen nachfragen?**
- **Was sind klassische Branchen, die zeitdefinierte Leistungen nachfragen?**
- **Welche besonderen Anforderungen bestehen?**

Anhang 8: Verkürzter Gesprächleitfaden für die Experten-Interviews (Forts.)

Themenblock 5: Konkurrenzstruktur

- Wer sind im Segment zeitdefinierter Leistungen Ihre Hauptkonkurrenten?
- Was sind für Ihr Unternehmen zeitbasierte Wettbewerbsvorteile?
- Können Sie sich durch Zeitvorteile von der Konkurrenz positiv abheben?

Themenblock 6: Kosten-,Preis-, Organisationsstruktur

- Welche Zusatzkosten entstehen bei der Erbringung zeitdefinierter Leistungen?
- Welche zusätzlichen Ressourcen (Pers., Equipment, ...) sind notwendig?
- Wie werden die Preise für zeitdefinierte Zusatzleistungen kalkuliert?

Themenblock 7: Historie Zeitdefinierte Leistungen

- Seit wann bieten Sie zeitdefinierte Leistungen an?
- Wer war der erste, der zeitdefinierte Leistungen angeboten hat?
- Welche Maßnahmen der Produkteinführung waren notwendig?

Themenblock 8: Ausblick

- Welche Rolle spielt der Nationale Stückgutverkehr in Ihrer zukünftigen Strategieausrichtung?
- Welche Rolle spielen zeitdefinierte Leistungen in 5-10 Jahren?
- Wie werden sich die Kundenanforderungen verändern?

Anhang 9: Lebenslauf des Verfassers

Name :	Sebastian Herr
Geburtsdatum:	24. Januar 1975 in Ingelheim am Rhein
Wohnort :	90489 Nürnberg, Stabiusstraße 6
Familienstand :	ledig

Theoretische Ausbildung

1980 – 1984	Theodor-Heuss-Grundschule, Ingelheim
1984 –1994	Sebastian-Münster-Gymnasium, Ingelheim Abschluss: Allgemeine Hochschulreife
Oktober 1994 – 1999	Diplomstudiengang "Verkehrswirtschaft", an der Technischen Universität Dresden, Abschluss: Diplom „Verkehrsbetriebswirt", TU Dresden

Praktische Erfahrung

März 1995	Praktikum: Jansen Spedition, Bingen
März 1996	Praktikum: Zweites Deutsches Fernsehen, Mainz
März 1997	Praktikum: Verkehrsautomatisierung GmbH, Berlin
März 1998 – Mai 1998	Praktikum: Lufthansa Cargo AG, Moskau/ Russland
Februar 1999 – Dezember 1999	Diplomarbeit: Optimierungsansätze des Nachtluftpost-netzes, Deutsche Post AG, Bonn
Februar 2000 – Juni 2000	Tätigkeit als Operations Manager, Securicor Omega Express, Hatfield, England
seit Oktober 2000	Mitarbeiter an der Fraunhofer Arbeitsgruppe für Technologien der Logistik-Dienstleistungswirtschaft ATL, Nürnberg

Anhang 10: Eidesstattliche Erklärung

Ich erkläre an Eides statt,

dass ich noch nicht versucht habe, an einer anderen Hochschule zu promovieren,

dass die eingereichte Arbeit oder wesentliche Teile derselben noch keiner anderen Prüfungsbehörde vorgelegen haben,

dass ich die Dissertation selbständig und ohne fremde Hilfe verfasst, andere als die von mir angegebenen Quellen und Hilfsmittel nicht benutzt und die den benutzten Werken wörtlich oder sinngemäß entnommenen Stellen als solche kenntlich gemacht habe.

Nürnberg, 20. September 2005

Sebastian Herr